はしがき

…A に関する理論と実際をさまざまな視点から紹介するために，本書は以…うな構成をとっている。まず M&A の現状（第 1 章）と歴史（第 2 章）…し，M&A の実態に関して整理する。次に M&A に関する理論の整理…章）と，取引の際の手法（第 4 章），M&A の一連のプロセス（第 5 章）…ての検討を行う。経営戦略的なアプローチとして，多角化を中心とす…戦略（第 6 章）と競争優位を築いていくための競争戦略（第 7 章）の視…論じる。次に，ポスト M&A におけるマネジメントの課題（第 8 章）…A における組織能力（第 9 章）という企業内部の問題について論じる。…の財務的な論点については，買収価格の算定などのファイナンスの課題…章）と会計戦略（第 11 章）を取り上げる。近年の重要なトピックとし…イアウトと事業再生（第 12 章），中小企業の M&A（第 13 章）を扱う。…の成果を検証することも重要な研究課題である（第 14 章）。最後に，…バル規模で現在でも大きな課題になっている M&A と業界再編（第 15…いうテーマを論じる。

…は，M&A に関する知識を勉強したい初学者でも理解しやすいように，…説明だけではなく，事例も入れることによって，M&A の実態が分かり…ように書かれている。まずは，経営学における M&A 研究の全体像を…ようとするには有益なものになると考える。そして，より勉強を深めた…，参考文献などをもとに，より高度な専門書を読みすすめ，より実際の…知りたいという方は，各種雑誌や新聞などから最新の情報を調べてみる…だろう。

2017 年 5 月 18 日

編　者

M&Aの理論と実際

佐久間信夫・中村公一・文堂弘之

［編著］

文眞堂

はしがき

近年，M&Aに関する報道は毎日のように目にするよ（うになり，）雑誌における特集などの数が多くなってきた。業界再編（のためM&A）を実行して規模の拡大を目指す場合や，日本企業が海外（進出のために）M&Aを選択するケースなど，さまざまな目的をもって（行われている。M&A）の実際の動きが活発化するとともに，研究面においても（M&Aに関する）論文などの件数も増えてきている。

M&Aに関する研究は多岐にわたるのが特徴である。（法律的な面）で会社法や独占禁止法などのさまざまな法律が絡む。買収（価格の算定に）は会計分野における専門知識が必要となり，実務面では（金融の知識，）また，外部から企業を取得するということでガバナンス（の問題，企業）の成長戦略として考えれば経営戦略論における研究や，さ（らには組）織論の視点も重要になる。

M&Aに関する書籍をみてみると，その多くはストラ（クチャーや手）続き的なテーマを扱うものが多い。実務的にどのような（手続きをとる）のか，M&Aを行う際にはどのような知識が絡んでくるの（かといった）内容である。また，研究書としては財務管理論的なア（プローチからM&Aを）行う意義についての探求が行われてきた。近年では，実（際のM&Aは）必ずしも成果をあげずに，M&Aをした後に組織の問題が（生じる場合）もあり，従業員や組織制度に着目した研究も活発である。

従来の専門書では，さまざまなフィールドからM&A（研究のみ）ならず実際の状況も考えながら分析をすすめているもの（は少ない。）そこで，経営学に関するさまざまな分野の研究者が，M&A（を分析し）ていくことを目的に本書の企画が行われた。本書を読め（ば，M&A）研究の論点や，それぞれの分野の研究視点から実際のM&A（をどの）ように考察することができるのか理解することができる。

目　　次

はしがき ………………………………………………………………………… i

第 1 章　M&A の現状 ……………………………………………………… 1

　はじめに ……………………………………………………………………… 1
　第 1 節　世界の M&A の動向 ……………………………………………… 1
　第 2 節　日本企業のクロスボーダー M&A ……………………………… 4
　第 3 節　業態転換の M&A ………………………………………………… 9
　第 4 節　選択と集中のための M&A ……………………………………… 12
　おわりに ……………………………………………………………………… 15

第 2 章　M&A の歴史 ……………………………………………………… 17

　はじめに ……………………………………………………………………… 17
　第 1 節　アメリカの M&A の歴史：第 1 〜 2 の波まで ………………… 17
　第 2 節　アメリカの M&A の歴史：第 3 〜 5 の波まで ………………… 20
　第 3 節　日本の M&A の歴史その 1：戦前からバブルの崩壊まで …… 25
　第 4 節　日本の M&A の歴史その 2：1990 年代半ば以降 ……………… 27
　おわりに ……………………………………………………………………… 31

第 3 章　M&A の理論 ……………………………………………………… 35

　はじめに ……………………………………………………………………… 35
　第 1 節　M&A の動機 ……………………………………………………… 35
　第 2 節　M&A の理論区分 ………………………………………………… 36
　第 3 節　効率性向上の要因に関する理論 ………………………………… 37
　第 4 節　株式市場の評価に関する理論 …………………………………… 43

第5節　ステークホルダー関係から分析する理論 ………………………… 45
　第6節　環境変化対応に関する理論 ……………………………………… 49
　第7節　シナジーの基礎条件 ……………………………………………… 50

第4章　M&Aの手法 …………………………………………………… 53

　はじめに …………………………………………………………………… 53
　第1節　合　　併 …………………………………………………………… 54
　第2節　共同持株会社方式による経営統合 ……………………………… 56
　第3節　公開買付（TOB） ………………………………………………… 58
　第4節　完全子会社化 ……………………………………………………… 63
　第5節　事業譲渡 …………………………………………………………… 63
　第6節　会社分割 …………………………………………………………… 65
　おわりに …………………………………………………………………… 66

第5章　M&Aのプロセス ……………………………………………… 68

　はじめに …………………………………………………………………… 68
　第1節　M&Aプロセスの視点 …………………………………………… 69
　第2節　プレM&Aの意思決定の課題 …………………………………… 70
　第3節　M&Aプロセスの実際
　　　　　―GEキャピタルのパスファインダー・モデル ……………… 73
　第4節　組織統合の仕組み ………………………………………………… 75
　第5節　効果的なM&Aプロセスの実践のために ……………………… 78

第6章　M&Aの成長戦略 ……………………………………………… 80

　はじめに …………………………………………………………………… 80
　第1節　事業の多角化とM&A …………………………………………… 81
　第2節　全社レベル戦略とM&A ………………………………………… 85
　第3節　日本企業の多角化と統合 ………………………………………… 90
　おわりに …………………………………………………………………… 92

第 7 章　M&A の競争戦略 ……………………………………… 95
　はじめに ……………………………………………………………… 95
　第 1 節　競争戦略のダイナミクス ………………………………… 96
　第 2 節　M&A を活かす競争戦略 ………………………………… 100
　第 3 節　現代企業の戦略課題と M&A …………………………… 104
　おわりに ……………………………………………………………… 107

第 8 章　M&A のマネジメント ………………………………… 110
　はじめに ……………………………………………………………… 110
　第 1 節　M&A マネジメントの視点 ……………………………… 110
　第 2 節　ポスト M&A の組織統合（PMI）の課題 ……………… 112
　第 3 節　組織統合と組織間学習 …………………………………… 115
　第 4 節　組織統合の実際―ダイムラー＆クライスラーの合併 … 118
　第 5 節　組織統合のアプローチ …………………………………… 122

第 9 章　M&A の組織能力 ……………………………………… 125
　はじめに ……………………………………………………………… 125
　第 1 節　企業の組織能力 …………………………………………… 125
　第 2 節　M&A コンピタンスの概念 ……………………………… 127
　第 3 節　M&A 専門組織の設置 …………………………………… 129
　第 4 節　M&A 専門組織の実際―資生堂 ………………………… 133
　第 5 節　M&A の組織能力形成の課題 …………………………… 137

第 10 章　M&A とファイナンス ……………………………… 140
　はじめに ……………………………………………………………… 140
　第 1 節　投資としての M&A の特殊性 …………………………… 140
　第 2 節　M&A の投資収益構造 …………………………………… 143
　第 3 節　対象企業の価値評価 ……………………………………… 145
　第 4 節　M&A の資本調達 ………………………………………… 149

第 5 節　LBO ……………………………………………………………… 151

第 11 章　M&A の会計戦略 …………………………………………… 156

　はじめに ………………………………………………………………… 156
　第 1 節　企業会計と「のれん」………………………………………… 157
　第 2 節　「のれん」と買収プレミアム ………………………………… 159
　第 3 節　「のれん」の減損テスト ……………………………………… 160
　第 4 節　「のれん」の減損リスク ……………………………………… 163
　第 5 節　減損リスクへの対応 …………………………………………… 165

第 12 章　M&A・バイアウトと事業再生 …………………………… 169

　はじめに ………………………………………………………………… 169
　第 1 節　M&A とバイアウトの相違 …………………………………… 169
　第 2 節　M&A とバイアウトの特徴の比較 …………………………… 173
　第 3 節　バイアウト・ファンドの投資プロセス ……………………… 178
　第 4 節　日本における事業再生型バイアウトの動向 ………………… 179
　第 5 節　事業再生におけるバイアウト・ファンドの役割に関する考察 … 182
　おわりに ………………………………………………………………… 185

第 13 章　中小企業の M&A ……………………………………………… 188

　はじめに ………………………………………………………………… 188
　第 1 節　中小企業の経営実態 …………………………………………… 189
　第 2 節　中小企業の M&A の目的 ……………………………………… 191
　第 3 節　中小企業の M&A の手法と企業評価 ………………………… 193
　第 4 節　中小企業の M&A の推進策 …………………………………… 196

第 14 章　M&A の成果検証 …………………………………………… 202

　はじめに ………………………………………………………………… 202
　第 1 節　M&A の業績等効果の検証方法 ……………………………… 203
　第 2 節　本章で取り上げる先行研究 …………………………………… 205

第3節 M&A属性を特定しない場合の業績等効果	210
第4節 M&A属性を特定した場合の業績等効果	211
第5節 事業買収および株式交換の業績等効果	220
おわりに	222

第15章　M&Aと業界再編 …… 224

はじめに	224
第1節 地方銀行の再編	225
第2節 コンビニエンス・ストア業界の再編	231
第3節 日本の石油業界の再編	233
おわりに	237

索　引 …… 239

第1章

M&Aの現状

はじめに

　世界のM&Aは1990年代後半以降急増し，その後の20年間は，ほぼ7年間の周期で急減する傾向があるものの，1990年代前半と比較して大幅に増加している[1]。これに対し，日本のM&Aは1999年以降は，1998年以前に比べると大幅に高い水準で推移している。1999年に日本のM&Aが金額ベースで突出して高い伸びを見せたのは，みずほ銀行と三井住友銀行の2メガバンクが誕生した経営統合があったためであるが，その後は世界のM&Aに占める日本のシェアは3.9％（1999年から2013年までの累計金額ベース）と，以前と比べ高い水準を保っている[2]。

　日本企業はかつてM&Aにきわめて消極的であったが，近年は重要な経営戦略としてM&Aを積極化させるようになってきている。国際競争力強化のための「選択と集中」戦略，国内人口の減少への対応，中国・アジアなど成長市場への参入，新しい事業機会の獲得などM&Aの動機も多岐にわたっている。本章では，世界と日本のM&Aの現状について考察し，企業がどのような目的をもってM&Aを行っているのか見ていくことにする。

第1節　世界のM&Aの動向

　1990年代のクロスボーダーM&Aを分析した奥村皓一はクロスボーダーM&Aが増加している理由を①国際的寡占競争の激化，および②金融のグローバリゼーションとセキュリタイゼーションに求めている[3]。彼は，1990

年代後半のM&Aの動機として以下の5つを挙げている[4]。

① 「市場の縮小」（航空宇宙）
② 過剰生産設備・過剰供給圧力（自動車）
③ 値下がりする原油価格（国際石油資本）
④ 技術革新が生み出す経営の不確実性（金融・テレコム）
⑤ 巨大化する研究開発費（医薬・農薬＝バイオ薬）

巨大企業がクロスボーダーM&Aを行うこれらの動機は，業種に変化はあるものの，今日ほとんど変わっていない。

2015年の世界のM&Aは過去最高であった。買収総額で過去最高（2015年1月から10月上旬までで408兆円）になったのは大型M&Aが増加したためである。すなわち大企業同士のM&Aが多くなったためである。2015年の主な世界のM&Aの例としては，アンハイザー・ブッシュ・インベブ（ベルギー）によるSABミラー（イギリス）の買収（買収金額1,207億ドル），ロイヤル・ダッチ・シェル（イギリス・オランダ）によるBGグループ（イギリス）の買収（同810億ドル），チャーター・コミュニケーションズ（アメリカ）によるタイム・ワーナー・ケーブル（アメリカ）の買収（同783億ドル），デル（アメリカ）によるEMCグループ（アメリカ，以下EMC）の買収（同635億ドル），HJハインツ（アメリカ）によるクラフト・フーズ・グループ（アメリカ）の買収（同547億ドル）等をあげることができる[5]。

欧米企業はリーマンショック後に経営効率化を実施し，資金を蓄積し，株主還元を強化してきたものの，機関投資家などはさらに，企業に対し企業買収による中・長期の利益成長を求めて圧力を強めている。近年の大型M&Aの背景には企業買収を強く求める株主の強い圧力がある。

また，2015年の原油価格の下落や新興国の景気減速という環境の下で，企業は世界経済の先行きを見通しにくくなっていることが，設備投資への意欲を低下させている。各国の企業は設備投資による成長戦略に代えて，M&Aによる規模拡大と収益性の確保を目指しているということができる。

ここで，上記の事例も含めた近年の大型M&Aの事例をより詳細に見ていくことにしよう。第1は，ビール業界で世界最大のアンハイザー・ブッシュ・インベブ（以下，インベブ）による世界第2位のSABミラー買収である。こ

れは，食品業界で過去最大（買収額約13兆円）のM&Aで，買収後の世界シェアは約3割となる。両社の株式時価総額の合計はこれまで食品業界で世界最大であったネスレを上回り，世界最大の食品会社が誕生する。

インベブはSABミラーに対して4回にわたって買収の提案を行ったが，買収価格が低いため合意が得られず，最終的に50％のプレミアムをつけて合意に達した。インベブは，SABミラーの株式の41％をインベブとの株式交換で，59％を現金（自己資金と借入れ）で取得した。インベブは北米や南米で高いシェアをもつ一方，SABミラーはアフリカ市場に高いシェアをもつ。そこで，このM&Aは市場の相互補完効果を得られるほか，規模の利益を得ることができる。すなわち，大規模化によるコスト削減や原料調達におけるコスト削減を期待することができる。とくにインベブは，これまで買収した企業のコスト削減に成果をあげてきており，また原料調達では大規模化により買い手としての交渉力を強化することができる。また，両社の物流網において重複部分を統合することによってシナジーを得ることもできる。

第2は，デルによるEMC買収である。この買収はIT業界最大の買収であり，買収後の売上高は約1,115億ドル（約13兆円）に上る。この買収は，デルにとって事業形態転換のための買収を意味する。パソコン事業は先進国においては長期にわたって低迷が続いてきたが，デルはEMCを買収し，クラウドなどの包括的なITサービス企業へと事業形態を転換することを目指すものである。パソコンはコモディティ化が進み中位技術をもつ企業の参入が容易になると同時に，パソコンを代替することができるスマートフォンやタブレットの普及により出荷台数が減少し続け，先進国の企業では高い収益を確保できない事業となっているため，ヒューレット・パッカードなどもパソコン事業を分社化した。かつてIBMはパソコン事業を中国のレノボに売却し（2005年），日本のNECも同様に2011年にレノボとの合弁会社を設立後，合弁会社の株式の大半をレノボに売却している。一方で，クラウドやIoT，AIは急成長が見込まれる事業分野であるため，先進国のIT関連企業は衰退事業からの撤退と成長事業への進出を目ざした事業転換を進めている。

第3は，ダウ・ケミカルとデュポンの経営統合である。アメリカ最大の化学会社ダウ・ケミカルがアメリカ大手の化学会社デュポンと経営統合すると，化

学品売上高で世界最大の BASF を超える企業になる。統合後の新会社では，農業分野，高機能材料，プラスチック・汎用化学品の3つの子会社を持つ持株会社が構想されている。化学品は装置産業であるため，規模の経済性が発揮されやすく，M&A による規模拡大の効果は大きいものと考えられる。また，両社は汎用品では中国企業との競争の激化，高機能素材では欧州企業との競争の激化という厳しい競争環境を強いられていた。さらに，両社は，農業部門においては穀物価格の低迷およびドル高により業績低迷が続いていた。このような経営環境の中で，両社はともにファンドや機関投資家により企業再編への圧力をかけられていたのである。

　M&A は，一般に規模の経済やシナジーなど，事業上の利益を追求して行われることが多い。しかし，近年は節税を目的に行われる M&A が増加しており，こうした M&A に各国政府の厳しい目が向けられている。アメリカの製薬大手ファイザーは，2015年11月にアイルランドの製薬会社アラガンの買収を発表した。この買収が成功すれば，売上高は556億ドルとなり，ノバルティスを抜いて売上高世界最大の製薬会社となるはずであった。今日，世界の多くの大規模製薬メーカー各社では，主力品の特許切れにより利益が急減するケースが多くなっている。また，後発（ジェネリック）医薬品メーカーとの競争も激化しているため，大型の M&A が相次いでいる。しかし，ファイザーのアラガン買収提案はもう1つ別の意図があった。ファイザーはアラガンを買収した後，法人税率がアメリカ（連邦法人税率は35％，地方税を加えた法人実効税率は約40％）より格段に低いアイルランド（法人税率12.5％）に本社を移転し，税負担の軽減（tax inversion）を図ろうとしていたのである。こうした手法による課税逃れに手を焼いていたアメリカ当局はこの M&A を承認しなかったため，ファイザーによるアラガン買収は実現しなかった。

第2節　日本企業のクロスボーダー M&A

　日本企業によるクロスボーダー M&A は年々増加しているが，2015年には過去最高を更新して，史上初めて10兆円を超えた。2015年の IN-OUT 型

M&A（国内企業による海外企業の買収）の特徴は大型の M&A が増加したことである。日本企業による海外企業買収が増加しているのは人口減少による市場の縮小という環境の中で，成長を求めて海外企業を買収するという理由がある。

2015 年に日本企業が海外企業を買収した大型 M&A として，東京海上日動火災保険（以下，東京海上日動）によるアメリカの HCC インシュアランス・ホールディングスの買収（買収金額 9,400 億円），明治安田生命保険（以下，明治安田生命）によるアメリカのスタンコープ・フィナンシャル・グループ（以下，スタンコープ）の買収（同 6,200 億円），日本郵便によるオーストラリアのトール・ホールディングスの買収（同 6,200 億円），日本たばこ産業によるアメリカのレイノルズ・アメリカンの買収（同 6,000 億円），キヤノンによるスウェーデンのアクシスの買収（同 3,300 億円），ブラザー工業によるイギリスのドミノ・プリンティング・サイエンシズの買収（同 1,890 億円）などをあげることができる[6]。

近年日本の保険会社によるアメリカの保険会社買収が多くなっている。これは人口減少により日本の保険市場に成長が見込めないというだけでなく，高度な保険商品の開発技術を持つアメリカの保険会社を取り込むことによって，その技術を修得しようとする意図もある。日本の損害保険会社は自動車保険や火災保険が主たる収益源であったが，人口が減少するばかりでなく，自動車所有者の数も減少しているため，二重の困難に直面している。

日本の生命保険会社も同様の問題を抱えており，アメリカの保険商品開発技術を取得するためのクロスボーダー M&A を積極化すると同時に，国内においては成長分野である介護ビジネスの分野で企業買収を増加させている。

とくに 2014 年から 2015 年にかけては日本の保険会社が米・英の保険会社を相次いで買収した。先にあげた東京海上日動による HCC インシュアランス・ホールディングス（2015 年）および明治安田生命によるスタンコープ買収の他，2014 年に第一生命保険（当時）がアメリカのプロテクティブを約 5,800 億円で，三井住友海上がイギリスのアムリンを約 6,400 億円で，住友生命がアメリカのシメトラファイナンシャルを約 4,650 億円で，日本生命がオーストラリアのナショナル・オーストラリア銀行傘下の生命保険事業を約 2,050 億円で買

図表 1-1 日本企業の M&A 件数と M&A 金額の推移

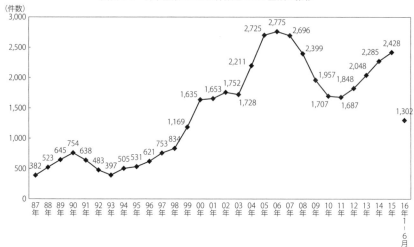

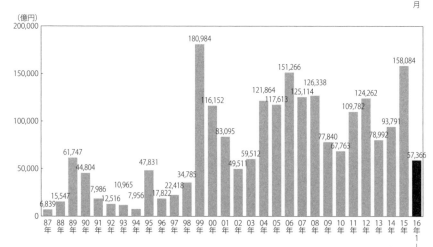

注：グループ内 M&A は含まれていない。
出所：「統計（表とグラフ）」*MARR*, August 2016, 15 頁。

収した[7]）。

2016年になると日本国内の保険事業の経営環境は，金利低下の影響で一層厳しいものとなり，日本の保険会社は一定の利回りを保証する貯蓄型商品の販売を相次いで取りやめることになった。日本銀行のマイナス金利の下では契約

者に約束した利回りを確保することができなくなったためである。このような中で，損保ジャパン日本興亜はアメリカ市場に基盤を持つエンデュアランス・スペシャルティー・ホールディングス（本社は英領バミューダ，以下，エンデュアランス）を約6,500億円で買収することを決めた。その目的は第1にエンデュアランスが持つ農業保険や役員賠償責任保険，サイバー攻撃に対する保険など高度な商品開発力やリスク評価などの技術をエンデュアランスの買収によって取り込むことである。第2に，低金利の影響で，日本国内では資金運用の手段が限られているため，買収したエンデュアランスを通し利益率の高いアメリカで資金運用することである。

日本企業で過去最大（2016年現在）の対外M&Aは，ソフトバンクグループによるイギリスの半導体設計大手アーム・ホールディングス（以下，アーム）の買収である。ソフトバンクグループは2016年7月18日，アームを約240億ポンド（約3兆3,000億円）で買収すると発表した。アームは，1990年に設立された半導体設計会社であり，通信用半導体の回路設計で世界シェアの9割を持つ高収益企業（営業利益率は5割程度）である[8]。アームの半導体設計事業は，IoTや自動運転車の分野で急成長が見込まれる，きわめて有望な事業である。

業績が好調なアームがソフトバンクの買収提案を受け入れた理由を3点挙げることができる。第1は，ソフトバンクが買収後にアームの技術者を2倍に増加させるという破格の好条件を提示したことである。第2は，スマートフォン（以下，スマホ）が成熟産業となり，出荷台数の伸びが鈍化していることである。アームはスマホ市場でのシェアが9割を占め，スマホへの依存度が高すぎるため，スマホ以外の売上を半分以上にする目標を掲げている。今後急成長が見込まれているIoT，自動運転車，AIなどの分野に販路を拡大していかなければならない。そのためには技術者の増員や財務基盤の強化が必要である。

第3は，アームが自社開発の半導体設計図を，ソフトバンクが関係をもつ企業に販売し，販路を拡大することである。たとえば，ソフトバンクによるアーム買収発表の直後に，アームは中国ネット通販最大手のアリババ集団に対し，アリババのデータセンター用のサーバーにCPU（中央演算処理装置）を大量に供給すると発表した[9]。アームが設計した高性能のCPUは消費電力を従来

の10分の1程度に低減することができるもので，サーバー向けCPUで9割超のシェアをもつインテル（アメリカ）を追い上げようとするものである。性能と消費電力の面で高い技術力をもつアームには，CPUの市場で圧倒的な競争力を持つインテルから顧客を奪っていく狙いがあるが，まずはソフトバンクが出資するアリババを製品供給先として獲得したことになる。

　一方，ソフトバンクは1981年に孫正義が創業したパソコンソフトの卸売事業会社（創業時の社名は日本ソフトバンク）であったが，国内外の企業買収を繰り返し，業容を変えながら急成長を遂げ，わずか25年で世界的な巨大企業になった。2001年にはアメリカのヤフーと合弁会社日本ヤフーを設立し，インターネット接続サービス（Yahoo! BB）を開始した。2004年に日本テレコムを買収して固定通信事業に参入し，2006年にはイギリスのボーダフォン日本法人を，1兆7,500億円で買収して携帯電話事業に参入した。さらに2012年に国内携帯電話4位のイーアクセスを買収することで，ソフトバンクは契約数でNTTドコモ，KDDIに次ぐ国内3位の携帯電話事業会社に躍進した。日本国内での携帯電話会社としての足場を固めたソフトバンクは2013年にアメリカ第3位の携帯電話会社スプリント・ネクステルを1兆8,000億円で買収し，売上高でチャイナモバイル，ベライゾンワイヤレスに次ぐ世界第3位の携帯電話事業会社となった。

　今後，買収後のアームの成長を成功させることができれば，ソフトバンクは将来，半導体設計事業を主力とする企業に業態が変わる可能性もある。アームは今後IoT関連事業に使用される半導体製造企業にアームが開発する半導体設計図を販売することによって，IoTの設計においてアームの設計技術を世界のデファクト・スタンダードにしていく目標を持っている。そればかりでなく，アームはあらゆるモノがインターネットでつながるIoT時代のアーム独自の「生態系」の構築を目指している。アーム生態系とは，「アームの技術が使われるモノが新たな技術やサービスを生み出し，市場が自己増殖していく仕組み[10]」が構築されることであり，半導体ユーザーから消費者に至るまでのルートの全てにおいてアームの設計した技術が使用されるだけでなく，そのことによってアームの技術を使った新しいサービスや製品が続々と生まれることである。アームはこのような構想の下に，アームの技術をIoT時代のデファ

クト・スタンダードにすることと同時に，技術と市場の急拡大を目指しているのである。

　アームの純資産は 2,500 億円であるから，ソフトバンクの買収額 3 兆 3,000 億円との差額，すなわち「のれん」は 3 兆 500 億円となり[11]，ソフトバンクは巨額のリスクを抱え込むことになった。しかし，ソフトバンクはこれまで，成長が見込まれる企業に大きなリスクを取って出資し，大きな成功を収めてきた実績がある。これまでソフトバンクグループが 1,000 億円以上のキャピタルゲインを獲得した事例も少なくないが，中でも最も大きな投資利益を獲得したのは中国のアリババ集団（インターネット通販事業）への投資である。ソフトバンクは 2000 年にアリババ集団に 20 億円出資し，その後 2015 年までに 105 億円まで出資を増加させた。アリババ集団が 2014 年 9 月 19 日にニューヨーク証券取引所に上場した際には，初値の時価総額が 2,300 億ドル（25 兆円）に達した。アリババ集団の上場によってソフトバンクは 8 兆円弱の含み益を得ることができた。巨額の企業買収によって成長と業態の転換を実現してきたソフトバンクは，孫正義会長の有望な IT ベンチャー企業を発掘する能力を生かした，投資ファンドの様相を呈してきたようにも思われる[12]。

第 3 節　業態転換の M&A

　音楽レコードは技術革新によって CD にとって代わられたが，それに伴い，レコード版やレコード針，レコードプレーヤーなどの関連事業が衰退していった。このような技術進歩による事業の消滅を克服し，企業が生き残っていくためには多角化を進め，衰退事業から成長事業へと企業の軸を移していかなければならない。かつて世界最大の写真フィルムメーカーであったアメリカのコダックは，フィルム・カメラからデジタル・カメラへの技術進歩の流れに乗り換えることができず，2012 年に倒産してしまった。

　これに対して日本の富士写真フィルムは，多角化を進め，写真フィルム事業から液晶テレビ用の偏光フイルムや化粧品事業へと業態を転換することによって，成長を続けている。社名も富士フイルムに変更し，写真フィルム事業から

図表 1-2　カラーフィルムの世界総需要の推移（富士フイルムによる推計）

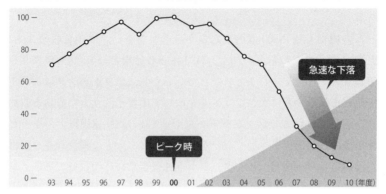

注：2000年度を100とした場合の指数。
出所：富士フイルムホールディングス株式会社（2016）『Annual Report 2016』5頁。

の脱却を見事に達成した。富士フイルムの成功は技術変化の波に乗り遅れ倒産したコダックと好対照をなしている。

　富士フイルムはデジタル化への急速な移行による経営危機をパネル材料や製版フィルム，磁気テープなどの事業を拡大することによって回避することに成功した。富士フイルムは利益の3分の2を占めた写真フィルム事業が急速に縮小する中で，液晶パネルの偏光板フィルムの増産投資を拡大するとともに，アメリカのゼロックスとの合弁会社（正確にはイギリスのゼロックス・リミテッドとの合弁会社）である富士ゼロックスの持株比率を75％に高め，収益の安定化を図った。2016年現在の富士フイルムの売上高構成は，連結子会社の富士ゼロックスが47％，デジタル・カメラなどの光学関連が14％，磁気テープやパネル材料などの部材関連が22％，医療機器や医薬品，化粧品などのヘルスケア部門が17％である。

　この中で富士フイルムが今後の高成長・高収益分野として最も力を入れているのは医療関連部門であり，この部門の強化のために積極的にM&Aを活用している。富士フイルムには，写真フィルムで培ってきた，X線診断装置，超音波診断装置，医療用ITなどの高水準の技術が蓄積されているが，医療分野のM&Aによって技術のシナジーを獲得しつつ「医療の総合メーカー」を目指して業態の変更を着々と進めている。2008年には富山化学工業を買収した

が，同社は 2014 年にアフリカで大流行したエボラ出血熱の特効薬としても効果を持つ「アビガン」を製造する企業として注目されることになった。「アビガン」はもともとインフルエンザ治療薬として開発された薬品であるが，富山化学はアルツハイマー治療薬の開発も進めているなど，高い技術開発力をもつ企業である。さらに富士フイルムは，2015 年には再生医療で優れた技術を持つアメリカのセルラー・ダイナミクス・インターナショナルを買収した。パーキンソン病などの難病治療での成果を目指している。

東芝は会計不祥事に伴う経営危機の中で企業再建に取り組んできたが，将来高い成長が見込まれる東芝メディカルシステムの売却に踏み切った。東芝メ

図表 1-3 富士フイルムの売上高の事業別ポートフォリオ

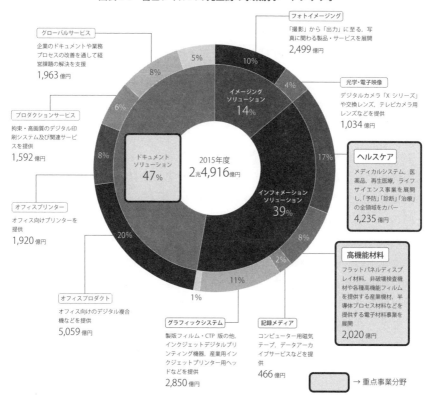

出所：富士フイルムホールディングス株式会社（2016）『Annual Report 2016』6 頁。

ディカルは医療分野の強化・拡大を図る富士フイルムにとってはきわめて魅力的な企業であり，買収に乗り出したものの，キヤノンとの買収合戦で敗れた。キヤノンもまた主力としてきたカメラやプリンター事業の市場縮小に直面しており，医療や宇宙産業などの成長分野の買収や新規参入による業態転換が急務となっている。

さらに，富士フイルムは2016年11月に武田薬品工業の子会社である和光純薬工業の買収を発表した。和光純薬工業は「研究用試薬の国内最大手」で「胚性幹細胞（ES細胞）」やiPS細胞の培養に使う試薬など有望な技術」をもっており[13]，富士フイルムが進める再生医療などの分野における基礎技術の獲得が期待できる。

富士フイルムは現在4,235億円（全売上高の17％）の売上高に留まるヘルスケア部門の売上高を1兆円に成長させる目標を持ち，ヘルスケア部門を高機能材料部門とともに重点事業分野と位置づけている（図表1-3）。

第4節　選択と集中のための M&A

競争が激しい業界では，中核となる事業を選択し，その事業に経営資源の投入を集中するとともに，非中核的事業は売却することによって競争力を強化するためにM&Aが積極的に利用されている。これはいわゆる「選択と集中」と呼ばれる経営戦略であるが，近年製薬業界においてこうしたM&Aが活発に行われている。「選択と集中」によって事業ポートフォリオを大きく変えた武田薬品工業のM&A戦略について見ていくことにする。

武田薬品工業は1781年創業の日本では最大級の医薬品メーカーであるが，世界の医薬品メーカーの中では上位10位以内にも入らない中規模の企業である。製薬会社は画期的な新薬の開発に成功し，販売が軌道に乗ると特許に守られ，この新薬が10年以上にわたって会社の収益に貢献することになる。年間販売高が1,000億円を超え会社の収益の柱となるような新薬は，「ブロックバスター」と呼ばれ，製薬会社はこのような大型新薬の開発競争にしのぎを削っている。しかし，一度特許が切れると多くの製薬会社が参入し，競争が激しく

なるため急速に収益が落ち込むことになる。したがって大手製薬会社はさらなる新薬の開発に力を注ぐことになるが，1つの新薬を開発するには10年単位の年月と1,000億円単位の投資が必要といわれる上，開発の最終段階で人体への副作用などの理由で失敗することも非常に多い。大手製薬会社は開発中の新薬候補（パイプラインと呼ばれる）をいくつも持っていなければ競争に勝ち抜けないため，新薬の開発には莫大なコストと大きなリスクを伴うことになる。

武田薬品工業は従来，ほとんどM&Aを行ってこなかったが，2003年に創業家出身の7代目社長武田國男が長谷川閑史を8代目社長に任命すると経営方針が一変した。海外での経験が豊富な長谷川は欧米のメガファーマ（巨大製薬企業）に対抗するために，内外企業買収や自社の事業売却を進め，クリストフ・ウェーバーを社長に就任させ，グローバル化を急速に進めた。武田薬品工業では，ブロックバスターであるタケプロン（消化性潰瘍治療薬）が2009年に，アクトス（糖尿病治療薬）が2011年に，プロブレス（高血圧治療薬）が2012年にアメリカで特許切れとなった。武田薬品工業ではこれにリュープリン（前立腺ガン治療薬）を加えた4つのブロックバスターで年間1兆円の売上があったため，これらの薬の特許切れは経営に深刻な打撃を与えるものであった[14]。

長谷川閑史は，こうした危機を乗り切るために，企業買収とグローバル化を積極的に進めていった。2005年にはアメリカのバイオベンチャー企業シリックスを買収（280億円），2008年には，世界最大のバイオ医薬品企業であるアメリカアムジェン社の日本法人を買収（900億円），同じくアメリカのバイオ医薬品企業のミレニアム・ファーマシューティカルズ（以下，ミレニアム）を買収（8,900億円）したのである[15]。ミレニアムはガン領域において優れた研究・開発・販売力を持っており，武田薬品工業はミレニアムをガン領域開発の中核に位置づけた。2011年にはスイスの製薬会社ナイコメッドを1兆1,100億円で複数の投資ファンドから買収した。

ナイコメッドの買収には3つの目的があった。第1は，新興国の開拓である。ナイコメッドは1874年創業の非上場会社であるが，東欧や旧ソ連圏，中南米などの新興国で売上高の4割を占めている[16]。医薬品売上および利益は先進国で伸びが鈍化する一方，新興国では急成長している。武田薬品工業が医

薬品を販売する国はこの買収によって28カ国から70カ国へと増大した。新興国への売上高比率は3％（2010年度）から21％へと高めることができた。そして武田薬品工業の医薬品を，成長著しい新興国において，ナイコメッドの販路を通して販売することができるようになった。

　第2は，武田薬品工業の後発薬市場への参入である。ナイコメッドは新薬と同時に後発薬の製造・販売においても優れた競争力を持っている。膨張する医療費負担により財政悪化に苦しむ各国政府は，後発薬の使用を推進しており，日本を含む先進国においても後発薬の需要は年々高まってきている。後発薬市場への参入は安定的な収益確保のために不可欠と考えることができる。

　第3は，経営のグローバル化である。ミレニアムやナイコメッドのような海外企業を次々と買収していくことにより，研究開発や製造，販売に携わる従業員の国籍や人種が多様化するため，経営層も含め，日本の従業員が国際感覚を持つことが求められる。ナイコメッドを買収した際の記者会見で長谷川社長（当時）は次のように述べている。「最も重要なのは社員の意識変革。ナイコメッドの優秀な人から刺激を受け，グローバルな人材に変わることを期待する[17]」。2014年にクリストフ・ウェーバーを社長兼最高執行責任者（COO）に選任し，長谷川閑史が会長兼最高経営責任者（CEO）に就任した人事や，14人のコーポレート・オフィサーのうち10人に外国人を起用し日本人はわずか4人という経営陣構成（同社『アニュアル・レポート』2016年）も経営のグローバル化を推進する武田薬品工業の経営戦略を明確に読み取ることができる。

　武田薬品工業は2016年10月に，ガン関連のバイオ医薬品を開発するイギリスの創薬ベンチャー企業，クレシェンド・バイオロジックスに820億円を出資すると発表した[18]。またそれに先立つ同年7月には，ベルギーの創薬ベンチャー企業から炎症成腸疾患の1つ「クローン病」関連の開発・販売権を取得した。このように武田薬品工業は中核事業を「ガン」「中枢神経」「消化器疾患」の3つに絞り，この3分野を買収や提携によって強化する一方，非中核事業は売却を進めている。消化器分野の強化に関しては武田薬品工業がカナダのバリアント・ファーマシューティカルズ・インターナショナルの買収交渉が報じられている[19]。

おわりに

　世界のM&A市場では，成熟産業における大型のM&Aが続出している。これらのM&Aの目的は規模の経済の追求や衰退産業から成長産業への事業転換などである。一方，日本においては人口減少に伴う市場の縮小という経済環境の中で，成長を続ける市場を目指した海外企業の買収や技術獲得を目指したIn-Out型の買収が盛んになっている。富士フイルムのM&Aは衰退産業から成長産業への事業の組み換えを目的とするM&Aであり，武田薬品工業の事例は選択と集中により国際競争力強化とグローバル化を志向するM&Aということができる。

　なお，本章では取り上げなかったが，日本におけるM&Aの件数は中小企業が圧倒的な数を占めている。過去5年間（2005年を基準として）でM&Aを1回以上実行した企業は中小企業（約150万社）の14.1％に上っている[20]。

[注]
1) 服部 (2015), 32ページ。
2) 同上書, 15ページ。2016年には, 日本企業のIn-Out型M&Aが急増したこともあり, 世界のM&A市場における日本のシェアは4.9％と, 国別のシェアで, アメリカ, 中国, カナダ, ドイツ, に次ぐ第5位であった (『日本経済新聞』2016年10月8日)。
3) 奥村 (2007), 76-77ページ。
4) 同上書, 85ページ。
5) 『日本経済新聞』2015年10月14日。
6) 『日本経済新聞』2015年11月10日。
7) 『日本経済新聞』2016年10月5日。
8) 『日本経済新聞』2016年7月28日。
9) 『日本経済新聞』2016年12月3日。
10) 『日本経済新聞』2016年11月1日。
11) 『日本経済新聞』2016年7月28日。
12) 『日本経済新聞』2016年10月18日。
13) 『日本経済新聞』2016年11月4日。
14) 有森 (2015), 21ページ。
15) 同上書, 22ページ。
16) 『日本経済新聞』2011年5月20日。
17) 『日本経済新聞』2011年5月20日。
18) 『日本経済新聞』2016年10月12日。

19)『日本経済新聞』2016年11月3日。
20) 尾関・小本（2007），5-6ページ。

[参考文献]
有森隆（2015）『海外大型M&A大失敗の内幕』さくら舎。
奥村皓一（2007）『グローバル資本主義と巨大企業合併』日本経済評論社。
尾関純・小本恵照編著（2007）『M&A戦略策定ガイドブック』中央経済社。
服部暢達（2015）『日本のM&A理論と事例研究』日経BP社。

（佐久間信夫）

第 2 章

M&A の歴史

はじめに

　M&A は，19 世紀末のアメリカを起源とし，100 年以上もの歴史がある。M&A が集中して起こった時期は M&A の「波」や「ブーム」などと呼ばれる。本章ではこれらの表記を前者に統一する。本章では，アメリカと日本における M&A の歴史を，過去に起こった M&A の波の検討を通して明らかにしていく。

第 1 節　アメリカの M&A の歴史：第 1 〜 2 の波まで

1．第 1 の波：独占形成のための M&A（19 世紀末から 20 世紀初めにかけて）

　世界の M&A の歴史は，アメリカを中心に推移してきた。たとえば，コレフら（Kolev, Haleblian, & McNamara 2012）は，M&A の歴史において起きた主要な波を 5 つに整理しているが，その第 1 と第 2 の波はアメリカだけで発生したものであり，また彼らが引用した M&A の金額や件数は，全てアメリカ企業が参加した M&A のものである[1]。

　アメリカでは，21 世紀までに 5 回の M&A の波が起きている。最初の波は 20 世紀への変わり目の時期に発生した（図表 2-1）。19 世紀末当時，全米鉄道網の建設ラッシュ，全米単一市場の形成，新しい生産技術の導入などを背景に，アメリカ企業は競争の大規模化・激化への対応に迫られていた[2]。また，株式会社設立法の成立や証券市場の整備など，M&A の実施に必要な環境も整備された。このような中で，同業他社との共倒れを防ぎ，また競争に勝利する

ために，独占の形成に向けた水平的合併が繰り返された。

その結果，各産業で市場の生産量の大半を単体で占める，支配的企業（dominant firm）[3]が続々と誕生した。第1の波によって成立した支配的企業には，製紙産業のインターナショナル・ペーパー（1898年成立），製菓産業のナショナル・ビスケット（現ナビスコ，1898年成立），鉄鋼産業のU.S.スチール（現USX社，1901年成立），缶産業のアメリカン・キャン（現プライメリカ，1901年成立），農業機械産業のインターナショナル・ハーベスター（現ナビスター・インターナショナル，1902年成立）などがある。

なお，今日，独占や寡占の形成は，競争の停滞や消費者の不利益をもたらす恐れがあることから厳しく規制されている。アメリカにおいては，これを規制する一連の法律は，反トラスト法と呼ばれる。トラスト（trust）とは，第1の波で相次いで誕生したような，独占による利益の獲得を目的に資本的に結合した企業群のことである。一国や特定の産業における企業の経済的な影響力の大きさを表す用語に経済力集中がある[4]。反トラスト法においては，国全体における経済力集中（一般集中）よりも，公平な競争を阻害する特定の産業における経済力集中，すなわち（特定）産業集中が主な規制の対象である。

図表2-1 アメリカにおけるM&Aの年間件数の推移（第1〜4の波まで）

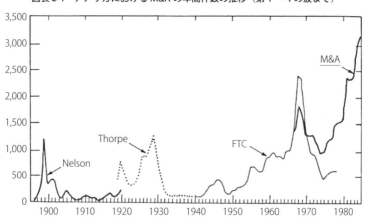

注：図表内の名称は，それぞれ資料の著者名（Nelson, Thorpe），公表機関名（FTC），雑誌名（M&A）。Golbe & White (1988), pp. 267-269.
出所：Golbe & White (1988), p. 272.

第1の波の発生当時のアメリカでも，1890年に，最初の反トラスト法であるシャーマン法（Sherman Act）が成立していたが，この波の発生を防止することができなかった。シャーマン法では，独占の形成が禁止された[5]。だが，同法の規制の対象は独占の程度がかなり高いものに限定され，さらに，その適用の判断も裁判所に委ねられていた。

第1の波は，1903年頃に終息したが，1903～1905年にかけての株価の暴落はその要因の1つである。その他にも，以下のような要因が考えられる[6]。1902年にM&Aによって成立したノーザン・セキュリティーズ（Northern Securities Company）が，同年にシャーマン法違反で提訴され，1904年に有罪判決を下されている（「ノーザン・セキュリティーズ事件」）。また，合併の急激な増加により合併候補企業がなくなったとも考えられる。

2．第2の波：寡占のためのM&A（1920年代）

第2のM&Aの波は，第一次世界大戦後の1920年代に起こり，大恐慌が発生した1929年に終息した。第一次世界大戦後の経済復興の中で，各産業で，支配的企業に対抗すべく，2位以下の企業らによる合併が相次いで行われた。とりわけ，既にかなり大規模な企業においては，競合企業との水平的合併は反トラスト法に抵触する恐れがあったことから，川下企業や川上企業との垂直的合併が盛んに行われた。

その結果，多くの市場で，少数の企業に経済力が集中する寡占が形成された。今日，多くの産業で，その産業を代表する大企業が2社ないし3社ほど存在する状態が見受けられるが，このような寡占市場が初めて相次いで誕生したのがこの第2の波であった。当時，垂直的合併を通して寡占を形成した企業の例として，鉄鋼業界では，ベツレヘム・スティール社，リパブリック・スティール社，アームコ社（現AKスティール社）などがある[7]。

第2の波の発生当時は，第1の波を防げなかったシャーマン法の他に，反トラスト法として，クレイトン法と連邦取引委員会法という2つの法律が，ともに1914年に制定されていた。第1のクレイトン法（Clayton Act）では，シャーマン法とは異なり，独占を形成する合併だけでなく，そのリスクがある合併も規制の対象とされた。第2の連邦取引委員会法では，わが国の公正取引

委員会のモデルとなった連邦取引委員会（Federal Trade Commission）の設立や権限などについて規定された。今日においても，アメリカの反トラスト法はこれら3つの法律によって構成されている。

しかしながら，このような規制強化をもってしても，第2の波の発生を阻止することはできなかった。クレイトン法の規制の対象は当時大半を占めていた株式取得による合併に限定されており，その結果，第2の波では資産取得による合併が行われた。さらに，新設合併では消滅会社に支払う対価が株式や社債等に限られるため，現金でも対価の支払いが可能な吸収合併が相次いで行われた。また，クレイトン法が合併を禁止する基準としていたのは，あくまで合併当事者企業間の競争の制限であった。したがって，競合関係にはない川下企業や川上企業との垂直的合併は禁止の対象に含まれていなかった。

加えて，1926年には，株式を対価に資産の取得を行ったとしても，それが既に完了している場合には，連邦取引委員会はこれを規制することはできないとする最高裁判決が相次いで下された（「サッチャー・マニュファクチュアリング事件」，「スウィフト事件」）。さらに，1930年には，最高裁判所は，合併前の競争と合併後の当該産業全体の競争制限がどちらも実質的かつ明確に存在しない限り，合併を制限するクレイトン法第7条の規定は適用されないとの判断も下した（「インターナショナル・シュー事件」）。

第2節　アメリカのM&Aの歴史：第3〜5の波まで

1．第3の波：金融志向的なコングロマリット的M&A（1960年代後半）

第3のM&Aの波は，1960年代後半に起きた。その背景には，株式時価総額を純利益で割って算出する株価収益率（Price Earnings Ratio，略称PER）という株価の評価基準の登場がある。PERは投資資金が何年で回収できるかを表しており，その値が低ければ低いほど短期間で資金が回収できるということになる。また，同じ業界の企業同士でPERの値が異なる場合には，PERが低い企業の株式の方が，より少ない投資でより大きな利益を上げているということになるため割安であり，またそれ故に株価も上昇することになる。

財務上の手法を活用することで，合併後の PER は合併前の PER よりも常に低くすることが可能である。合併後の PER の分母である純利益は，合併前の当事者企業の純利益の和となる。だが，合併後の PER の分子である株式時価総額は，合併比率の調節や転換社債の活用などにより株式数を低く抑えることで，合併前の当事者企業の株式時価総額の和よりも低くできる。第2の波までは事業を通した利益の向上のための戦略的 M&A が中心であったのに対して，この第3の波では財務上の利益を目的とした M&A が繰り返されたことが大きな特徴である。

また，この頃の M&A の中心は，従来とは異なり，非関連業種を対象としたコングロマリット的 M&A であり，このことも第3の波の大きな特徴である。これは，第1と第2の波を経て反トラスト法が強化されたことにより，第3の波が発生する頃には，これまでのような産業集中をもたらす同業種間での M&A は困難となっていたことが背景にある。たとえば，クレイトン法はもともと資産取得による合併を規制していなかったが，1950年のセラー・キーフォーバー法の成立により改正され，資産取得による合併も規制された。これに加えて，合併の禁止の基準であった競争制限も合併当事者間におけるものだけに限定されなくなり，垂直的合併も禁止の対象に含まれることになった。

このような背景の下，第3の M&A の波では，非関連業種を多く抱え込んだコングロマリット（企業）が，多く誕生することとなった。代表的なものとしては，リットン・インダストリーズ（Litton Industries），リング・テムコ・ボート（Ling-Temco-Vought，略称 LTV），テキストロン（Textron）などがある。

しかしながら，M&A の対象となる企業がいなくなれば，このような財務手法は通用しなくなる。また，コングロマリット的 M&A は，上述した金融戦略に基づいて行われたものであり，成長分野への進出や本業とのシナジー効果といった競争戦略に基づいて行われたものではなかった。そもそも事業で利益が得られないのであれば，PER の分母である純利益も低下することになる。これらの結果，1969～1970年にかけて，多くのコングロマリット企業が，大幅な減益や巨額の赤字を計上し，資金調達も困難となり，株価の下落に直面することになった[8]。こうして，財務的利益を動機に引き起こされた第3の波

は，コングロマリット企業の業績不振とともに終息した。

2．第4の波：リストラクチャリングと敵対的買収（1970年代後半から1980年代）

　第4の波は，1970年代後半から1980年代にかけて起こった。この時期に行われたM&Aの特徴としては，①戦略的動機による事業のリストラクチャリング（再構築）の中でのM&A，②敵対的買収，③大規模なM&Aなどが挙げられる。

　まず，第1の特徴として，コングロマリットによる不採算事業の売却のほか，成長性や市場占有率などの観点から事業を再構築していくための関連分野を対象としたM&Aが盛んに行われた。このリストラクチャリングのためのM&Aの代表的な事例としては，ジャック・ウェルチ氏の指揮の下で，ゼネラル・エレクトリック・カンパニー（General Electric Company，略称GE）が行ったものがある。1981年にCEOに就任した彼は，長期的に市場でNo.1ないしNo.2の地位を維持しうる事業分野のみに投資を集中させ，それ以外の分野は売却して前者の投資のための資金源にするという，「選択と集中」と呼ばれる戦略を遂行した。GEが1981年からの4年間で実施した買収，合弁事業，新会社の設立，資本参加の数は230を超え，さらに1985年までに1980年の総売上高の25％を占める事業が売却された[9]。

　次に，第2の特徴として，大規模な敵対的買収（hostile takeovers）が，多く行われたことがある。その背景には，金融システムの発達が進む中で，第3の波の頃よりも高度な金融戦略的M&Aの仕組みが開発，実践されたことがある。たとえば，M&Aにおいては資金調達が重要な課題となるが，現時点での資産ではなく買収後の買収先企業の資産を担保に資金を調達（借り入れ）して買収を行う，レバレッジド・バイアウト（leveraged buyout，略称LBO）が盛んに行われた。

　敵対的買収の増加を受けて，今日広く知られている様々な買収防衛策も開発・導入された。たとえば，買収後に役員が解任されても巨額の退職金が支払われる仕組みを事前に導入しておくゴールデン・パラシュート（golden parachute）や，敵対的買収により発動し，買収者に大きな損害（多額の負債

の発生，持株比率の低下をもたらす新株の大量発行など）をもたらすポイズン・ピル（poison pill）などがある[10]。

また，敵対的買収が行われる中で，敵対的買収をしかける人々のことを指す，レイダー（raider），すなわち「乗っ取り屋」という言葉も盛んに使われるようになった。さらに，グリーンメール（greenmail），そしてこれを実行するグリーンメーラー（greenmailer）といった用語も新たに登場した。グリーンメールのグリーンはドル紙幣の色であるグリーンに，そしてメールは脅迫状を意味するブラックメールにそれぞれ由来するといわれる。グリーンメールとは，企業の株式をある程度取得した後に，その企業の経営陣に対してTOB（株式公開買付け（take-over-bid）の略称）をかけると脅しをかけて，高額な金額でこれを買い戻させることであり，グリーンメーラーとはこれを実行する人（々）のことである[11]。レイダーやグリーンメーラーと称される人々には，かつてトヨタの系列会社小糸製作所にも買収を仕掛けたことのあるブーン・ピケンズ（Thomas Boone Pickens, Jr.）氏のほか，近年ブリヂストンとも買収合戦を行ったカール・アイカーン（Carl Celian Icahn）氏などがいる。

これらの人々の資金源となったのは，当時その市場が急成長していた，ハイリスク・ハイリターンの債券であるジャンク・ボンド（Junk Bond, junk＝紙クズ）の発行によるものであった。とはいえ，ハイリスクであるジャンク・ボンド市場の成長は長くは続かず，1980年代末のその市場の崩壊とともに，第4の波は終息した。

そして，第3の特徴として，上述した多様な資金調達や買収の手法の開発・活用により，大規模なM&Aが盛んに行われたことがある。既存の資産規模や事業の収益性に関係なく，巨額の資金調達が可能になったことで，M&Aの大規模化が進んだ。第3の波で約400万ドルであったM&A一件当たりの金額は，第4の波の1985年には約6,000万ドルにまで増加した。1985年の年間買収総額は1,796億ドル（当時の相場で約40兆円）であった。この金額は，当時の日本のGNPの約15％に相当し，当時の日本の国家予算50兆円にも匹敵するほどであり，また日本の大企業を150社も買収できるほど巨大なものであった[12]。

第4の波が起きた背景としては，政府の経済活動への介入に否定的な新自由

主義を標榜するレーガン政権の誕生とその政策も要因として挙げられる。第3の波を受けて，アメリカでは1968年に司法省によって合併規制の指針としてのガイドラインが策定されていたが，レーガン政権は，1982年と1984年に相次いでこれを緩和した。その結果，垂直統合が事実上放任されたほか，金融，航空宇宙，運輸，鉄道といった主要業界の超大型合併に対する規制も撤廃された[13]。

3．第5の波：グローバルな戦略的M&A（1990年代）

第5の波は，1990年代に起こった。この当時，アメリカ企業の国際競争力は，第4の波で財務上の利益偏重のM&Aが相次いで繰り返されたことで，著しく低下していた。また，冷戦の終結により，グローバル競争の舞台となる地球規模での単一市場の形成が加速することは目に見えていた。このような中で，アメリカ政府は，アメリカの金融の中心地であるニューヨークのウォール街を拠点とする証券・金融業界関係者（単に「ウォール街」とも呼ばれる）の支持・協力の下で，アメリカ企業の国際競争力の強化を図ろうとした。

第5の波の特徴は，アメリカの国家戦略に即したM&Aを中心に展開されたことである[14]。そして，以下の4つのタイプのM&Aが盛んに行われた。第1は，新技術・成長分野（マルチメディアやバイオテクノロジーなど）で，アメリカ主導の下での日本・ヨーロッパとの連携を図るためのM&Aである。次に，第2は，軍縮下での航空宇宙・軍需産業の民営化や再編の推進のためのM&Aである。そして，第3は，医療費支出の抑制とバイオテクノロジー分野での国際競争力の維持のための医薬・医療産業における垂直統合である。最後に，第4は，産業再編における金融業界のリーダーシップの確立のための金融業界における合併である。これにより，アメリカの大手・中堅銀行の数は，1988年の50行から1995年の15行へと集約された[15]。

アメリカ政府は，ウォール街のメンバーが多く参加する経済安全保障会議（National Economic Council）を設置し，グローバル競争力の強化のために大規模なM&Aの促進を図った。その結果，ウォール街を仲介役とする大規模なM&Aが相次いで行われた。史上最大規模のM&Aも多く行われ，その結果，第5の波のM&Aの規模は全体で4兆5,000億ドルと，第4の波の6,180

億ドルを大幅に上回っている[16]。もっとも，この第5の波も，1990年代末に起こったITバブルの崩壊，買収で拡大したエンロンやワールドコムの不祥事と倒産等を背景に，2000年代初頭に終息した[17]。

第3節　日本のM&Aの歴史その1：戦前からバブルの崩壊まで

1．戦時中まで：財閥を中心とする高度な産業集中

　宮島（2007）によれば，太平洋戦争前の日本では，3つのM&Aの波があったという[18]。まず，1900～13年にかけての第1の波では，財閥による官営事業の買収や，繊維や食品，紙・パルプなどの産業において，寡占の形成などを目的としたM&Aが行われた。次に，1920年代前半に起こった第2の波では，第一次世界大戦後の戦後恐慌の発生を背景に，事業の効率化や事業再編のためのM&Aが相次いで行われた。とりわけ，当時最大の産業であった電力業界では，東京電燈（現東京電力）によって14件もの合併が行われた。

　そして，1930年代半ばの第3の波では，規模の経済性に向けた大型合併が急増し，その有名な例として，1934年に官営八幡製鉄所と民間製鉄企業5社が合併して日本製鉄（現新日鉄住金の前身）が設立されている。また，1934年の三菱造船による三菱航空機の吸収合併や，1935年の吸収合併による住友金属（現新日鉄住金の前身）の設立など，事業の効率化などを目的とした財閥傘下企業の再編も進められた。また，1928年に設立された日本産業を持ち株会社とする日産コンツェルン（別名，鮎川財閥）もこの時期に形成された。

　その後，戦時期には，資源の不足の中で，事業の効率化に向けた合併が進められた。紡績企業は戦前の60数社から10社に集約されたほか，戦前に700弱あった普通銀行も61行にまで集約された。また，軍需生産の要であった財閥を中心とする垂直統合も進められ，敗戦時の一般集中度（資本金ベース）は3大財閥（三井，三菱，住友）だけで25％に上った。このように，太平洋戦争に敗戦するまで日本の経済，軍事力の基盤であった財閥は，M&Aによって誕生し，その力を高めたのである。

2. 戦後から 1980 年代まで：独占禁止法の制定と後退

終戦後は，日本の経済の中心であった財閥の影響力を削ぐための「財閥解体」とともに，財閥への過度の経済力集中を排除するための改革が推し進められた。1947 年には，独占禁止法が制定され，今日わが国の独占，寡占を厳しく監視している公正取引委員会も発足した。また，同法により多角化した財閥の中枢であり頭脳であった純粋持ち株会社も禁止され，わが国では 1997 年までその設立が禁止されていた。

もっとも，わが国の独占禁止法の歩みは，1977 年の第 3 次改正までは後退の歴史であった[19]。当初の独占禁止法は，公正取引委員会による認可のない合併を禁止するなど極めて厳格なものであったが，経済力集中に対する否定的な見方は，長年過度の経済力集中の下で成り立っていた日本経済には定着が難しかった。また朝鮮戦争の勃発や冷戦などの国際情勢の変化の中で，独占禁止法の制定からすぐに，日本企業には，M&A による規模の経済性や生産効率の向上などが求められるようになる。このような背景の下で，独占禁止法は1949 年と 1953 年に相次いで改正され，認可制から届出制への移行，合併の禁止基準の緩和などの規制緩和が実施された。

独占禁止法が長らく有効に機能してこなかったことは，多くの大型合併が成立してきたことからも伺える。そもそも，唯一独占禁止法に抵触するとされた合併は，1970 年の八幡製鉄と富士製鉄の合併だけであった。だが，この合併

図表 2-2　日本における合併件数の推移（1947～1985 年）

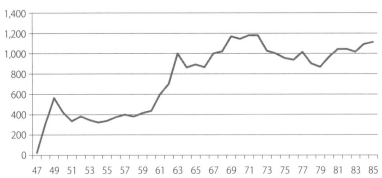

注：1947～1949 年度前半までは認可制の下での件数，それ以降は届出制の下での件数。
資料：『平成 26 年度公正取引委員会年次報告（資料データ集）』から作成。

後の国内シェアが4割弱に上った合併でさえ，市場シェアが5割から10割に上る4品目[20]において，競合他社への資産譲渡や技術指導などの対応策をとることを条件に最終的には認可された。合併件数も，1948年に急増して以降，多少の増減がありながらも，1985年まで全体的に増加してきた（図表2-2）。

3．1980年代後半〜1990年代初頭：バブル景気の下でのM&Aの波

1980年代後半以降のバブル景気の中で，日本企業は，豊富な資金，容易な資金調達環境，円高などを背景に，海外企業の買収を進めた。当時売却案件をもった欧米企業の経営陣は，売却先を探すためにほぼ必ず日本に長期滞在して，多くの日本企業を訪問したという[21]。日本企業による国外へのM&Aには，アメリカを象徴するロックフェラー・センターやハリウッド映画を代表するコロンビア・ピクチャーズの買収などの大型案件も目立つ。中でも，1990年に公表された松下電器産業によるハリウッドのMCA（現ユニバーサル・スタジオ）の買収金額は7,800億円に上り，1985〜1994年にかけての日本企業の海外進出案件の中で最大である[22]。

また，ヨーロッパの多くの芸術品が日本企業によって落札されたこともあり，このバブル期は，欧米諸国で「ジャパン・バッシング（日本叩き）」と呼ばれる日本批判や反対運動が熱を帯びた時期であった。もっとも，これらの大型M&Aによって取得された資産の多くは，バブル景気の崩壊後の企業の財務状況の悪化により，売却された。

第4節　日本のM&Aの歴史その2：1990年代半ば以降

1．1990年代半ばから2000年代後半にかけての波

バブル崩壊後，日本では，1990年代半ばから2000年代後半にかけて，再びM&Aの波が起きた。この波は，その件数，金額，さらにはその期間の長さといった点で，バブル景気の下での波よりも大きなものであった（図表2-3）。

この1990年代から2000年代後半にかけてのM&Aの波は，バブルの崩壊とともに始まり，2008年のリーマンショックの発生とともに終息した。この

図表 2-3　M&A の件数と金額の推移（1985〜2010年）（左軸：件数，右軸：億円）

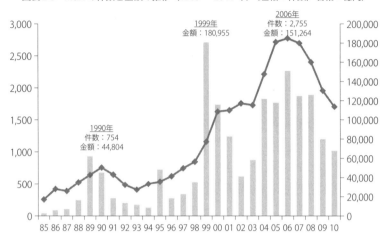

注：グループ内で実施された M&A は，データには含まれていない。
資料：*MARR*，2014年10月号，15ページの図表2つを結合・修正して筆者作成。

波が始まった1990年代前半当時，多くの日本企業は，バブル景気の崩壊によって深刻化した過剰な設備や不良債権等の処理の必要性に迫られていた。さらに，経済のグローバル化と国際競争の激化に対して，迅速に対応する必要性にも迫られていた。このような中で，事業のリストラクチャリングを進めるための M&A が急速に進められた。なお，図表2-3で，1999年の金額が突出して高いのは，この年にみずほ銀行と三井住友銀行が誕生する巨大な M&A 案件が発表されたためであり，この年，日本の M&A 金額は世界全体の M&A 金額の6.3％を占めていた[23]。

2．1990年代後半以降の M&A を巡る規制緩和と寡占化の進行

日本政府もまた，日本企業の収益性改善と国際競争力の強化に向け，M&A を促進するための改革を推し進めた。最初の大きな改革として，1997年6月の独占禁止法の改正（同年12月施行）により，戦後長年禁止されてきた純粋持ち株会社の設立が解禁された（独占禁止法第9条）。加えて，公正取引委員会も，この頃に合併審査基準の緩和を相次いで発表している。すなわち，同委員会は，1997年4月に将来の輸入可能性を加味することによる合併審査基準

の緩和を発表し，さらに翌年12月には「企業結合ガイドライン」を公表し，M&A後の市場シェアが10％以下（ただし業界2位以下であれば25％以下）となるM&Aに対しては審査を行わないとした[24]。

さらに，1999年8月の商法改正（同年10月施行）では，株式移転制度と株式交換制度が導入された。株式移転制度は，完全親会社が新設される場合に，子会社となる企業の株主に，この新設親会社との株式交換を強制する制度である。一方，株式交換制度は，既存企業が完全親会社となる場合に，子会社となる企業の株主に，この親会社との株式交換を強制する制度である。これら2つの制度の導入により，少数株主が存在する上場企業でも，完全子会社化や経営統合が事実上可能になった。1999年の富士銀行，第一銀行，日本興業銀行の3行によるみずほフィナンシャルグループの設立合意は，大型の経営統合の最初の事例であり[25]，株式移転により持ち株会社みずほホールディングスが新設された。なお，株式交換の最初の事例は，1999年のソニーによるソニーミュージック，ソニーケミカル，ソニープレシジョンの完全子会社化であった[26]。

さらに，2000年の商法改正（2001年施行）により，会社分割制度が新たに導入された。会社分割制度は，自社の事業を分割し，新設会社または既存の会社に承継させる制度である。会社分割制度は，従来の自社の事業を他社に譲渡する事業譲渡（ないし営業（権）譲渡）と同じく，自社の事業を他社に売却する制度である。しかしながら，会社分割制度では，事業の売却において株式を対価とすることが可能になったほか，既存事業の分社化においても検査役による検査が不要になるなどの規制緩和がなされた。

グローバル競争の激化やバブル崩壊後の景気停滞，上述したM&Aを巡る規制緩和などの結果，1990年代後半以降，事業のリストラクチャリングと企業規模の拡大に向けて，多くの産業で寡占化が進むこととなった。年間平均5社程度であった上場廃止企業数は，1997年11件，1998年と1999年ともに21件，2000年40件と年々増加し，2002年には78件に達した。1997年から2004年までの8年間の累計上場廃止企業数330社のうち，合併によるものは70件（21.2％），完全子会社化によるものは170件（51.5％）とM&Aによるものが大半を占めている[27]。たとえば，かつて13行あった都市銀行は，経営破たんした北海道拓殖銀行を除く12行が，持ち株会社を頂点とする4つの金融グ

ループに集約された。これら4つのうち,りそなホールディングスを除く,①三菱UFJフィナンシャル・グループ,②三井住友フィナンシャルグループ,③みずほフィナンシャルグループの3グループは,三大メガバンクと呼ばれている。

3. 2000年代半ば以降の敵対的買収の増加

従来,日本企業は,株主による企業統治活動や敵対的買収などの脅威に備えるために相互に株式を持ち合いしてきた。しかしながら,バブルの崩壊やグローバル競争の激化といった事業環境の変化の中で持ち合いの解消が進み,売却された株式は主に外国人機関投資家によって吸収された。日本の上場企業の外国法人等の株式保有比率は,1989年の4.2%から2009年の26.0%へと増加している[28]。

さらに,2007年には,親会社(国境を問わない)の株式を対価とする株式交換(三角合併)も解禁され,外国企業が自社の株式を対価に日本企業を買収することも可能になった。三角合併が解禁された頃は,日本の大手企業の株価が海外最大手と比べて著しく低いことから,外国企業による日本企業への敵対的買収の増加が懸念された。たとえば,2014年時点でGEの株式時価総額が約2,542億ドル(1ドル100円とした場合25兆4,200億円)であるのに対して,日立製作所は3.8兆円に過ぎない[29]。

これらの株式市場を巡る環境の変化の中で,日本企業に対する敵対的買収も相次いで試みられるようになる。その主な例としては,2005年のライブドアによるニッポン放送への敵対的買収,2006年の村上ファンドによる阪神電鉄への敵対的買収,2007年のスティール・パートナーズによるブルドックソースへの敵対的買収などがある。日本で届け出がされた株式公開買い付け(take-over bid,略称TOB)の件数は,2000年の18件から2007年の104件へと急増している[30]。

また,敵対的買収の脅威が高まる中で,日本企業では,買収防衛策が相次いで導入された。買収防衛策を導入する企業数は,2005年の29社,2006年の175社,2007年の409社,2008年の569社へと,2000年代半ばから急増した[31]。また,MBOによる非上場化を通して敵対的買収の脅威を排除し,事業

の改革・改善に注力する動きも目立つようになる。MBO とはマネジメント・バイアウト（Management Buyout）の略称であり，経営陣による自社（部門含む）の買収のことである。2000 年に 13 件であった年間の MBO 件数は，2008 年には 96 件にまで増加した[32]。

もっとも，上述した 3 つの事例も含め，安定株主の多さのほか，取引企業間の長期的な相互依存関係，社内昇進制度，消費者からの愛着や信頼などを背景に，さまざまなステークホルダーの反対を受けることが多く，日本で敵対的買収が成功するケースはまれである。また，外国企業による敵対的買収の増加が懸念された三角合併も，その実現には被買収企業の取締役会の合意が必要であり，そもそも敵対的買収の手段としては機能しえないものであった[33]。実際に，2008 年には，日本初の三角合併の事例として，アメリカのシティグループが日興コーディアルグループを買収したが，これも友好的な買収であった。

おわりに

アメリカでは，21 世紀前半までに 5 回の M&A の波が起こった。全米単一市場の誕生などを背景に 1900 年前後に独占のための M&A が盛んになり（第 1 の波），そして，第一次世界大戦終了後は寡占のための M&A が盛んに行われた（第 2 の波）。その後，M&A の波は，反トラスト法の強化もありしばらく生じなかった。

だが，PER や LBO といった新しい財務・金融関連の手法が開発されたことを受け，1960 年代後半（第 3 の波）と 1970 年代後半（第 4 の波）には，資産の売却益や株価の上昇といった財務上の利益を目的とした M&A が盛んに行われた。もっとも，財務上の利益を追求する M&A は，アメリカ企業の競争力の低下をもたらしたため，事業のリストラクチャリングも進められた。とりわけ，グローバル市場が誕生した 1990 年代には，アメリカ政府の支援の下で，国際競争力の強化に向けた大規模な産業の再編が進められた（第 5 の波）。

一方，アメリカでは財務上の利益のための M&A が活発に行われた時期があったのに対して，日本の M&A の歴史は事業上の利益のための M&A を中

心に推移してきた。そもそも，日本企業の高い競争力，企業間，そして企業とステークホルダー間の長期的・互恵的な関係等を背景に，日本では長らく財務上の利益のためのM&Aや敵対的買収は根付きにくい環境にあった。バブル崩壊後は，事業再生後に値上がりした株式を売却して収益を得る事業再生型のM&Aは行われるようになったが，それでもターゲット企業の同意を得られない敵対的買収が成功するケースは極めてまれである。

[注]
1) Kolev, Haleblian & McNamara (2012), p. 24.
2) 安田 (2006), 69-70 ページ。
3) 池田・土井 (1980), 78 ページ。
4) 経済力集中の指標には，付加価値，資産，売上高，自己資本，従業員数など様々なものがある。同上書，81 ページ。
5) 第1の波から第3の波までの反トラスト法および政策の内容については，池田・土井 (1980) を参照のこと。
6) 池田・土井，前掲書，12 ページ。
7) 安田，前掲書，70 ページ。
8) 松井 (1987), 40 ページ。
9) 中道 (2002), 53-56 ページ。
10) アメリカのポイズン・ピルの歴史については，太田・中山 (2004) に詳しい。
11) 松井，前掲書，58-59 ページ。
12) 本段落のM&Aの大規模化についてのデータは，以下より引用。安田，前掲書，72 ページ，および 86 ページの注 5。
13) 奥村 (2007), 44-45 ページ。
14) 以下，特に注のない限り，第5の波の内容は以下を参照のこと。奥村 (2007), 第1章。
15) 貴志 (1997), 148 ページ。
16) Ghauri & Buckley (2003), p. 210.
17) 『日本経済新聞』2002 年 12 月 30 日朝刊，7 面。
18) 宮島 (2007), 14-20 ページ。
19) 本節における独占禁止法の改正とその運用の推移については，主に以下を参照した。池田・土井，前掲書，206-212 ページ。
20) 大橋他 (2010), 14 ページ。
21) 服部 (1999), 20 ページ。
22) 宮島，前掲書，26 ページ。
23) 服部 (2015), 15 ページ。
24) 下谷 (2006), 132 ページ。
25) 蟻川・宮島 (2007), 50 ページ。
26) 服部 (2015), 前掲書，28-29 ページ。
27) 宮島，前掲書，27-29 ページ。
28) 東京証券取引所他 (2014), 資 4。
29) 服部 (2015), 前掲書，28 ページ。

30) レコフ（2014），28 ページ．
31) 同上書，32 ページ．
32) 同上書，29 ページ．
33) 合併には株主総会の特別決議による承認が必要であるが，議案となるのは合併当事者会社双方の取締役会が合意して調印した合併契約書であり，合併そのものではない．したがって，取締役会が反対している限り，株主が株主提案権を行使したとしても，合併を実現することはできないのである．服部（2015），前掲書，22 ページ．

［参考文献］

蟻川靖浩・宮島英昭（2007）「第 1 章 M&A はなぜ増加したのか」宮島英昭編著『日本の M&A』東洋経済新報社．
池田勝彦・土井教之（1980）『企業合併の分析―国際比較』中央経済社．
上田慧（1999）「第 5 次企業合併運動とクロスボーダー M&A」『同志社商学』第 51 巻第 1 号，同志社大学．
大石芳裕（2000）「第 5 次 M&A ブームの特徴」『経営論集』第 48 巻第 2 号，明治大学．
太田洋・中山龍太郎（2004）「第 3 章 米国におけるポイズン・ピルの『進化』とその最新実務」武井一浩・太田洋・中山龍太郎編著『企業買収防衛戦略』商事法務．
大坪稔（2011）『日本企業のグループ再編―親会社－上場子会社間の資本関係の変化』中央経済社．
大橋弘・中村豪・明城聡（2010）『八幡・富士製鐵の合併（1970）に対する定量的評価（RIETI Discussion Paper Series 10-J-021）』独立行政法人経済産業研究所（http://www.rieti.go.jp/jp/publications/dp/10j021.pdf，2016 年 8 月 16 日アクセス）．
奥村皓一（2007）『グローバル資本主義と巨大企業合併』日本経済評論社．
落合誠一（2006）『わが国 M&A の課題と展望』商事法務．
貴志幸之佑（1997）「米・欧における M&A の新潮流」『日本 EU 学会年報』第 17 号，日本 EU 学会．
下谷政弘（2006）『持株会社の時代―日本の企業結合』有斐閣．
東京証券取引所・名古屋証券取引所・福岡証券取引所・札幌証券取引所（2014）『平成 25 年度株式分布状況調査の調査結果について』．
中道眞（2002）「GE の経営戦略と事業展開：1980 年代のリストラクチャリングを中心に」『龍谷大学経営学論集』第 42 巻第 1 号，龍谷大学．
服部暢達（1999）『M&A 成長の戦略』東洋経済新報社．
服部暢達（2015）『日本の M&A―理論と事例研究』日経 BP 社．
松井和夫（1987）「第 2 章 戦後アメリカの企業合併運動―概観」松井和夫・奥村皓一『米国の企業買収・合併』東洋経済新報社．
宮島英昭（2007）「序章 増加する M&A をいかに読み解くか」宮島英昭編著『日本の M&A』東洋経済新報社．
村松司叙（1973）『企業合併論』同文舘出版．
レコフ（2014）「M&A 統計（表とグラフ）」『MARR』2014 年 10 月号．
安田義郎（2006）『現代企業の M&A 投資戦略』創成社．
DePamphilis, D. (2001), *Mergers, Acquisitions, and Other Restructuring Activities: An Integrated Approach to Process, Tools, Cases, and Solutions*, Academic Press.
Ghauri, P. N. and Buckley, P. J. (2003), "International Mergers and Acquisitions: Past, Present, and Future," in C. Cooper and A. Gregory (eds.), *Advances in Mergers and Acquisitions*, Vol. 2, Elsevier Science Ltd.
Golbe, D. L. and White, L. J. (1988), "9 A Time-Series Analysis of Mergers and Acquisitions in

the U.S. Economy," in A. J. Auerbach (ed.), *Corporate Takeovers: Causes and Consequences*, The University of Chicago Press.

Kolev, K., Haleblian, J. and McNamara, G. (2012), "A Review of the Merger and Acquisition wave Literature: History, Antecedents, Consequences, and Future Directions," in D. Faulkner, S. Teerikangas and R. J. Joseph (eds.), *The Handbook of Mergers and Acquisitions*, Oxford University Press.

（村田大学）

第3章

M&Aの理論

はじめに

　企業の買収や合併はなぜ起きるのか？　M&Aが起きる要因やメカニズムについて，これまで多くの研究者が様々な視点から考察を行ってきた。その多くは，M&Aの先進国といえるアメリカやイギリスの研究者によるものである。本章では，M&Aが引き起こされる要因に関する先行研究を紹介する。

第1節　M&Aの動機

　M&Aは原則として強制されるものではないため，当事者企業が何らかの目的・動機をもって実施される。とくにアメリカでは類似するタイプのM&Aがある年代に集中的に発生するため，その時期のM&Aの動機に対する研究者の関心が高まる。たとえば，Stigler (1950) は，20世紀初頭に起きた"第1のM&Aの波"を「独占のためのM&A」，1920年代に起きた"第2のM&Aの波"を「寡占のためのM&A」と端的に表現している。

　しかし多くの場合，M&Aの動機は多種多様である。たとえば，Steiner (1975, p. 30-31) はM&Aの動機の主な種類を以下のように列記している。
　(A)　競争制限と独占利潤の獲得
　(B)　市場支配力の獲得
　(C)　需要縮減および過当競争による市場の成長機会または利益の縮小への対応
　(D)　事業リスク減少のための多角化

(E) 生産または流通における規模の経済性を実現するのに十分な規模の実現
(F) 自社にとって決定的に不足する資源，特許，生産要素の獲得
(G) 資本市場または安価な広告費への効率的なアクセスに必要な企業規模の実現
(H) 自社が活用できる資源や人材を現状以上の活用およびそれに伴う経営スキルの向上
(I) 現職経営陣の交代
(J) 課税上の抜け穴の活用
(K) 新規証券の発行に伴う投機的な利得，すなわち M&A 前とは異なる PER（株価収益率）の獲得
(L) 積極果敢な経営者としての名声の獲得
(M) 傘下の子会社等を常に拡大させたいという経営者の願望

ここに列記された多様な動機は，実際の M&A 事例における当事者の目的・狙いをある程度抽象化して表現したものと考えられる。しかし，中には相互の相違が必ずしも明確ではなく，むしろ部分的に重複しているものも含まれている印象を拭えない。M&A が起きる要因をより本質的に理解するには，各種の動機を整理し，それらを客観的および合理的に考察する必要がある。ここで M&A の発生に関する理論的考察が探求されることになる。

第2節　M&A の理論区分

M&A の発生に関する理論もまた，多くの研究者から提起されてきた。さらにそれらの諸理論の区分の仕方もまた様々である。ここでは，アメリカの研究者による多くの理論や仮説の考え方を網羅して整理している Weston et al.（1990）の分類を参考にして，M&A の理論区分を行う。

図表3-1の通り，M&A の発生に関する理論は，3つに大別される。すなわち，①M&A によって当事者企業の効率性すなわち価値が向上する側面に注目してその要因を説明する理論，②ステークホルダー間の価値のバランスに関する理論，③M&A の発生条件に関する理論である。①は主に M&A によっ

図表 3-1　M&A の理論区分

効率性（当事者企業の価値）向上の要因に関する理論	経営能力シナジー（効率的経営の適用範囲の拡大）
	経営者の交代（経営者市場の補完）
	業務上のシナジー（規模の経済性，取引コスト削減）
	多角化（労働コストの抑制，既存の組織および社会的信用の継続活用，キャッシュフロー変動の低下）
	財務シナジー（資本コストの低下，負債能力の向上，証券発行の効率化）
	課税負担の抑制
株式市場の評価に関する理論	過小評価
	情報およびシグナリング
ステークホルダー関係から分析する理論	エージェンシー関係および経営者主義
	フリーキャッシュフロー仮説
	再配分
	市場支配力
環境変化対応に関する理論	規制環境および技術イノベーション
	不確実性の縮減

出所：Weston et al.（1990），table 8.1 を改変して作成。

て得られるシナジーの分類である。②は，当事者企業の効率性向上だけでなく，それによる影響を考察する理論である。M&A により向上した効率性を直接享受するのは株主であるが，その一方で株主以外のステークホルダーは効率性の成果を受けているとは限らない。むしろ株主以外にとって M&A は非効率すなわち価値破壊をもたらす可能性もある。③は M&A がどのような場合に発生するのかについての理論である。

第3節　効率性向上の要因に関する理論[1]

　M&A が起きる理由として「効率化」をその説明要因とする理論は，M&Aが当事者企業の効率性および価値を向上させるという考え方に基づいている。その多くは経営業績の改善やシナジー効果の実現を意味している。シナジー効果とは相乗効果であり，2 社以上の企業が結合することによって，M&A 後の

統合企業の価値が，M&A前の単独企業の価値の合計を超えることである。ただし，効率化を実現する要因は多様である。以下では効率性または価値の向上の要因について説明する。

1．経営能力シナジー

経営能力シナジーとは，たとえば同一業界にいる経営効率性が高いA社と低いB社が合併等で統合されることで，B社にも高い経営効率性が適用されてB社の経営が実際に効率性も高まるという考え方である。

この説の基本的な発想は，"M&Aは各企業の経営能力の容量と，それを発揮するために利用する経営資源の規模の不一致を解消するための行動である"という考え方である。すなわち，ある企業の効率的な経営能力を十分活用するには現在保有している経営資源は少なすぎる（すなわち経営能力に余裕がある）場合に，その企業はM&Aを実施することで獲得した新たな経営資源に対しても効率的な経営能力を発揮するということである。

これは，必ずしも同一業界内におけるM&Aに限ったことではなく，業界を超えるM&Aでも妥当する。ただし，M&Aの対象企業が異なる業界である場合（すなわちM&A実施企業にとっては他業界への参入の場合），そのM&Aは，その業界特殊的な知識・ノウハウを得ることが目的のM&Aとなりやすい。その場合，そのような業界特殊的知識・ノウハウを持つ他業界の企業と効率的な経営能力をもつ企業とのM&Aであってもシナジー効果が実現しうる。

2．経営者の交代

ある企業の経営者の経営能力がかなり低いことが原因で業績が伸び悩んでいる場合，その経営者が他の経営者に交代することで企業の効率性が向上する。取締役会が本来の役割を発揮していれば，そのような経営者は解任されるはずである。しかし，経営者が取締役会を事実上支配し，さらに所有が分散して経営に対する各株主の関心が大きく低下した状態の企業では，経営能力に乏しい経営者が長期にわたって解任されない場合がありうる。

このような経営者市場が機能不全に陥った場合において，経営者交代の最後

の手段として，M&Aが起きることがある。すなわち，業績の低迷に伴って株価が大幅に低下し，自らが経営すれば大幅に株価を高められると考える外部の潜在的経営者およびそのチームが，その企業を買収する。その際，現在の株価より高い価格で買い取るオファーが買収者から提示されるため，経営に関心のない零細株主であってもキャピタルゲイン獲得のために持ち株を売却する。その結果，買収が実現することになる。

　この説は，経営能力に注目している点で経営能力シナジー説に類似する側面をもっている。しかし，まず経営シナジー説では，経営者（個人）ではなく企業（組織）の能力や効率性に注目している。さらに，高い効率の経営方法をM&A対象企業に導入するうえで必ずしも経営者の交代を必要としていない。これに対して，経営者交代説では，現職経営者個人の能力・資質がその企業の経営効率の低さの根本原因であるとみなしているため，経営者の交代が効率化の必要十分条件であると考える。くわえて，経営能力シナジー説では，一方の企業の経営方法を他方の企業に導入・移植することで効率化が実現するとみなしているために，主に同一業界内でのM&Aが想定されている。これに対して，経営者交代説では，業界に関する制約は想定されない。

3．業務上のシナジー

　業務上のシナジーの第1は，様々な経営職能（業務分野）における規模の経済性の向上である。たとえば，製造業での生産設備，化学製薬業での研究開発部門の人数，流通業における物流施設だけでなく，本社スタッフ部門である計画統制部門においても，基本的に規模が大きくなるにしたがって投入（インプット）に対する産出（アウトプット）の比率が高まりやすい。これを目的としたM&AではM&A後に経済性の向上を実現する可能性がある。これらは主に水平統合的な（すなわち同一業種内の）M&Aで達成されるシナジーである。

　ただし，M&Aに伴うこのような各業務分野・部門における規模の経済性の向上にも課題がある。それは，それまで異なる企業内に属していた各部門の設備，人材，組織を統合する際に生じる調整の費用である。現実に規模の経済性を発揮するには，各部門において統一的な計画および指揮のもとに業務が運営

されなければならない。しかし，それには相当の時間と調整費用をかける必要がある。

業務上のシナジーの第2は，垂直統合において達成される。ある製品・サービスの川上・川下の関係にある企業間のM&Aでは，同一部門の規模の経済性は向上しない。しかし，M&A前に行っていた独立企業間取引に含まれる取引コストが，M&A後の統合企業内取引では不要となる。この部分が垂直統合型M&Aに伴う業務上のシナジーの源泉である。ただし，水平統合型M&Aの場合と同様に，やはりM&A後の調整費用は発生する。

4．多角化

　（純粋な）多角化を目的とするM&Aが企業の効率性の向上を実現する第1の要因は，経営者および従業員の労働コストの低下である。すなわち，通常の株主は自身の資本を様々な種類や銘柄に分散投資ができるのに対して，従業員は自身の労働力を多くの企業に分散投資することはできない。つまり，従業員は現在雇用されている企業にある程度特殊的な投資を行うことになる。この投資は，他社に移った際には十分な回収ができなくなる。そのため，従業員は現在の企業での雇用の安定性と昇進の機会の増加を企業側に期待する。それを期待できない場合，その見返りとして，高い賃金を要求することになる。企業が純粋な多角化を進めると，事業リスク（売り上げの変動リスク）は減少するとともに企業内の部門数が増加する。したがって，従業員にとって雇用の安定性と昇進の機会の増加が期待されるため，高い賃金への要求は低下する。この結果，多角化しなかった場合と比較すれば，労働コストは抑制されやすい。このことは，従業員だけでなく経営者の場合にも当てはまる（雇われ経営者でもオーナー経営者でも[2]）。

　第2の要因は，企業活動の効率移転およびチーム・組織の継続確保という高率性である。たとえばある企業のある部門で形成された経営管理チームおよびその他のレベルのチームは，それが十分組織化されていれば，それだけで組織的な価値を有する。その企業が多角化されていれば，その部門が外部要因で不採算になった場合，そのチームを他の部門に移転することができる。しかし，多角化されていなければ，そのような効率的な移転はできず，部門はチームご

と消失し，その組織的価値は消滅する。

第3の要因は，既存の社会的信用価値の獲得である。社会的信用価値（評判資本，ブランド価値）とは，顧客，納入業者，従業員がその企業との関係を構築する際に利用しているものである。この価値は，たとえば新市場への参入のためにM&Aを行う企業にとって，参入先市場において自社だけで新たに社会的信用価値を築こうとすれば，広告，研究開発，固定資産，人材教育，組織開発などにおける多額かつ長期の企業特殊的な投資が必要になる。しかし，すでにそのような社会的信用価値をもつ企業（参入したい業種の企業）を買収すれば即座にそれを獲得することができる。

第4の要因は，キャッシュフローの変動の低下である。企業は，関連性が薄いあるいはまったくない複数の事業を展開することによって，そうではない場合と比較して，企業全体のキャッシュフローの変動を引き下げることができる。これは，後述する財務シナジーと課税効果と同様に，企業全体の借入限度額を引き上げ，将来の課税負担の現在価値を引き下げる結果をもたらしうる。

5．財務シナジー

財務シナジーとは，財務面におけるM&A後の効率性を指している。その第1の側面は，純粋な多角化を進めている企業にとって，内部資本市場を用いた場合，低い資本コストを享受できることである。すなわち，本業の収益率の低下にともない，成長が見込まれる市場へ新規参入しようとする場合，本業で得たキャッシュフローの内部留保（内部資金）を活用して，新市場に属する企業を買収するほうが，新規に外部資本を調達するより資本調達コストが低いということである。あるいは，成長市場に属する企業が独立企業であった場合の外部資本調達コストよりも，成熟型企業に買収された場合に，買収側企業の内部資金を利用するコストのほうが低いということである。いずれにしても，これは，内部資金のコストのほうが外部資金の新規調達コストより低いという認識などから生じている。

財務シナジーの第2の側面として，負債能力の向上がある。通常，M&A後の統合企業の負債限度額は，M&A前の当事者企業のそれの合計を超える。これによって，課税額が減少するため，M&Aを実施しない場合よりも税引き後

のキャッシュフローは増加する。

　第3の側面として，証券発行における規模の経済性が実現される。すなわち，証券発行コストには発行企業あたりの固定費部分が含まれる。そのため，たとえ証券引き受け額が同じであっても，2社が別々に証券発行する場合と比較して，M&A後の統合企業として証券発行を行う場合のほうが，証券発行の効率は高い。

6．課税負担の抑制

　税金の支払額を抑制するためにM&Aが実施されることもある。これにはいくつかのタイプがある。ただし，課税制度は国および自治体によって異なるため，上記のタイプが必ずしもすべての国において妥当するとは限らない。

　1つ目は，欠損金および税額控除の繰り越しの活用である。課税所得がプラスの企業が欠損金および税額控除を蓄積している企業を結合した場合，課税所得が低下するため，支払う税額を抑制することができる。ただし，それには「持分継続条件」が満たされなければならない。1つ目の条件は，ターゲット企業の株式の過半数を買収企業の株式と交換することである。これによって，ターゲット企業の株主が結合後も所有者として継続するとみなされる。2つ目の条件は，ターゲット企業の事業が継続することである。これらの条件が満たされると非課税再編とみなされ，ターゲット企業のキャピタルゲインまたはキャピタルロスは繰り延べられ，租税属性が引き継がれる。

　2つ目は，資産の課税標準額の引き上げである。買収企業は，ターゲット企業の資産の課税標準額を市場価値へと引き上げれば，その分減価償却費を多く計上することでキャッシュフローが増大することができるし，M&A後早期に資産を処分した場合の実現利得に掛かる税額を縮小することができる。

　3つ目は，キャピタルゲイン課税と通常の事業所得課税の代替である。たとえば事業が成熟した企業は既存事業内での新たな投資機会がほとんどないため，キャッシュフローを配当として支払うことが求められる。その場合の配当には課税される。一方，成長途上にある企業は投資機会が豊富なため設備投資などへの資金需要が多く，配当支払いはほとんどしない。このとき，成熟企業が成長企業を買収すれば豊富なキャッシュフローを傘下の成長企業に回すこと

ができる。これは連結内での取引であり株主への配当ではないため，配当課税支払いの抑制につながる。数年後，ターゲット企業を売却して投資の回収を図った場合にはそのキャピタルゲインに課税されるが，その間は支払い税額を抑えることができる。

第4節　株式市場の評価に関する理論

1．過小評価および過大評価

　過小評価説は，ターゲット企業の価値が過小評価されているためにM&Aが行われると考える。この考え方の背景には，経営者は企業の潜在価値を十分発揮するほどには経営できていないという認識，あるいは買収者は市場一般には知られていない特別な情報を持っているという認識がある。

　過小評価説のうち，M&Aの発生頻度を説明する理論として以前からよく利用されるのが「トービンのq理論」である。トービンのqは，企業が保有する資産の市場価格と再取得価格を比較した比率である（資産の市場価格／資産の再取得価格）。資産の市場価値とは，事実上，企業の市場価値である。なぜなら，一度企業組織に組み込まれた資産（合計）は，その企業の事業運営全体に活用される。そのため，資本市場におけるその資産（合計）の価値評価額は，その企業の市場価値と同じ意味になる。一方，資産の再取得価格は，個別の資産と同じものを商品市場から調達する際の費用である。これは，バラバラの資産の市場調達価格の合計であるため，その活用のされ方は反映されていない金額である。つまり，トービンのqは，資産を市場から調達した場合の合計額（再取得価格）と，それらを事業資産として活用し経営を行う企業の価値を比較している。$q>1$のときは，企業がプラスの価値を生み出していると評価されていることを意味する。逆に$q<1$のときは，企業がマイナスの価値しか生み出さないと評価されていることを意味する。本来この理論は，ある時期における経済全体の傾向として，M&Aを行われやすいか，設備投資が行われやすいかを説明するものである。したがって，個別企業の過小評価あるいは過大評価の度合いを直接分析するための理論ではない。しかし，トービンのq

理論の考え方を応用して，資産の時価と簿価を比較することで，個別企業の評価の過大・過小状態を判断する研究は数多い[3]。

過大評価説は，買収企業の株価の過大評価されている場合にM&Aが多く行われるという考え方である。自社の株価が市場で実態より高く評価されていると考える企業が，自社株式をM&Aの支払手段として用いることで，有利な資本調達（すなわち安い価格）でM&Aを実施することができると考える。これが起きやすいのは株式市場が高騰している状況である。そのため，とくにアメリカにおいては株式市場が活況なときにM&Aが起きやすいことが知られている。

2．情報とシグナリング

第3節の各説はM&Aに伴って当事者企業に期待される何らかの効率性および価値の向上の要因を述べている。これらの説に基づけば，M&Aの発表に伴いM&Aの当事者企業の株価の合計が増加したとすれば，それはシナジー効果を反映したものと考えられる。ところが，M&Aの発表に伴う株価の上昇はシナジー効果によるものではない，という考え方がある。それが情報およびシグナリング説である。

この考え方は，TOB（株式公開買い付け）の発表に伴ってターゲット企業の株価が上昇したがTOBが不成立になった後も株価が下落しなかったという事実の解釈として登場した。すなわち，TOBが不成功に終わったのであればターゲット企業の株価は元に戻るはずだが，そうならないのはTOBが新たな情報を市場に提供したためだ，という解釈である。この新たな情報とは，「TOB前のその企業の株価は過小評価されたものである（というシグナル）」という見方と，「TOBを受けたのでその後その企業はより効率的な経営を自発的に行う（というシグナル）」という見方がある。いずれも，ターゲット企業が何か新たな情報を生み出したわけではないため，TOBを受けたこと自体が新たな情報であるという考え方である。

ただし，TOBが不成立になった後の長期にわたって買収のターゲットにならない場合やはり株価は元の水準に戻るという事実も発見されている。したがって，情報およびシグナリング説がM&Aの当事者企業の株価の動きを適

切に説明しているとはいえない。そのため，やはりM&Aに伴う当事者企業の株価の上昇は，主に1.～6.で述べられる要因が基礎となっていると考えるほうが説得力がある。

第5節　ステークホルダー関係から分析する理論

1．エージェンシー理論と経営者主義

　経営者がわずかな比率しかその企業の株式を保有しない場合，経営者は必ずしも最大の努力を払わなくなり，さらに株主の財産を使って必要以上のフリンジ・ベネフィットを求めるようになる。とくに所有が高度に分散した大企業では，個々の零細株主が経営者を監視する十分な動機をもたないため，この問題は現実化しやすい。これは，本人（プリンシパル）と代理人（エージェント）の関係から生じる，いわゆるエージェンシー問題である。エージェンシー問題は，経営者と株主の間の契約は不完全にならざるを得ず，契約の履行も不十分にならざるを得ないために発生する。換言すれば，経営者に経営を任せるには，詳細な契約づくりのコスト，エージェントが契約通りに行動しているかどうかの監視コストと，エージェントが最適な意思決定を行うようにする補償コストと，株主利益の最大化と必ずしも一致しない意思決定が行われることで生じる株主の損失コストという多大なモニタリング・コストが発生する。

　エージェンシー問題を緩和する手段には，取締役会，ボーナスおよびストックオプションを含んだ報酬，経営者市場，そして最後の手段としてのテークオーバー市場がある。このテークオーバー市場とは，公開買い付けによる買収または委任状争奪を通じた経営支配権市場のことである。これによって，外部の経営者は強制的に現職経営者および取締役を交代させることができる。このように，エージェンシー理論では，M&A（買収）はエージェンシー問題を緩和する有効な手段の1つとみなされる。

　その一方で，M&Aを正反対な手段とみなす理論もある。その1つが経営者主義理論である。これは，経営者は利益率の増大（株主利益最大化）よりも規模の拡大（経営者利益最大化）を追求する動機を持っており，後者のために非

効率な M&A を行うという考え方である。経営者にとって，M&A をすれば確実に規模は拡大し，それが自身の報酬や名声の増大につながるというわけである。

これに関連して，M&A は経営者の自信過剰によるものと説く理論がある。「思い上がり理論」と呼ばれるこの理論は，株価には過小評価や過大評価は起きていないことを前提として，"なぜ M&A を実施する経営者は，株式市場で合理的に形成されている株価を超えるプレミアムを支払うのか？"と疑問を投げかける。つまり，M&A をすればプレミアムを超える金額のシナジーを生み出せるという過剰な自信を持つ経営者が非合理的に M&A を実施するというのである。

たしかに華やかな M&A を実施した大企業が数年後にその失敗を露呈する事例を見ると，この考え方には一定の説得力が感じられる。しかし，株式市場が完全に効率的であると想定することは非現実的であり，すべての M&A が何も価値を生まないということも行き過ぎた極論であると言わざるを得ない。

2．フリーキャッシュフロー仮説

エージェンシー問題の議論から派生するのがフリーキャッシュフロー仮説である。これを主張した Jensen（1986）によれば，フリーキャッシュフロー（FCF）とは，内部資金を純現在価値がプラスになるすべての投資に支出した後の残余資金である。FCF は株主に返却するべきであるが，それをすると経営者にとっては思い通りに使用できる資金が減少するため，くわえて返却するとその後の投資の際に新株発行を行わなければならず外部投資家の監視にさらされるため，返却しようとしない。その結果，そのような潤沢な FCF をもつ成熟企業は M&A に積極的になる。言い換えれば，FCF を経営者の自己利益のために使用した結果として M&A が実施されるという見方である。

さらに，FCF の社外への流出を抑制するために，株式を負債に交換することが有効と経営者は考える。なぜなら，成熟企業の株主は配当増額を強く要求するが，負債は利率が固定されているため，キャッシュフローの社外流出を固定化できるからである。その究極の形が LBO（Leveraged Buy-out）である。LBO とは，ターゲット企業の将来キャッシュフローなどを担保として多額の

負債を調達し，それを用いてターゲット企業の株主から株式を買い取ってその企業を非公開化する手法である。Jensen は株式発行を主体とした従来の株式会社の在り方をあたかも否定するかのような，負債に依存した株式会社の新たな形の象徴として LBO の役割を重視する。

なお，LBO の主なターゲット企業は成熟大企業である。また，LBO は買収であるため，株式の買い取りの際は相当のプレミアムを株主に支払う。さらに，通常，LBO 実施企業はファンドすなわち経営者候補とその資金提供者だけの人材チームのような企業であり，何らかの事業を運営してきた通常の企業ではない。そのため，買収資金として調達する負債の主な担保は，ターゲット企業がそれまで蓄積してきた内部資金と LBO 後に生み出されるであろうターゲット企業のフリーキャッシュフローである。このように考えると，LBO は成熟企業の FCF の一部をプレミアムを付けて既存株主に返還するプロセスといえるかもしれない。したがって，Jensen のフリーキャッシュフロー仮説は，M&A および LBO を，成熟企業の株主と経営者の間の FCF をめぐる分配さらには奪い合いの手段であるとみなしているといえる。実際に 1980 年代のアメリカでは成熟企業による M&A と成熟企業に対する LBO は数多く行われており，フリーキャッシュフロー仮説は一定程度の説明力を持っているとみなされている。

3．再分配

再分配説は，M&A によってターゲット企業のステークホルダー間の価値の移転または再配分に注目する理論である。すなわち，M&A によって，それまで社債権者や従業員などに帰属していた価値の一部が株主に移転されているかどうかを分析する考え方である。通常，M&A では市場価格にプレミアムを上乗せした価格が既存株主の持ち株に支払われる。効率化理論ではそれを M&A に伴うシナジーなどの様々な効率化によるものと考えるが，再分配理論では，株主に支払われたプレミアムは他のステークホルダーからの価値移転であるとみなす。厳密にいえば買収企業のステークホルダーからの価値移転も含まれるが，通常はターゲット企業の株主以外のステークホルダーからの価値移転があるのかが注目される。とくに敵対的買収においては高額のプレミアムが付され

ることが少なくない。しかし，買収後にターゲット企業の経営の大幅な転換が行われる。その一環として労働コストの削減が実施される際，その源泉および妥当性が学術的にも社会的にも注目される。

たとえば，M&A 後に労働コストが大幅に削減される場合，M&A 前の労働コストが高かったのは労働組合の交渉力が高かったためなのか，従業員の企業特殊的な投資に相当するものだったためなのか，経営者の経営が非効率だったためなのかによって，その妥当性は変わりうる。

4．市場支配力

M&A の理由としてよく言及されるのが「市場シェアの拡大」である。しかし，M&A による市場シェア拡大がなぜ経済性またはシナジーを生み出すのかは語られない。その理由が単なる規模の拡大であれば，第3節3.で述べた業務上のシナジーを意味する。しかし，その理由が同一市場内における他企業との規模格差の拡大であれば，過度な企業集中による独占利潤獲得につながる M&A ということになる。M&A を実施する企業にとっては，どちらであっても M&A 後に新たな利益を獲得できる可能性があるため，両者の区分は本来あまり意味をもたない。しかし，競争政策の観点からは，独占利潤獲得につながる M&A は社会的に望ましくないため規制の対象となる。競争政策は公共政策の1つであるため，市場支配力説は，ステークホルダーの1つである政府の価値を視野に入れた考え方であるといえる。

そこで問題は，どの場合の市場シェアの拡大が規制対象となるかという点である。それを判別する方法には，上位数社の市場シェアを合計する方法と，市場における企業集中度を計測する方法がある。後者はハーフィンダール指数を用いて計測する。ハーフィンダール指数とは，市場に参加している各企業の売上高シェアの2乗を合計した数値である。

以前は上位数社（たとえば4社）の市場シェア合計だけで判別されていたが，現在は主にハーフィンダール指数を用いることが多い。その理由は，上位数社の市場シェア計算では市場内における企業間格差を直接計測できないが，ハーフィンダール指数はそれが可能なためである。

このことを数値例で説明しよう。たとえば，ある市場に44社が存在すると

図表 3-2　市場シェアとハーフィンダール指数の数値例

	上位4社の市場シェア合計		ハーフィンダール指数	
	計算式	合計	計算式	合計
A	15+15+15+15	60	$4\cdot(15)^2+40\cdot(1)^2$	940
B	57+1+1+1	60	$1\cdot(57)^2+43\cdot(1)^2$	3,292

して，Aは上位4社の市場シェアが各15％，残りの40社が各1％の場合，Bは上位1社が57％，残りの43社が各1％の場合である。このときのハーフィンダール指数は図表3-2のようになる。

図表3-2から明らかなように，上位4社の市場シェア合計はA，Bとも60％だが，ハーフィンダール指数はBのほうが圧倒的に高い。通常，ハーフィンダール指数が2,500を超えると規制対象になるとされる。

ただし，市場における企業集中度を数値化するハーフィンダール指数は，そもそも「市場」および「市場参加者」をどのように限定し計測するかで変わりうる。また，ハーフィンダール指数がどのレベルになるとどのように社会的な非効率性が生み出されるかについては必ずしも明確ではない。つまり，ハーフィンダール指数が高くても，あるいは上位数社の市場シェアが高くても，競争状態は十分保たれている場合もありうるし，その逆もありうる。このように，市場支配力の理論を具体的にどのように競争政策（独占禁止政策）に適用するかについては研究課題が多く残されている。

第6節　環境変化対応に関する理論

1．規制環境および技術イノベーション

　M&Aは，企業が経営環境の変化に対応すべくその構造を再編成しようとして引き起こされるという考え方や理論がある。この考え方は，M&Aは単なる業務上の意思決定ではなく，戦略的な意思決定に基づいたものであるとみなす。その場合，M&Aは主に，①規模の経済性の追求，②現在の経営資源の十分活用，③経営スキルの獲得，の3タイプに大別される。このように，

この考え方は環境変化への対応策として企業はM&Aを実施すると考える。

このように企業の戦略的再編成を促すような環境の変化は，規制環境と技術イノベーションの2つに大別される[4]。

2．不確実性の縮減

多くのアメリカの先行研究では，M&A後の企業業績は必ずしも良好ではないことが報告されている。そこで，なぜ企業はM&Aを行うのかという問いに対して，業績や株価の向上ではなく，環境変化に伴う不確実性を緩和することがM&Aの目的であるという考え方が生まれてくる。すなわち，水平統合的でも，垂直統合的でも，多角化的でもその基本目的は生き残りであり，上下関係が明確な形で一方が他方を飲み込むというよりも，自社にとっての事業環境の変化をできる限り縮減するために，双方が共生を目指して対等な立場で統合するという考え方である[5]。

第7節　シナジーの基礎条件

これまで述べてきたとおり，M&Aがなぜ起きるのかという問いに関する理論は多岐にわたるが，大胆に分ければ，M&Aに伴って当事者企業の効率性の向上，すなわちシナジー効果の要因に関する理論と，それ以外の理論である。とくにシナジー効果は個々のM&Aを説明する際の重要なコンセプトである。特殊な状況を除けば，シナジー効果が見込まれないM&Aは成立が困難であるとともに，仮に成立したとしても，その後の業績低迷を招く可能性が高い。そのため，シナジー効果実現のための理論の必要は小さくないと考えられる。

しかし，それに関するものは多くの場合，M&Aを成功させるための実務書であり，シナジー効果を実現するための理論といえるものはなかなか見当たらない。そこで，最後にSirower（1997）が提起する「シナジーの基礎」を紹介する[6]。

Sirowerによれば，シナジーが実現するための基礎条件を十分理解していない場合，M&A実施企業は以下の3つの点で損失を被る。

① 買収後の計画策定が経営資源の浪費に終わる。
② 空虚で実態を伴わない前提で企業価値評価が行われるため，M&A 後の業績の向上がどの程度になりそうかを適切に判断できず，過剰な買収価格を支払う。
③ M&A 前にあった買収企業およびターゲット企業の価値が M&A 後に危機的に毀損し，シナジーを実現するための追加的な投資をすることで更に株主価値が低下する。

そこで，Sirower は，シナジー実現のための 4 つの基礎条件として，「戦略ビジョン」「事業戦略」「組織統合」「文化と権限」を挙げる。

戦略ビジョンはすべての M&A の起点となる。M&A に関する経営者のビジョンは各ステークホルダーに共有されるべきであり，変革のための計画，議論，意思決定，反応のためのフレームワークとなる。

事業戦略は，競合相手が打ち崩せないような自社の事業のバリューチェーンの強化および改善をどのように実現するかに関する事柄であり，換言すれば，競合相手に対する圧倒的な競争優位の仕組みである。しかし，多くの大型 M&A では買収成立時点では事業戦略およびその計画を策定していない。

組織統合は，M&A 後の重要な要素であり，事業戦略をサポートする形で M&A 前から慎重に考慮されなければならない。とくに，ターゲット企業を子会社にしただけで何も変更しないのか，子会社のままで戦略を変更させるのか，買収企業の一部門にするのか，組織面での統合するのかなどを検討しなければならない。組織統合で困難な点は，各事業の営業を継続しながら組織を統合する必要があることである。

文化と権限の問題は，M&A の実施後の組織管理における重要な要素であり，M&A の失敗の原因としてしばしば取り上げられる。文化は時間をかけて徐々に形成されるものだが，M&A はある時突然発生する。どの組織にも独自の情報，意思決定プロセス，動機づけおよび報酬システムなどがあり，ともに事業を運営する上で様々な障害に直面する。権限については，M&A に伴う不確実性に直面して多くの役員および従業員は現在の地位または権限を保持しようとする。さらには，事業運営上不可欠な役員やスキルの高い従業員が，場合によっては競合相手に転職することもある。

このように,実際にシナジーを実現するには多面的な経営努力が必要になる。したがって,M&Aの理論においても,各分野の視点を統合させた理論構築が求められよう。

[注]
1) 第2節から第6節の記述は主に Weston et al. (1990), pp. 190-215 に基づく。
2) オーナー経営者は株主の立場に立って経営を行う。しかし,株主といっても分散的な零細株主ではなく,その企業に合理的な水準を超える比率まで投資を集中している点で,リスクをあまり分散できないし,自身の持ち株全部を容易には売却できない支配株主である。そのため,従業員や雇われ経営者と実質的に類似した状況に直面する。
3) 比較的トービンのq本来の考え方に近い評価指標の例としては,Andrade & Stafford (2004) がある(トービンのq=(総資産簿価+純資産時価-純資産簿価)/総資産簿価)。その一方で,トービンのqとはかなり離れた評価指標の例としては,Jovanovic & Rousseau (2002) がある(Q=株式時価総額/純資産簿価)。後者はいわゆる株価純資産倍率(PBR:Price-to-Book ratio)である。
4) Depamphilis (2005), pp. 21-22.
5) 詳細は Pfeffer (1972) を参照。類似する視点の研究として,合併を企業の生存行動として分析している清水(2001)がある。
6) この節の記述は Sirower (1997), pp. 28-42 に基づく。

[参考文献]
清水剛(2001)『合併行動と企業の寿命―企業行動への新しいアプローチ』有斐閣。
Andrade, G. and Stafford, E. (2004), "Investigating the economic role of mergers," *Journal of Corporate Finance*, Vol. 10, pp. 1-24.
DePamphilis, D. M. (2005), *Mergers, Acquisitions, and Other Restructuring Activities*, 3rd ed., Elsevier Academic Press.
Jensen, M. (1986), "Agency Costs of Free Cash Flow, Corporate Finance and Takeovers," *American Economic Review*, Vol. 76, pp. 323-329.
Jovanovic, B. and Rousseau, P. L. (2002), "The Q-Theory of Mergers," *American Economic Review*, Vol. 92, No. 2, pp. 198-204.
Pfeffer, J. (1972), "Merger as a Response to Organizational Interdependence," *Administrative Science Quarterly*, Vol. 17, pp. 382-394.
Steiner, P. O. (1975), *Mergers: motives, effects, policies*, University of Michigan Press.
Stigler, G. J. (1950), "Monopoly and Oligopoly Merger," *American Economic Review*, Vol. 40, No. 2, pp. 23-34.
Weston, J. Fred, Chung, Kwang S. and Hoag, Susan E. (1990), *Mergers, Restructuring, and Corporate Control*, Prentice Hall.

(文堂弘之)

第4章

M&Aの手法

はじめに

　M&Aを実行するには，様々なM&Aの手法の中から，企業経営の目的に照らして，最適な手法を選択しなくてはならない。そのためには，それぞれの手法の内容を理解しておくことが前提となる。そこで，本章では代表的なM&Aの手法について説明する。

　上述のように，M&Aの手法には様々なものがあるわけだが，個々の手法の中身を独立に捉えるのではなく，何らかの基準を用いてM&Aの手法を大別した上で，個々の内容を把握することが，それぞれの手法の特徴などを理解する上では効果的である。そこで，①M&Aによって対象とする会社の全体を取得するのか，それとも会社の一部を取得するのか，②M&Aの手続きが，会社法の組織再編手続きによるのか否か，という2つの次元をもとにM&Aを類型化する（図表4-1）。

図表4-1　M&Aの手法の分類

		組織再編手続	
		Yes	No
M&Aの対象	会社全体	合併 共同持株会社化 完全子会社化	株式取得 公開買付（TOB）
	会社の一部	会社分割 事業譲渡	

注：会社分割および事業譲渡については，会社全体を取得することも可能である。
資料：筆者作成。

まず、会社法での組織再編手続きによって会社全体を取得する方法には、「合併」、「共同持株会社の設立による経営統合」、「完全子会社化」がある。会社全体を対象とするのではなく、会社の一部の取得する場合の方法には「会社分割」と「事業譲渡」がある[1]。次に、組織再編手続きによらない方法としては、対象とする会社の「株式の取得」がある。ただし、証券取引所で株式が取引される上場会社などの株式を、証券取引所外で投資家から大量に取得する場合には、「公開買付（Take-over Bid：TOB）」を用いる必要がある。

第1節　合　併

1．合併の概要

　合併は複数の会社を一体化する手法であり、強力な結合関係を作り出すことができる。一体化するとは、たとえば、2つの会社が合併すると、2つの会社の法人格が融合されて1つの会社となり、そこに2社の権利義務が承継されることを意味する。つまり合併前までは複数の会社が存在しているが、合併によって1社のみが存在することになる。合併の手続きには、「新設合併」と「吸収合併」の2つがある。

　新設合併は、合併に関係するすべての会社を解散させ、新たに会社を設立するという方法である。例えば、A社とB社が新設合併によってC社となる場合には、A社とB社を解散して新たにC社を設立し、A社とB社の株主にはC社の株式が交付される。

　これに対し吸収合併では、合併に関係する会社の中の1社のみを存続会社とし、残りの会社（消滅会社）を解散・消滅させる。X社を存続会社、Y社を消滅会社とする吸収合併では、X社にY社の権利義務が承継されY社は消滅する。Y社の株主には、所有するY社の株式と交換する形でX社の株式が交付される[2]。上記の内容を図示すると図表4-2となる。

　新設合併と吸収合併を比較すると、新設合併では合併に関係する会社がすべて解散・消滅するため、事業に関する許認可が承継されないといった問題などがある。このため、吸収合併を用いることが圧倒的に多い。

図表 4-2　合併の概要

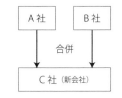

○新設合併
- A社とB社は消滅する。
- A社とB社の株主には所有する株式と交換でC社株式が交付される。

○吸収合併
- B社は消滅する。
- B社株主には，所有する株式と交換でA社株式が交付される。

資料：筆者作成。

2．合併の手続き

　合併の効力を発生させるためには一定の手続きを踏む必要がある。その主要な手続きは次のとおりである。

① トップ・マネジメントによる合併基本条件に関する合意
② 合併関係会社の取締役会における合併契約の承認および合併契約書の締結
③ 株主総会の特別決議による合併の承認
④ 債権者の保護に関する手続き
⑤ 合併登記と合併新株券の交付

　上記の中の合併契約書には，合併する旨や株主総会の期日などが記載されるが，株主にとって重要な合併比率も通常記述される。合併比率とは，消滅会社Y社の株主が所有するY社株式1株に対して，存続会社X社の株式の何株を交付するかということである。交付される株数によって合併当事会社の株主の資産は変動する。

　また，株主総会で出席株主の議決権の3分の2以上の賛成が必要となる特別決議が求められていることは，合併が会社の株主にとって重要な事項であることを示している。ただし，消滅会社の規模が小さい場合には存続会社の株主総会決議を省略できる「簡易合併」の手続きなどが認められている。

第2節　共同持株会社方式による経営統合

1．共同持株会社方式の概要

　1997年の独占禁止法の改正によって純粋持株会社（以下では，「持株会社」と記述する）の設立が解禁された。さらに，2000年前後に持株会社の設立の手続きが大幅に簡素化されるという法制上の変更があった。その結果，M&Aに関係する会社が共同して持株会社を設立し，それぞれの会社は設立された持株会社の傘下の子会社になるという経営統合の手法（以下，共同持株会社方式）が多くの企業で利用されるようになっている。より具体的に述べると，かつては，大企業同士が経営を統合する方法としては専ら合併が用いられてきたが，2000年代半ば以降は，合併を選択する企業は減少し，共同持株会社方式による経営統合の利用が多くなっている。

　共同持株会社方式が普及した理由として次の点が指摘できる。まず，合併では複数の当事会社が1社に集約されてしまうのに対し，共同持株会社方式では，経営統合に参加する会社は持株会社の傘下で子会社として存続できるという点である。これは，合併では複数の当事会社の組織が合併と同時に1社となるため，組織の運営方法や組織文化などの融合を直ちに行わなくてはならなくなるのに対し，共同持株会社方式では子会社となった当事会社をある程度の時間をかけて再編・統合すればよいという，時間的余裕を得ることができるという利点を生む。次に，合併では存続会社と消滅会社といった形で当事会社間の序列が明確となるのに対し，共同持株会社方式ではお互いが持株会社の子会社であるという，より「対等」な立場を維持できるという利点がある。さらに，子会社となったそれぞれの当事会社の事業を組み替えることによって，事業別の子会社群に再編することも可能となる。

2．共同持株会社方式の手続き

　共同持株会社を設立する代表的な方法は次の2つである。1つが，「株式移転」を用いる方法である。株式移転では，株式移転を行う会社（当事会社）が

親会社（持株会社）を新設し，当事会社が持株会社の100％子会社（完全子会社）としてその傘下に入るという方法である。会社が単独で株式移転によって持株会社を設立することも可能であるが，複数の会社が共同して持株会社を設立するならば経営統合というM&Aの手段になる。具体的には，A社とB社が共同で持株会社を設立する場合，C社という持株会社を新設し，C社がA社とB社の株式のすべてを所有するという形態にする必要がある。経営統合前はA社とB社の株式はそれぞれの会社の株主である，A社株主とB社株主が所有しているため，株式移転では，A社株主とB社株主に対して，C社への株式譲渡の対価としてC社株式を交付する。その結果，A社株主とB社株主はC社の株主になる（図表4-3）。

もう1つが，「会社分割」と「株式交換」を併用する方法である。会社分割は，既存の会社の事業を分割し，新設する100％子会社に当該事業を承継させる方法である（第6節で詳述）。X社とY社が共同持株会社方式による経営統合を行う場合，第1段階として，X社が会社分割によって全事業を新設の子会

図表4-3　共同持株会社方式の概要

●株式移転による方法

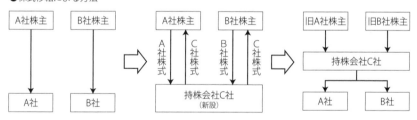

●会社分割と株式交換を併用する方法

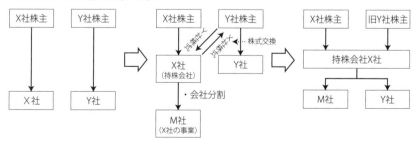

資料：筆者作成。

社Mに承継させる。この段階でX社は子会社Mを傘下に収める持株会社となる。つまり会社分割前の事業はすべてM社に移され，X社はM社の株式を所有するだけの会社となる。第2段階として，持株会社となったX社が，「株式交換」によってY社を完全子会社化する。株式交換では，X社がY社の全株式を取得する。Y社の株式を保有する株主には，X社の株式が対価として交付される。これらの手続きによって，M社とY社を傘下に収める共同持株会社X社が誕生する。

なお，Y社がX社と同様に，事前に会社分割によって子会社Nを傘下に持つ持株会社となっていることがある。その場合には，既に持株会社であるX社とY社が合併することによって，共同持株会社Z社（現実にはX社あるいはY社が存続会社となる）をつくることができる。これにより，Z社はM社とN社を所有する共同持株会社となる。この方式は「会社分割・抜殻合併方式」と呼ばれることがある。

3．持株会社化の手続きに関する補足事項

共同持株会社化を行うに当たって用いられる「株式交換」，「株式移転」，「会社分割」を実行するには，合併の手続きに類似した，① 当事会社内および当事会社間での計画作成や契約締結，② 株主総会での特別決議による承認などの手続きが必要である。

より具体的に述べると，株式交換では，当事会社間で株式交換契約を締結した後，当該契約が株主総会での特別決議で承認される必要がある。株式移転では，当事会社が株式移転計画を作成し，当該計画が株主総会での特別決議によって承認されなくてはならない。会社分割では，新設分割計画を作成し，当該計画が株主総会での特別決議によって承認される必要がある。

第3節　公開買付（TOB）

1．株式取得によるM&A

他の会社と経営を統合することは，当該会社の株主から直接株式を取得する

ことで自社の子会社として傘下に収めることでも可能となる。なぜなら，ターゲットとする会社が発行する株式の過半数を取得できれば，株主総会で取締役の選任・解任などを自らの思いのままに決定することが可能となり，会社の経営を掌握することができるからである。

したがって，ターゲットとする会社が決まったならば，当該会社の株主が所有する株式を大量に取得すれば目的は達成される。しかし，上場会社には多くの株主が存在する。このため，会社の支配権・経営権を巡って，証券取引所の外で短期間に大量の株式を買い集めようとすると，特定の株主に対する優遇や不透明な取引の横行といったことが起こる可能性がある。こうした行為を防止し，情報の適切な開示と，株主間の取扱いの平等を確保するために，「金融商品取引法（金商法）」が定められ，公開買付制度が設けられている。公開買付けの手続きは当該法律に規定されているため，大量の買付を証券取引所外で行う場合には，公開買付けに従う義務が生じているかどうかを確認する必要がある。

なお，金商法では，公開買付けとは，「不特定かつ多数の者に対し，公告により株券等の買付け等の申込み又は売付け等の申込みの勧誘を行い，取引所金融商品市場外で株券等の買付け等を行うこと」と定義されている。

2．公開買付けが適用されるケース

(1) 公開買付けの規制対象となる株券等

公開買付けの規制対象として先に上場会社の株式の取得を挙げたが，厳密には，有価証券報告書を提出している会社の株券等が対象となる。有価証券報告書の提出会社に上場会社は含まれるが，株式の所有者が多数に上る非上場会社も含まれる。

(2) 公開買付けを行わなくてはならないケース

公開買付けの手続きを経なければならないケースについて，金商法は6つの項目を示している。第1が，買付後の株券等所有割合が5%超となる市場外での買付けである。ただし，60日間で10人以下の相手から買付ける場合には適用は除外となる。第2が，買付後の所有割合が3分の1を超えることになる，

少数者からの市場外での買付けである。これは，少数者との取引であっても株式数が多くなると，会社の支配権に変動が生じ，株主に対する影響が無視できないという理由による。3分の1超という数字は，株主総会における特別決議を阻止できることになることによる。第3は特定売買（ToSTNeTなど立会外取引）による取得，第4は市場内と市場外の取引を組み合わせた取得の場合である。これらいずれの取引でも，株券等の取得の割合が3分の1を超える場合は，ケースによっては公開買付けの手続きが必要となる。第5は，競合する買付け者がいる場合に，株式の3分の1超を所有する者が一定期間内に5％を超

図表4-4　公開買付の適用範囲

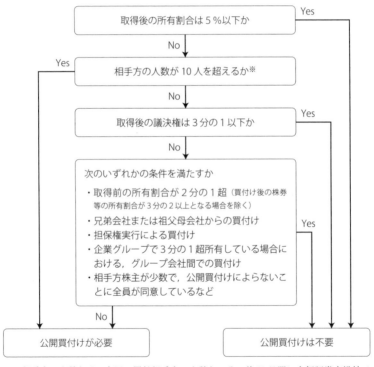

※相手方の人数とは，今回の買付相手方の人数と，その前60日間に有価証券市場外で行った買付けの相手方の人数の合計である。
注：新株予約権の行使に伴う買付けや，株券等の売出しに応じた買付けなどでは公開買付けは不要である。
出所：小本・尾関（2014），51ページ。

える当該株券等の取得を行う場合には，公開買付けによらなくてはならないとされている。第6は，第1から第5に準ずるものとして政令で定めるものが対象となる。

　以上のルールは複雑であるが，重要な点は，幅広い株主から株券等を取得する場合の「5％ルール」と，株券等の取得後の所有割合に関する「3分の1ルール」である。また，兄弟会社などの特別関係者からの買付けなど，公開買付けの適用除外規定も設けられている。これらを含めて公開買付けの適用範囲を整理すると図表4-4のようになる。

3．公開買付けの手続き

(1) 公開買付け開始時の開示

　公開買付けの主たる目的が，大量の株式取得に関して株主間の平等を確保することにある。そのためには公開買付けに関する情報が広く株主に周知されてなくてはならない。このため，金商法では，公開買付けの内容を公告しなくてはならないと定めている。公告する具体的内容は，① 公開買付けの目的，② 買付け等の価格，③ 買付け予定の株券等の数，④ 買付け等の期間などである。なお，買付け期間は，原則として，開始公告日から起算して20営業日から60営業日以内である。

(2) 公開買付け期間中および買付け終了後の手続き

　公開買付けに係る株券等の発行者は，公開買付け開始公告が行われた日から10営業日以内に，当該公開買付けに関する意見等を記載した「意見表明報告書」を関東財務局長に提出しなくてはならない。提出された意見表明報告書に質問が記載されていた場合には，5営業日以内に公開買付け者は「対質問回答報告書」提出しなくてはならない。

　公開買付けの条件の変更については，買い付け価格の引き下げ，買付け株券等の減少，買付け期間の短縮といった，株主に不利になる条件でなければ変更が可能である。公開買付け公告後の買付けの撤回は原則としてできない。なお，買い付け期間が終了した日の翌日に，公開買付けの結果を公告または公表する。そして，公開買付報告書を提出する。

(3) 補足事項

　公開買付けに関する手続きには次のようなことも定められている。まず，株主間の公平性を確保するために，買付価格はすべての株主について均一にしなくてはならない。

　次に，公開買付者は，応募のあった株券等のすべてを買い取ることが原則である。ただし，予め，買付予定株式数に条件を付けることができる。1つは，応募のあった株式数が一定数に満たない場合は，全部の買付けを行わないという方法である。もう1つは，応募のあった株式数が一定数を超える場合は，その超える部分の買付けを行わないという方法である。ただし，後者の方法は買付け後の所有割合が3分の2未満の場合に限られる。

　第3として，応募株主は，公開買付期間中において，いつでも公開買付けに関する契約を解除することができる。

5．公開買付けのメリットとデメリット

　市場を通じた買付けと公開買付けを比較すると，公開買付けのメリットとデメリットは次のように整理できる。メリットについては，まず，買付価格と取得株数が買付開始時に決まるため，株式取得に必要な資金が事前に把握できる点がある。公開買付けを用いずに大量に株式を取得する方法としては，特定の株主との相対取引のほかに，証券取引所という市場で買い注文を出して株式を取得する方法がある。しかし，市場を通じた買付けでは買付の影響や経済環境等の変化から株価が変動するため，取得費用が大きく変動する。

　次に，買付数に条件を付すことによって，目標とする買付数に達しなかった場合は買付けを実行しなくてよい点がある。一方，市場での株式取得では，取得したい株式数に達するまで，実際に資金を投入して株式を取得し続けなくてはならない。買付を進めた結果，思ったように買付けが進まず，株式取得を断念する結果になった場合には，取得した株式が手元に残り，高価格で取得した場合には大きな損失を抱えることになる。

　一方，デメリットには，一定の手続きに従わなくてはならないという煩雑さや公開買付代理人に従う手数料や公告費用などがある。このようなデメリットよりもメリットが大きいと考えられるため，大量の株式取得では公開買付を用

いるのが一般的である。

第4節　完全子会社化

　公開買付などによる株式の取得によってターゲットとする会社を子会社化し，経営権を掌握することは可能である。しかし，公開買付に応じない株主がいるため，すべての株式を取得することは困難であり，親会社以外の少数株主が残る。一方，親会社としては，子会社の株式を100％取得して完全子会社としたいケースが少なくない。少数株主が残っていると，親会社と子会社との取引において，不利な取引を子会社に押しつけ子会社に損害が発生するといった親子会社間の利益相反問題などに配慮しなくてはならないからである。
　こうしたニーズに対応する手法が，「株式交換」という手法である[3]。先に記述したように株式交換は，当事会社間で株式交換契約を締結し，株主総会の特別決議で承認されることが必要である。株主総会で承認されたならば，親会社となる会社は子会社となる会社の全ての株式を取得できるため，対象とする会社を完全子会社化することができる。ターゲットとする会社を完全子会社化する手順としては，まず，公開買付によって株主総会の特別決議を決定できるだけの議決権を握ることが必要である。目標とする議決権が獲得できたならば，株式交換の手続きに入り，完全子会社化を行うこととなる。

第5節　事業譲渡

1．事業譲渡の概要

　これまでの手法は，ターゲットとする会社全体を取得する方法であったが，M&Aでは会社の一部（特定の事業など）が取引されることがある。会社の一部が取引される理由としては，売り手と買い手のニーズがある。売り手のニーズとしては，①取引対象となる事業が業績不振等で会社のコア事業から外れる，②企業業績の悪化から事業売却収入が必要となった，といったものがあ

る。一方，買い手のニーズとしては，売り手の会社の全事業の中の一部の事業のみを取得したいというものがある。

会社の一部を取引する方法には，「事業譲渡」と「会社分割」（第6節）によって行うことが可能である。なお，事業譲渡での「事業」は，「一定の事業目的のため組織化され，有機的一体として機能する財産」と定義されている（高橋他 2016）。つまり，有形の動産や不動産のほか，債権・債務，ノウハウや取引先の関係なども含めた包括的概念とされる。

事業譲渡の特徴は，合併や会社分割などと異なり権利義務の関係が包括的に承継されるわけではない点にある。合併などではその効果としてあらゆる権利や義務が自動的に承継される。これに対して，事業譲渡では事業を構成する個々の財産・債務・契約ごとに個別の移転手続きが必要となる。これは，手続を煩雑にするが，一方では引き継ぎ対象となる債務を特定できるために偶発債務を負うリスクが低下するというメリットがある。

2．事業譲渡の手続き
(1) 基本的な手続き

事業譲渡については，事業を譲渡する会社（事業譲渡会社）と事業を譲り受ける会社（事業譲受会社）で手続きが若干異なる。まず，事業譲渡会社をみると，「事業の全部の譲渡」または「重要な一部の事業の譲渡」については，株主総会での特別決議が必要とされる。これに該当しない場合については，基本的には当事者の合意で実行できる。ただし，重要な財産の処分に該当する場合は，取締役会の決議が必要である。

一方，事業譲受会社では，譲り受ける事業が重要な財産の場合は取締役会の決議が必要となる。また，譲り受ける事業が他の会社の全部である場合には，株主総会の特別決議も必要となる。

なお，事業譲渡では，事業譲渡に伴い労働者を移籍させようとするときは，対象労働者から個別に労働契約関係の移転に関する同意を得なければならないこととされている（民法第625条）。これは，事業譲渡が会社の一部の従業員の身分の変更を伴う行為となるからである。

(2) 簡易な事業譲渡および譲り受け

　事業の譲渡において，何が「重要な一部の事業の譲渡」に該当するのかについては，「量」の面からは明確な基準が設けられている。すなわち，譲渡する資産の帳簿価格が譲渡会社の総資産額の20%以下の場合には，「重要」という基準に該当しない。したがって，この場合は，株主総会の手続きは不要となる。

　また，譲受会社にあっては，対価として交付する財産の帳簿価額の合計額が譲受会社の純資産額の20%以下の場合は株主総会の決議は不要とされている。

第6節　会社分割

1．会社分割の概要

　会社分割は，ある会社（分割会社）の特定の事業に関する権利義務の全部または一部を，新設または既存の他の会社（承継会社）に包括的に承継させる方法である。会社分割では，合併などと異なり，特定の事業といった会社の一部を分割，譲渡することができる。

　会社分割は，① 分割される事業を誰が承継するか，② 分割して承継させた事業の対価を誰が受け取るか，という視点によってタイプが分かれる。まず，分割される事業を誰が承継するかという点から2種類に分類される。1つが新設される会社が承継する「新設分割」であり，もう1つが既存の会社が承継する「吸収分割」である。

　次に，分割承継させた事業の対価（通常は株式）の受け取りについても，① 事業を分割した会社が受け取る「分社型（物的分割）」，② 事業を分割した会社の株主が受け取る「分割型（人的分割）」という2種類に分けられる。

　この結果，会社分割のタイプは，① 分社型新設分割，② 分社型吸収分割，③ 分割型新設分割，④ 分割型吸収分割，という4つのタイプに分けられる。

2．会社分割の手続き

　第2節で述べたとおり，会社分割の手続きは，合併や株式交換とほぼ同様で

あり，会社分割に関する契約を締結し[4]，株主総会の特別決議で承認を得るという手続きを経る必要がある。また，債権者保護手続きといった一連の手続きも同様に求められている。

ただし，会社分割は合併等とは異なり，会社の一部を切り離して，① 新たに設立された会社が承継する，または ② 既存の別会社が承継するということになる。このため，事業譲渡と同様に，労働者に対する保護規定が設けられている。具体的には労働契約承継法に基づき，全体説明会，個別説明会，労働者通知を行うことが必要とされる。事業譲渡では必要であった従業員個人の転籍同意は不要であり，より簡易な方法で労働者保護の規定を満たすことができる。

おわりに

これまで見てきたように，M&Aを実行する方法は様々なものがある。一方，M&Aに関する実証研究では，M&Aに関するディール（deal）のタイプによって，M&Aの成果（performance）に違いが出ることが多くの研究で確認されている（Haleblian et al. 2009）。たとえば，TOBを用いた案件のほうが合併よりも高い成果を示すといったことである。個々の案件によって，選択可能なM&Aの手法は限定される面があるが，それぞれのM&Aの手法の特性を理解し，最適な手法の選択を心掛けることは依然として重要と言える。

M&Aの手法に関しては，本章では触れなかった税制や会計の問題を考慮する必要がある。また制度は時の経過の中で変更されることにも留意しなくてはならない。こうした点を踏まえると，M&Aの学習を進める上では，専門の文献を参照するとともに，M&A関連の法制度や会計制度などの動向に常に注意を払っておくことが重要である。

[注]
1) いずれの方法も会社全体を取得することも可能である。
2) 株式との交換ではなく消滅会社の株主に金銭などを交付することで合併手続きを進めることも認められている（対価の柔軟化）。しかし，株式の交換が一般的である。

3）全部取得条項付種類株式に転換するといった別の方法も存在する。
4）ここでは吸収分割を念頭に置いて記述している。新設分割では契約を締結する相手が存在しないため分割計画の策定を行うこととなる。

［参考文献］
小本恵照・尾関純（2014）『すらすら図解　M&A のしくみ』中央経済社。
高橋美加・笠原武朗・久保大作・久保田安彦（2016）『会社法』弘文堂。
Haleblian, J., Devers, C. E., McNamara, G., Carpenter, M. A. and Davison, R. B. (2009), "Taking stock of what we know about mergers and acquisitions: A review and research agenda," *Journal of Management*, 35, pp. 469–502.

（小本恵照）

M&A のプロセス

第 5 章

はじめに

　M&A を実行するうえでは，実際にどのような企業を買収するのかというプレ M&A から，M&A を行った後の組織統合という一連のプロセスを考えることが重要となる。つまり，買収前の分析や計画が，M&A を行った後であるポスト M&A の成否にも影響し，交渉方法によっても組織統合段階でのマネジメントに大きな影響を与える。

　プレ M&A では，M&A の動機や買収価格の算定，買収対象企業の戦略的な選択に関する有効性を分析するという，いわゆる意思決定に関することを対象にしている。プレ M&A に焦点を当てた研究では，合理的な意思決定を行うことが課題とされるので，M&A に関連する人々を合理的な意思決定者として捉え，企業内における従業員間の問題やパワーに関することまでは考えていない。

　実際に行われる M&A では，期待した成果やシナジーを生まないとする多くの調査報告がある。M&A から成果を生み出していくためにはポスト M&A 段階におけるマネジメントが重要であり，M&A という取引それ自体から価値が創造されるものではない。ポスト M&A の組織統合プロセスにおいて，買収企業と被買収企業の間で，組織間で発生する従業員間のコンフリクトを解消し，組織的な適合が有効に実現された時に生じる。

　つまり，M&A を実行する際には，さまざまな専門業務や段階が存在するが，それらは一連のプロセスとして捉えることが必要であり，プレ M&A とポスト M&A では異なる論点があることが分かる。本章では，M&A に関する具体的な業務を紹介するのではなく，M&A プロセスの視点から論じる。そし

て，M&A プロセスを体系的なものとしてモデル化し，多くの M&A を実行することによって成長を図った GE キャピタルを具体的に取り上げて，M&A プロセスの実際について検討する。

第 1 節　M&A プロセスの視点

　M&A のプロセスは，契約時点を境界にプレ M&A 段階を意思決定プロセス，ポスト M&A 段階を統合プロセスとして位置づけることができる。そして，プレ M&A は準備段階と交渉段階に，ポスト M&A は統合段階として分類する[1]。準備段階とは，全社的な戦略目標を達成する手段として M&A 戦略を立案し，そのなかで候補企業の探索を行って戦略的評価によって絞り込む段階である。先に M&A をする企業が決まっているのではなく，自社の競争力を向上させるような企業として適切なのかを判断していく段階である。そのために，候補企業の経営特性や戦略面といったマネジメント的な面の評価が課題となる。

　交渉段階とは，選択した企業に対する財務的評価から買収価格を算定し，実際に交渉を進めて契約を締結するまでの段階である。買収に際して，入札形式の場合には入札金額の算出が大きな課題となる。準備段階で絞った候補企業の財務面での評価のみならず，組織面・文化面などの多面的な評価を必要とする。こうした一連の作業は，デューディリジェンス（買収監査）といわれ，外部の専門機関（会計事務所，法律事務所，コンサルティング会社など）のサポートも得ながら行われる[2]。

　統合段階は，M&A から実際の成果を出していくために，企業間で戦略・組織・文化の融合を行っていく段階である。今までは別々であった組織を一緒にしていくということであるが，すべてのことを一致させるわけではない。例えば，イノベーション能力の高い技術者を有する企業に対して，今までの組織文化を著しく崩してしまうような統合の方法では，彼らの独創性を低下させてしまう恐れもある。また，過度に自社の経営方法を相手企業に導入しようとすると，反発を招く恐れや，モチベーションを低下させる要因にもなりかねない。

図表 5-1　M&A プロセスの分類

準備	戦略目標の策定 買収戦略の立案 候補企業の探索・選別 戦略的評価	プレ M&A	← 意思決定プロセス
交渉	入札競争 財務的評価・価格算定 交渉 取引締結		
統合	組織的・文化的適合の評価 統合アプローチの展開 両企業間の戦略・組織・文化の調和 結果	ポスト M&A	← 統合プロセス

契約 → (交渉と統合の間)

つまり，組織統合とは，企業間の共通の目標を達成するために，組織構造や経営資源を調整し，シナジーの創出を目指すために行われるものであるが，完全に同質化することではなく，目標達成のための調整という視点で考える必要がある（中村 2003）。

第2節　プレ M&A の意思決定の課題

プレ M&A の意思決定プロセスは，買収対象企業の選択と交渉が中心的課題であり，さらに後の統合プロセスに対しても大きい影響を及ぼすので，M&A 成功の基盤となる段階である。しかし，M&A はひとつの企業または事業における有形・無形資産や従業員をすべて取得するために，買収・被買収企業の両方に対して多大な影響を与え，不連続な性格を有し，将来うまくいくのかが曖昧なものである。こうした M&A の特性が意思決定プロセスに反映されている。ここでは，意思決定における質を向上させるという問題と，決定した内容を素早く従業員達に知らせる場合の課題に関して論じる。

1．意思決定の質に関する課題

M&A は相手企業のビジネスと財務の状況を外部から評価するということ

で，意思決定の情報源やそれに関係する人たちの問題がある。まず，買収企業と被買収企業の利害の不一致から発生する課題がある。これは，買収企業は少しでも安く買収したいと望み，一方で被買収企業は少しでも高く売却したいという，両者の考え方の違いに由来する（Sirower 1997）。そして，被買収企業の経営内容を外部から正確に把握することは難しい。そのために，被買収企業は自分達の企業が少しでも高く売却できるように，重要な情報を隠蔽し歪んだ情報を提供する可能性があり，その結果，意思決定を行うために利用できる情報は常に相手企業の正確な状態を示したものとは限らない。

こうした不均衡な情報は，買収企業が選択基準の１つとして考えていた潜在シナジーを具体的に実現していく上で障害になる。つまり，そもそも正確に評価できていないシナジーを具体化していくということは，不適正かつ矛盾する行為である。

次に，買収企業と外部アドバイザーの利害の不一致から発生するものである。M&Aを行うには，産業・競争企業分析，製品・市場分析，候補企業の選択と財務評価，法律問題，交渉などその過程は複雑なものであり，高度の専門的知識が要求される。これらは，日常の企業経営のなかでは経験しないものであり，M&Aを過去に行ったことのない企業には，こうした複雑なタスクの分析能力が不足している。従って，多くの企業では外部アドバイザーとして，会計事務所・法律事務所・コンサルティング会社・投資銀行などの手を借りながら進めることになり，彼らは潜在的候補企業の経済的・財務的分析や交渉・契約の仲介的役割を担う（Harbison & Pekar 1998）。

しかし，外部アドバイザーの利害は，手数料収入や成功報酬にあり，M&Aの契約をすること自体を主目的にしている。一方で，買収企業当事者は，M&Aから効果を上げていくというポストM&A段階を重点にしているので，両社の利害関係は異なるということを認識しなければならない。そして，外部アドバイザーのこうした特性は契約の早期完了を促し，またM&Aでは競合ビッドを割けるために秘密性が重んじられるので，企業側にも契約を短期間で終わらせたいという動機が生じる。従って，将来の統合プロセスにおいて予想される障害への対処策を十分には分析・計画する時間がなく，さまざまなプレッシャーから不十分な意思決定のまま実行に移される可能性も高くなる。

以上のように，M&Aにおいては買収企業と被買収企業・外部アドバイザーの利害が一致していないということから，常に正確で完璧な質を持つ意思決定を行えることは不可能に近い。そこで，買収企業は常にこれらの障害があることを認識した上で，少しでも優れた意思決定ができるようにその対策を考える必要がある。つまり，買収選択企業の探索やその評価を専門の業務とするチームや機関を企業内に創設し，他者の意見を一方的に受け入れるのではなく，積極的な行動を採り，さまざまな関係者と協力できる体制を構築することが意思決定の質の向上に貢献すると考えられる。

2．意思決定の階層の課題

次の意思決定の階層に関する課題とは，M&Aの意思決定が経営トップや関連するごく一部の人だけで行われる場合に発生するものである。M&Aは企業の運命を左右するほどの巨大な投資であり，予期しない第三者の参入を回避するために外部に対する秘密性の保持から，その意思決定は経営トップを中心とする限られた階層の人物だけで行われる。そして，それ以外の人たちは買収発表がされてから初めてその事実を知ることになる。

組織統合プロセスを有効に機能させるためには，経営トップが直接的に関与し，強力なリーダーシップを発揮して組織を導いていくことが重要とされる。しかし，実際に，M&Aに期待する成果を実現するために組織を動かしているのは，従業員や管理者たちである。従って，彼らが突然M&Aの事実を知った場合には，雇用や報酬に対する不安感や意思決定から外されたという疎外感から，トップに対して不信感を抱き，実行されたM&Aにも懐疑的になる。さらに，売却された企業の場合は，この傾向が強くなる。

こうしたことは，統合プロセスの混乱にもつながってくる。そこで，M&Aの意思決定をオープンにするのは秘密性の面から無理だとしても，買収後に従業員の不安感を癒し，混乱を避けるためにどのような方法を採っていくのかをあらかじめ考慮する必要がある。例えば，トップが従業員に買収目的を明確に伝えることを目的としたミーティングの開催や，組織統合を目的とした一時的なチームやタスクフォースの創設，カウンセリング室の開設などの準備をしていくことが有効な手段となる。

さらに，実際は M&A の実行を対外的に発表してから契約までは数カ月間にわたる時間ギャップがある。この期間に，その後の経営を効率的に行うためにも，情報交換を積極的に行うことによって両組織間のコンテクストを理解し合い，従業員の協働を促進する雰囲気や風土を形成することが重要な役割を担う。つまり，M&A の意思決定はトップ階層によって行われるが，決定した内容に関しては管理者や一般従業員も納得し容認できる体制を構築することが必要となる。

第3節　M&A プロセスの実際
―GE キャピタルのパスファインダー・モデル

1．GE キャピタルの M&A 戦略

　GE キャピタル[3]は米国の大企業である GE（General Electric）グループの金融サービス部門であり，世界最大のノンバンクとも称された。1987 年にゲーリー・ウェントが CEO に就任し，300 社以上の M&A を行い事業を拡大していく。

　買収先企業は，大手金融機関の狙わないニッチ市場であり，特定市場でのトップになるために M&A を繰り返し実行する。これは，GE 本体の戦略目標である「No. 1, No. 2 戦略」に従っている。そして，金融業務は高度な専門性を有するために，事業間のシナジーよりも，個別事業が独自に成長と収益を追求するポートフォリオ型の事業構成をとっている。

　ただし，GE キャピタルは 2008 年のリーマンショックによって多大な影響を受け，GE のリストラクチャリングの一環として 2015 年に事業からの撤退計画を発表した。現在では，M&A を活発に行っていた当時の GE キャピタルは存在しないが，実際に数多くの M&A を行って，大きな成果を上げてきた手法は，世界でも最先端の方法を確立していた。M&A プロセス自体を体系化した企業でもあり，その内容は現在でも M&A を実践する多くの企業で参考にされている。

2. M&A プロセスの体系化

　GE キャピタルでは M&A を市場拡大に対する中心的手段として捉え，将来においても重要な戦略手段として位置づけている。数多くの M&A を行っていくなかで，M&A プロセスをその都度構築していくのではなく，反復的に M&A プロセスを効果的に実行していく方法が必要とされた。M&A に関連するスキルや能力をコア・コンピタンスとして形成していくことをも意味している。そこで，10 年間にわたり何百人もの人材を投入し，豊富な M&A の経験を踏まえて，各段階におけるベストプラクティスを抽出し，M&A を反復可能なプロセスとしてまとめ上げるプロジェクトを実施する（Ashkenas et al. 1998）。その結果として一連の M&A プロセスを"パスファインダー・モデル"として体系化することが可能となった。

　このモデルでは，組織統合は M&A における特定の一時点で行うものではないと考えている。M&A とは，買収契約書に署名する以前の選択，デューディリジェンスの段階から買収完了後の経営におよぶ一連のプロセスである。従って，組織統合は買収契約を締結してから取り組むものではなく，買収前から予期できる問題もあるので，デューディリジェンスの段階から視野に入れておくことが効果的である。そして，買収交渉の開始と同時に統合のためのプランニングに着手することが認識されている。将来に生じる可能性がある摩擦を予期することによって，これらを事前に回避することができ，統合プロセスを円滑に進めることが可能となる。

　パスファインダー・モデルにおける M&A プロセスは，大きく買収準備・基盤構築・迅速統合・吸収の 4 つの段階から成り立ち，各段階には 2, 3 のサブプロセスが設けられている。そして，各段階に重要なポイントが示され，M&A の担当者や事業リーダーは，これを基盤にしながら M&A プロセスに対するマネジメントを実行する。

　このモデルを構築するにあたって，ベストプラクティスの洗練，利用ツールや研究結果の共有，そして現在進行中の統合作業についての事例研究を行うために定例協議会が開催されている。そして，GE キャピタルのすべてのリーダーや M&A 関連担当者は，社内のイントラネットを通じて，研究結果をオンライン上で共有している。コミュニケーションプラン，100 日プラン，機能

図表 5-2　GE キャピタルのパスファインダー・モデル

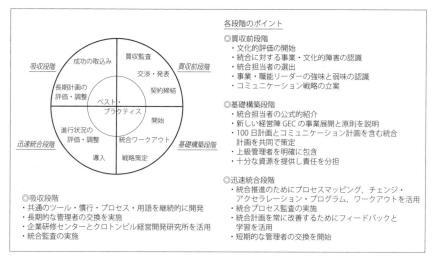

出所：Ashkenas, DeMonaco & Francis（1998）より作成。

統合チェックリスト，ワークショップの議論一覧，コンサルティング情報資源などとも必要な時に閲覧可能となっている。そして，人事担当者がこのような情報の逐次更新と入手のサポートをしている。このように，GE キャピタルでは一連の M&A プロセスのベストプラクティスを抽出し，それを知的資産としてシステム化することが実現されている。

第4節　組織統合の仕組み

GE キャピタルにおける組織統合は，パスファインダー・モデルの進行に従って実行されていく。そして，この実行期間と実行内容に関しては，100 日統合プランが設定されており，さらに組織統合の文化的側面にも対応していくために GE で効果を発揮してきたワークアウトを応用した方法が採られている。

1．100 日統合プラン

契約が締結され，正式に公表されるとすぐに，GE キャピタルの管理者は，

組織統合を専門の業務とする統合担当者と協力して，両企業の管理職チームに対するオリエンテーションと企画セッションの計画を立てる。この目的は「統合のための 100 日プラン」を策定することであるが，同時に新しい上級管理者たちを新しい仲間として迎入れ，親睦を深め，意見交換を行う場でもある。

統合担当者は GE キャピタルのルールと被買収企業の管理者チームから提案された改善案の双方に基づき，組織統合に対するプログラムの立案を始める。GE グループには各部門が成功体験を共有するベストプラクティスの文化があるが，それを買収から 100 日以内に学び合うというものである。買収した企業の強みや弱みを詳細に分析し，GE キャピタルのものと比較検討してお互いの強みを明確にし，それを強調する形で計画が立てられる。

この計画では，統合すべき業務機能，資金管理や業務手続の整備，給与・福利厚生制度の移行作業，顧客対応方針などが含まれている。そして，価値観，責任体制，課題，報酬制度について説明を受け，各種ルールについて勉強する。ルールには，四半期ごとの業績チェック，事業リスクへの対応，品質管理など約 25 項目の業務運営指標が含まれる（Ashkenas et al. 1998）。つまり，100 日プランのプログラムに沿って，さまざまな経営管理システムや基準が GE キャピタルのものに切り替えられるのである。

また，100 日プランの中には品質改善運動であるシックスシグマも含まれる。シックスシグマとは，「業務プロセスにおいて，不良品が 100 万個につき 3.4 個未満しか発生しない」ということを目標に行っていく全社的な経営改善活動である。GE では製造・開発部門に限らず，営業や管理などのあらゆる部門で適用されている（Slater 1999）。GE キャピタルでは，シックスシグマを金融サービスにも取り入れて，サービスの品質改善と効率化に取り組んでいる。

そして，シックスシグマなどの GE キャピタルの経営手法を用いて具体的な課題を解決していくなかで，被買収企業が GE キャピタルの仕事の進め方，経営ノウハウの利点，行動規範などを実感し，統合が促進されていく。従来の組織統合においては，買収企業の価値観，仕事の方法などは，ミーティングなどによって一方通行的に伝達される傾向にあったが，GE キャピタルでは双方向的に能動的に捉えているのが特徴である。つまり，シックスシグマは品質改善

の手段であるとともに，統合の手段としても機能している。このように「100日プラン」は単なる計画作りではなく，人々を刺激し，統合の熱意と活力を与えるものであるための行動指針としても捉えられる。

2．企業文化の統合方法——カルチャー・ワークアウト・セッション

　組織統合において企業文化は重要な要素であり，その統合は非常に困難な作業とされている。過去の多くのM&Aの失敗は，既存の文化に固執しすぎたからであり，相手企業の異文化を受け入れる企業風土を作ればいいというのがGEキャピタルの考え方である（伊藤 1999）。そこで，企業文化・国文化の相違に対して，真っ正面から取り組むために，カルチャー・ワークアウト・セッションというGEキャピタルのメンバーと被買収企業の管理職による3日間のトレーニングを体系的なプロセスとして構築している。

　これは，100日プランの最後に実施される。顧客や従業員へのインタビューを通じて，企業文化をコスト志向・テクノロジー志向・ブランド志向・顧客志向の4つの軸を持つ散布図上へプロットし，GEキャピタルのものと比較し，企業文化の相違点と類似点を浮かび上がらせる（Ashkenas et al. 1998）。そして，最初の100日間を過ぎると次の半年間は文化の相違に対する共通理解とギャップ解消のための具体的な計画が実行される。

　次に，統合プロセスを共有化し，文化の違いに対する理解を一部の社員から全体に広げることが課題になる。そのひとつの方法は，カルチャー・ワークアウトの結果を少数グループでのミーティングの場やビデオなどを通じて広く認識してもらい，関連する課題を議論させることである。この方法によって多くの従業員が，管理職チームと同じ情報を獲得でき，統合の重要性やその意味を理解することが可能になる。

　また，異文化への対応を個人単位で支援するために，外部コンサルタントによる特別講義なども行われている。買収した外国の有能な管理者に対しては「キャピタル・ユニバーシティ」と呼ばれるプログラムがあり，アメリカのGEキャピタルや本部において6カ月から1年間の任務に従事させ，GEキャピタルの企業文化を体験してもらうことによって，企業文化の浸透が図られる。

以上のように，GEキャピタルにおける組織統合は，事業に関する側面と人的・文化的側面に対するアプローチがプログラム化されているのが特徴である。

第5節　効果的なM&Aプロセスの実践のために

　GEキャピタルは，市場を拡大する上でM&Aを中心的な戦略として展開した。特に，金融業界では市場の細分化が進み，事業が専門的になっている傾向や，顧客基盤がすでに確立されているために，ゼロから新市場に進出しても時間とコストが非常にかかるので，既存企業の買収が効果を発揮する。そして，それらから高い成果を獲得しているのが特徴である。M&Aの多くは失敗に終わるという一般論があるなかで，GEキャピタルのケースは異質なものとして認識できる。数多くのM&Aを成功的に実行できるのは，同社のM&Aマネジメントが非常に優れていることを示す。これは，プレM&AとポストM&Aの両方の段階に置かれている専門担当者の存在や，パスファインダー・モデルというM&Aプロセスのシステム化により実現されているのである。

　特に，パスファインダー・モデルの存在は，10年間で取り組んできたさまざまなM&Aから，どういうことが一連のM&Aプロセスで課題やポイントとなったのかを整理して体系化したものである。従って，それはM&Aに関連する知識やノウハウを形式知化したものであると言えよう。そして，従来は暗黙知だった関連知識などを形式知化することにより，組織全般での活用やさらなる質の向上を図ることが可能になり，将来のM&Aをより円滑に進めることにつながる。

　GEキャピタルのM&Aマネジメントを分析することから，GEキャピタルは最も発展したM&Aマネジメントを実行している企業であり，かつM&Aによって市場拡大を行おうとする企業に対しての理想型である。複数のM&Aの実行によって成長を図る場合には，タイミングがあったからといって場当たり的に繰り返すのではなく，数多くの経験を通して培われてきた独特な知識や能力の存在が重要な影響を及ぼすことが分かる。

[注]
1) M&Aプロセスの各段階については，論者によって統一された表記はされていない。内容的には，本章で示しているプレM&A，契約，ポストM&Aというプロセスをとり，例えば，コンサルティング会社のアンダーセンが提示した「統合的M&Aプロセス」では，計画，実行，統合，評価という4つの段階で考えている（アンダーセン 2001）。
2) デューディリジェンスの実際の内容に関して，株式会社KPMG FAS編（2006）では，ビジネス・デューディリジェンスと財務デューディリジェンスが重要になるとしている。ビジネス・デューディリジェンスは，外部経営環境，経営戦略，ビジネスモデル，組織と人（経営陣・従業員），新商品・サービス，ノウハウ・技術，設備，販売・流通網，調達網，研究開発という企業のバリューチェーン全般を調査していくものである。そして，M&A対象企業の事業価値，シナジー，事業リスク，統合問題を抽出し，M&Aを進めていくための事業計画の基盤となる。財務デューディリジェンスでは，貸借対照表や損益計算書の内容を精査する。さらに，法務，人事，IT，環境というようなこともデューディリジェンスの対象になるとする。
3) GEキャピタルのM&A戦略に関しては，次の文献に詳しい。「GEキャピタルの戦略とコア・コンピタンス」『ダイヤモンド・ハーバード・ビジネス』1998年4-5月号。

[参考文献]

アンダーセン・コンサルティング（1998）『金融業 勝者の戦略』東洋経済新報社。
アンダーセン（2001）『統合的M&A戦略』ダイヤモンド社。
伊藤邦雄（1999）『グループ連結経営』日本経済新聞社。
株式会社KPMG FAS編（2006）『M&Aによる成長を実現する戦略的デューデリジェンスの実務』中央経済社。
佐々木裕彦（1999）『図解「GE」強さのしくみ』中経出版。
GEコーポレート・エグゼクティブ・オフィス（2001）『GEとともに』ダイヤモンド社。
中村公一（2003）『M&Aマネジメントと競争優位』白桃書房。
安田隆二（1998）「GEキャピタルのポートフォリオ・マネジメント」『ダイヤモンド・ハーバード・ビジネス』1998年4-5月号。
Ashkenas, R. N., DeMonaco, L. J. and Francis, S. C. (1998), "Making the Deal Real: How GE Capital Integrates Acquisitions," *Harvard Business Review*, Jan.-Feb., pp. 165-178. (「GEキャピタルが実践する事業統合のマネジメント」『ダイヤモンド・ハーバード・ビジネス』1998年4-5月号，104-117ページ)
Ashkenas, R. N. and Francis, S. C. (2000), "Integration Managers," *Harvard Business Review*, Nov.-Dec., pp. 108-116. (「インテグレーション・マネジャーの要件」『ダイヤモンド・ハーバード・ビジネス』2001年2月号，70-83ページ)
Harbison, J. and Pekar, P., Jr. (1998), *Smart Alliances*, Jossey-Bass. (日本ブーズ・アレン・ハミルトン訳（1999）『アライアンス・スキル』ピアソン)
Shepherd, B. (1998), "GE Capital's M&A Strategy," *Global Finance*, November.
Sirower, M. L. (1997), *The Synergy Trap*, Free Press. (宮腰秀一訳（1998）『シナジー・トラップ』トッパン)
Slater, R. (1999), *Jack Welch and the GE Way*, McGraw-Hill. (宮本喜一訳（1999）『ウェルチ』日経BP社)
Walter, I. (2000), "Shareholder Value Management of GECS". (「GEキャピタルの株主価値経営」『ダイヤモンド・ハーバード・ビジネス』2001年1月号)

（中村公一）

第6章

M&Aの成長戦略

はじめに

　M&Aによる成長戦略は，時間をかけて獲得すべき経営資源を短期で手に入れる戦略手法である。事業活動の範囲が拡がり，自社が参入予定している事業領域が，既存企業の活動領域と重複することがある。このようなケースで，自力での内生的成長よりも，企業合併・買収による成長が選択されるのである。他企業との地理的な事業の重複を制するという理由からも，企業合併・買収による企業成長が増えつつある。

　わが国では，Mergerが対等・吸収合併を意味し，Acquisitionは敵対的・友好的買収を意味する。これらの成長戦略が，成長を一気に手に入れる手法であるがゆえに，被合併・買収企業の企業価値は高く評価される。合併・買収合意は，企業価値に基づく売買合意となる。

　対等合併では，合併後に新たな企業名が選択される。吸収合併では，吸収する側の企業名が残され，被吸収側の企業名は消えてしまう。敵対的あるいは友好的な買収のケースでは，被買収企業名が残されるケースが多い。被買収企業のブランド力が高いほど，そのネームバリューを利用しようとする意図が前面に出てくる。

　鴻海精密工業（以下，鴻海）がシャープを買収したケースでも，「日本のシャープ」というブランド力を活かすために，シャープという看板は残されている。世界の亀山モデルという液晶テレビを生み出したというシャープの実績は，鴻海にとってみれば魅力的で，鴻海本体のブランド価値の増大に直結するのである。まさにこの買収事案が，一夜にして秀逸な経営資源を手に入れた典型例である。

鴻海は，アメリカのアップルコンピュータ製品の製造で急成長を遂げ，今やロボットや電気自動車の製造までも行う世界トップシェアを占めるOEM（相手先ブランドによる生産）企業である。世界の家電メーカーを陰で支える存在の鴻海はOEM企業からの脱却を推し進めている。鴻海は，アップルコンピュータからアセンブリ，コネクタ，金属筐体，PCB（プリント基板），タッチパネルなどのキーパーツまでほとんどの部分を受注している。唯一欠けているのが，低温ポリ・シリコン（LTPS）パネル技術なのである。シャープの買収によって，鴻海はアップルのキーパーツサプライヤーとして最後に残されていた分野を手に入れることになる。

完成品メーカーを目指す，買収側の鴻海は更なる成長を実現するとともに，被買収側のシャープは起死回生のチャンスを狙っている。

第1節 事業の多角化とM&A

1. 暗黙知の内部化とM&A

企業が多角化を行う誘因には，外的成長誘因と内的成長誘因がある[1]。前者は企業を新しい事業へと導く外部環境の変化と機会を意味する。例えば，電力会社がその通信網を活かして，インターネットプロバイダーに参入するというケースは，外部環境の変化・進化に応じた多角化戦略である。

一方で，ある製品の需要が低下して，その事業継続が危機的な状況になった場合にも，多角化という選択肢が登場する。現状のマーケットでは，他の企業に太刀打ちできなくなれば，自ずと負け組企業は事業進化をしなくてはならない。つまり，市場における脅威も多角化の誘因となる。つまり，経営環境の波に乗った攻めの多角化と競合他社の攻撃から自らを守る防衛的な多角化が外的成長誘因である。

内的成長誘因は，企業を多角化へと向かわせる企業内部の環境条件である。市場のニーズと企業が内部保持している技術がマッチしていない場合，多角化が成長戦略の一環として選択される。アップルコンピュータは当初，コンピュータのハードウェアを提供することを事業の中心にしていた。しかし，

ハードウェアの事業では生き残れないと予測したアップルコンピュータは，その時点で保持している技術から事業を創造し，次々とヒット商品を生み出してきた。このように，企業の資源ベースを活用したいという欲求が多角化の理由となる。

企業にとって価値のある資源は，その企業にとって固有なものつまり，暗黙知である。そのため，それを単純な金銭取引で他社に売却することは不可能である。価値のある企業固有の資源を取引しようとしても，取引コストが高くなる。そのため，その固有の資源は企業内部に留まって，移転できない資源となる。この固有の資源が，他社の資源と比べて優れた資源であるとすれば，それは多角化に利用できるのである。

このような企業内部でしか活かされなかった暗黙知を狙って，当該企業全体を買収するということが，現代の経営では当たり前のように行われている。内部化理論は，このような取引コストが存在するがゆえのM&Aを説明するのに最適である。取引される資源の複雑さが増すにつれ，情報の非対称性という問題が生じてくる。この取引の障害を乗り越える手段として内部化，つまり，ある企業が別の企業全体を飲み込んでいくということがM&Aによる成長戦略である。はじめにで述べたように，資源を自ら作り出すのではなく，時間を節約して，金銭と引き換えに，魅力的な資源を手に入れる成長戦略が実現されている。

2．M&Aによる多角化の課題

ペンローズ（E. Penrose）によれば，多角化しようとする企業にとってM&Aは万能薬ではないとされている[2]。成長したいという意思をもつ買収側企業は，被買収企業との間でのガバナンスの調整に多大なエネルギーを必要とする。一貫した全社戦略が策定され，財務や会計上の手続きが調整され，人事政策や給与体系の統合がなされなければ，M&Aはその戦略的な魅力を発揮できない。

つまり，広範で急速な買収は，1つの会社とは呼び難いほど異常で無定形な企業群を生みだすことがある[3]。このような拡散した組織を一体化させることでM&Aが成功していくのである。被買収企業が何らかの点で買収側の企

業の地位を補完するがゆえに，両者が有利と考える取引（内部化）が成立するのである。この内部化のプロセスにおいて，一方が他方を凌駕するという形式的な側面があるが，その形式的なこと以上に，両者の良いところを改めて見つめなおすといった時間が必要になってくる。

買収後の統合プロセスは，次の3つに分類される[4]。最も管理が容易な形態は，買収した企業を既存の企業組織に組み込むだけの吸収型統合（Absorption）である。大規模企業が，さらなる拡大を目指して小規模な競争相手を買収するケースがこのタイプである。一方で，統合後に被買収企業の自律性が与えられるケースは，保存型統合（Preservation）である。買収企業が被買収企業の経営を手本として見習うという大義の下では，このタイプは有効に機能する。買収企業と被買収企業が，買収前と異なる新たな統合体を形成するために融合していくケースが，共生型統合（Symbiosis）である。このタイプは，3つのタイプの中で一番困難を伴う統合である。相容れない組織文化，勝者と敗者という2分化した意識の違いといった障壁が，スムーズな多角化を遅らせてしまう。

お互いの良いところを引き出すという意味の「相補性」は，多くのM&Aで多角的成長を狙う企業にとって考慮しなければならない思考である。事業経営の効率性（主に規模の経済性）を目指す事業買収や，展開中の事業の不必要な解体に伴う資本損失を回避する事業売却は，経済的に見て利益になると認識されている。同様に，買収によって関連性のある特定企業が再編成されることも，経済性の観点からは効率的であるとされている[5]。

つまり，買収や合併による企業間結合では，内部組織での「相補性」と経済的側面での「効率性」という2つの目標が達成されなければならない。結合企業内での組織の内的成長と事業の多角化という外的成長のバランスをとっていくことで，M&Aの成否が決まっていくのである。

M&Aが禁じられていたとしたら，経済において大企業が展開する事業の規模と範囲は，今日のそれよりも小さくなっているとペンローズが述べているように，企業結合は，企業レベルでの成長プロセスのみならず，経済全体活動に占める企業の相対的地位に影響を与えている[6]。多角化による成長は，M&Aという手法によって実現できる。ただし，その成長は内的成長（組織融合）

と外的成長（経済的合理性）を備えていなければならない。世界的な規模で事業の多角化が進んでいるがゆえに，世界経済における企業経営の影響は大きくなっている。

3．M&Aによる多角化のメリットとリスク

　M&Aによる多角化のメリットは，迅速に必要とする経営資源を手に入れることができることである。ターゲットとなる経営資源の模倣困難性は，M&Aの大きな誘因となる。そして，既存企業を買収することで，潜在的な競争者を市場から排除することができる。買収によって適正な生産能力を維持することで，余剰生産能力の引き起こす競争の激化が回避される。

　M&Aの最大のリスクは，莫大なコストの発生である。買収を成立させるためには，時価総額に対してプレミアムが必要とされる。買収ターゲットに関する非公開情報を有している企業は，買収によって非公開の被買収企業の価値を得ることができるため，高値の買収額を提示できる。その結果，買収競争をしている他企業との価格差を提示することができるのである。一方で，被買収企業に関する情報不足によって，買収ターゲット企業の価値を過大評価してしまうケースでも，高値での取引が成立する。そして，買収それ自体が目的となり，被買収企業の経営資源の価値を認識せずに，買収を続けるという，自己満足型の企業も存在している。

　その他にも，企業全体を買収したがために，当初目的としない事業を受け入れるというリスクがある。買ってしまったが，不要であると気づいた事業をリストラする際には，既存の従業員の整理といった摩擦が生じることになる。

図表6-1　M&Aの利点と欠点

利点	欠点
スピード	多額の買収コスト
補完的資産へのアクセス	不必要な関連事業の取得
潜在的競合企業の排除	組織の衝突が統合を妨げる可能性
企業資源のアップグレード	強いコミットメントの必要性

出所：Collis & Montgomery（1998），邦訳，152ページの表をもとに筆者作成。

結果として，買収の本来の成果からリストラ等の整理費用を差し引くと，実質的な買収の利得は目減りしてしまう。企業の成長戦略は，多角化によって実現されるが，不採算部門を算入するような多角化は，企業の成長力を弱めてしまう。多角化を目的とした買収をする企業は，被買収企業との強いコミットメントを前提に，大きな事業成長案件に取り組まなければならない。買収による多角化のメリットとリスクを示すと図表 6-1 のようになる。

第 2 節　全社レベル戦略と M&A

1．コーポレートマネージャーの責務

　全社レベル戦略では，ある事業単位から他の事業単位への戦略的波及効果（Strategic Spillover）をマネジメントすることで，価値の増大が期待できる[7]。つまり，波及効果を考慮すると，企業全体の業績は個々の事業の業績の総和以上になる（図表 6-2）。各事業を単体としてマネジメントするポートフォリオをもとに，全社レベル戦略を策定することで，業績の全体を管理して

図表 6-2　事業単位間の波及効果

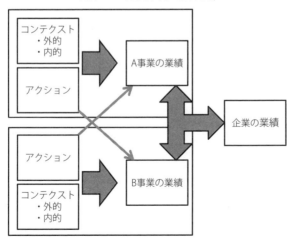

出所：Saloner, Shepard & Podolny (2001)，邦訳，437 ページの図をもとに筆者作成。

いくことが重要になってくる。つまり，プラスの波及効果が増すのであれば，多数の事業を1つの企業の傘下に収めた方が独立した事業体を個別に管理するよりも好ましい。

　買収によって多角化した企業は，事業を全社的にマネジメントすることで，その波及効果を発揮することができる。つまり，全社レベル戦略は企業間統合後の価値創造をマネジメントすることである。この戦略的波及効果はプラスにもマイナスにも作用するので，全社レベル戦略を担うコーポレートマネージャーの責務は重要になる。コーポレートマネージャーが，事業単位のマネージャーの全社的な価値の創出という思考を引き出さなければ，多角化の価値は縮小していくのである。

　コーポレートマネージャーが事業単位に与える刺激の1つが資源配分 (Resource Allocation) である。コーポレートマネージャーが事業ごとの資源配分を変えると，事業単位の責任者は，何らかの戦略的変更をせざるを得なくなる。その結果，各事業の業績が向上すれば，全社戦略が機能しているという評価がなされる。コーポレートマネージャーは，戦略的波及効果と資源配分というフレームワークを用いて，事業単位の内部コンテクストに影響を与える。内部コンテクストの変動により，より良い事業の成果が生み出される。

　プラスの波及効果は様々なところで生じる。特に，情報や知識の再活用によって多角化の成果，つまり，企業買収の成果が生み出される。情報や知識は，それを一度使ってしまっても，なくなるものではない。つまり，情報や知識には公共財的な特性がある。規模の大きな多角化企業にとってみれば，1つの情報や知識から生まれる規模の経済性は大きな価値となる。そして，多様な情報や知識を組み合わせて，それを多角化した事業で活かしていけば，範囲の経済性も発揮される。

　研究開発施設の買収で，それを1つの企業グループの傘下に置く場合，その研究施設が地球環境の問題解決法をもっているとすれば，その知識は様々な製品・サービス分野に活かせる。そしてその知識は，顧客からの多様なニーズ（グリーン・コンシューマー）に応える原動力となる。

　コーポレートマネージャーが事業単位に与える第2の刺激が金融資本 (Financial Capital) の配分である。全社レベルで企業が金融資本を配分する

ことは，事業の買収という戦略につながっていく[8]。つまり，M&Aで事業のポートフォリオを形成して，全社的に業績が良くなるかということをコーポレートマネージャーは考慮しなければならない。他企業の資産を買収する場合，そのまま独立事業を行っていたら，どのくらいの収益を生みだすのかを見極めて，買収価格が決定される。

　その買収価格は現状での被買収企業の価値であって，当然買収後は，その価格以上の価値を創造しなければ，その戦略的意図は実現できない。一方，売却側の企業は，期待収益を反映する価格でしか事業を外に売却できない。事業が企業内にあるよりも企業外にある方が価値を生む状況においてのみ，売却の効用が生まれる。売却側の企業は，自社の傘下にあるとその事業の価値が破壊されてしまうということを認識した結果の売却で，その事業の価値は高まるのである[9]。

　複数の事業間でシナジー効果を実現し，それを強めることができれば，多角化による価値が付加される。組織能力や知識等の優位性を1つの事業だけではなく，多様な事業で展開できることが，戦略的波及効果である。全社戦略をつかさどるコーポレートマネージャーは，資源配分と金融資本の配分によって，多角化の効果を増大させるという任務を果たさなければならない。つまり，M&Aによる多角化は，全社戦略に依存しているのである。

2．企業成長の測定

　企業の成長は中・長期的な収益でとらえた企業規模及び企業活動の増大でとらえることができる。成長の測定では，以下の3つの指標がつかわれる[10]。第1の指標，売上高の増加である。これは企業の直接的な成長の指標である。そして，企業が競争上の地位を確保し，製品とサービスの提供を通じて規模を増大していることの証が，売上高の増加としてあらわれる。第2指標は資産の増加である。生産能力の拡大，売上数量の増加を達成されるためには資産（固定資産や無形資産）を増やなければならない。第1の指標を支える条件として，資産の増加は企業成長の証となる。しかし，売上高や利益に結びつかない資産の増加は，企業成長にとってのマイナス側面となるので，このような資産の増加を差し引いて，真の成長に貢献する資産増を計上することが必要に

なる。第3の指標は収益の増大である。収益は売上マイナス費用を意味するので，いかに売上高を高めるか，そして，費用計上をいかに少なくするかが追求されなければならない。つまり，より効率的な経営をしているかという視点が収益の増大という指標となる。M&Aにより企業を買収し，多角化した企業にとって，その当初の段階では，多額の資金を支払うため，収益計算はマイナスになる。この固定費を早く回収し，収益を生み出すための買収後のマネジメントがM&Aの成功に影響してくる。

このように，成長の判断基準は売上高，資産，収益という3点から判断できるが，これらの結果をより良くするためには，買収基準の設定を明確にしなくてはならない。企業の全社戦略を考慮した買収判断のために必要な認識は以下の通りである[11]。

① 産業の種類として，サービス産業を選ぶのか製造企業を選ぶのかという認識。
② 買収企業と被買収企業との適合性の度合い，つまり買収後の結合された企業体が市場に与える影響の認識。
③ 産業構造の見極め，つまり，当該産業内の関係企業数及びそれらの企業規模の認識。
④ 産業ベースでとらえた過去の収益性の動向，つまり総資産や投下資本をベースとした収益性とその安定性の認識。
⑤ 販売額の過去および将来の予測成長率の認識。
⑥ 資本集約型産業か労働集約型産業，それぞれにおける総資本投資額に対するキャッシュフローの認識。
⑦ 技術革新，市場の変化，規制の強化などのリスク要因の認識。
⑧ 選定された被買収企業への期待予測に関する認識。

多角化を目指すM&Aの実行には，多額の資金が必要となる。そして，被買収企業は多額の資金を手にすることができる。買収企業は，経営統合後の経営に失敗すれば，株主価値を減少させることもある。M&Aは，最も魅力的な業界で最も買収に適した企業を明確にする多角化戦略の一部である。この全社的な戦略を成功させるためには，上記の8つの認識が明確にされなければならない。

取締役会が新規事業への多角化を決定し，ターゲット企業を選定すると，M&Aへの流れが速くなる。投資銀行，株主，買収に応札しようとする競合他社からのプレッシャーが強くなる。そして，それらの外部的影響から，被買収企業の価値を高められる，あるいは，シナジー効果が期待できるという買収に対する過大評価がメインストリームとなっていく。その結果，被買収企業に対するデューデリジェンス（Due Diligence）が簡略化されるようになる[12]。結果として，統合後のビジネスモデルが明確にされないまま，全社戦略が功を奏しないビジネスゲーム的なM&Aが行われている。このようなM&Aは，買収企業，被買収企業の両者にとって，メリットのない結果を生みだすのである。

　M&Aによって全社的な多角化を目指す企業を2つに分けることができる。それらは，抑制的多角化と連鎖的多角化である[13]。近い業界での多角化を目指す抑制的多角化では，多様な資源が共有される可能性が強くなる。一方，連鎖的多角化は，多様なつながりを構築することで，新たな事業を既存事業へ付け加えていく企業成長である（図表6-3）。M&Aを模索する多角化において，抑制的多角化の方が不確実性を回避できる可能性は高い。連鎖的多角化は，関

図表6-3　抑制的多角化と連鎖的多角化

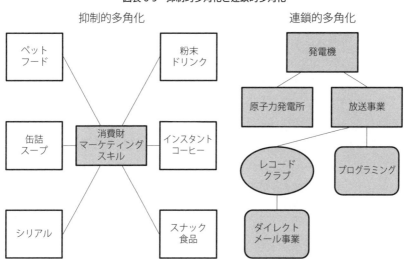

出所：Collis & Montgomery（1998），邦訳，146ページの図をもとに筆者作成。

連性を積み重ねていくことで，当初の事業とはかけ離れた分野での企業成長という経路をたどるため，より厳密なデューデリジェンスが必要になってくる。

第3節　日本企業の多角化と統合

1．携帯電話会社の成長戦略とM&A

　2000年代初めには，NTTドコモは，他社に先駆けて全国ローミングサービスを展開する準備を整えていた。当時，NTTドコモに対抗しようとした通信会社が合併を経て，成長を目指していた。

　IDO（日本移動通信）の筆頭株主のトヨタ自動車は，過去に固定通信事業分野で設立していた長距離電話サービスのテレウェイジャパンがKDD（国際電信電話）と合併していたため，KDDの筆頭株主でもあった。NTTが分割民営化された後に国際電話サービスを展開できるようになったため，国際電話を専業としたKDDは厳しい状況に陥った。トヨタ自動車はDDI（第二電電）とIDO（日本移動通信）を合併させる条件としてKDDも含めた合併を求めたため，3社による合併が実現した。3社合併後に生まれたKDDIは全国ローミングサービスを展開し，NTTドコモに対抗できる企業連合となった。

　さらに，携帯電話業界におけるもう1つの企業買収の事例は，2006年に行われた，ソフトバンクによるボーダフォン（買収会社総価値＝2.05兆円）の合併であった。ソフトバンクが買収する直前のボーダフォンの営業利益は763億円であったので，買収営業利益倍率は約27倍であった。KDDIとして3社合併したときの買収営業利益率は10倍程度だったので，ソフトバンクの買収価格はとても高い設定であった。2008年に，アップル社のiPhoneがソフトバンクにより独占販売されることになった。そのため，ソフトバンクがボーダフォンを買収した時点の加入者が1,500万人であったのに対し，2014年の加入者は3,600万人となった。

　その後ソフトバンクは，2013年に米国で第3位の携帯電話会社のスプリント・ネクストルの株式の78％を約2億円で買収した。市場ではこの買収について，厳しい評価がなされた。当時，スプリント・ネクストルは営業損失をだ

しており，さらに既存の米国携帯会社は iPhone の販売権を持っていたという状況が厳しい評価につながった。

　ソフトバンクはスプリント・ネクストルの負債と，買収時に調達した約 2 億円と合わせて，合計で 9 億円の負債を処理しなければならならない状況に陥った。しかし，なぜ，ソフトバンクは多額の負債を抱えてまでもスプリント・ネクストルを買収したのか。それは，スプリント・ネクストルが持っていた，無形資産，つまり暖簾である。スプリント・ネクストルの有形資産は 3 兆円であり，残りの 5 兆円は「Goodwill」や「FCC ライセンス（米連邦通信委員会からの免許）」という暖簾である。ソフトバンクがスプリント・ネクストルを高値で買収したことで，2014 年には 2 兆円と評価されていた暖簾の価値は，2 年間で倍以上になっている。

　このように，国内企業同士の合併で成長を築いてきた KDDI（au），そして，他事業からの携帯電話業界へ参入したソフトバンクは，NTT ドコモに匹敵する経営資源とサービスそして，顧客を獲得するに至っている[14]。

2．国際的な多角化と M&A

　ソフトバンクによるスプリント・ネクストルの買収は，地理的拡大を狙った成長戦略であった。また，トヨタ自動車による IDO，DDI，KDD の 3 社結合は，日本国内での全国ローミングサービスを目指した水平的統合であった。KDD は，国際電話事業に長けていたため，KDDI 連合は，国際企業として成長している。

　買収を通じて得られる結合企業体の業務内容の多角化の度合いが高いほど，そのリスクの度合いは低減される。特に水平的多角化において，買収後の成功の確率が高い[15]。つまり，被買収企業が，基本的に買収企業と同じ製品市場で業務展開をしているケースでの成功の割合が高い。水平的な企業結合とは，製造にせよ，販売にせよ，買収企業と被買収企業との間の工程間格差が小さいことを意味する。例えば，地理的拡大を狙った多角化や，類似製品の規模の経済を狙った多角化はまさに水平的結合によってなしえる。

　日本のビール業界は，2000 年代に入り，国際的な M&A 戦略を繰り広げている。キリンビールが，2002 年にフィリピンのサンミゲルに出資し，2007 年

には，純粋持株会社制を導入後，オーストラリアの最大手乳製品・果汁飲料会社のナショナルフーズを買収した。2002年には，アサヒビールが中国の青島ビールに出資し，同年にニュージーランドのフレーバード・ビバレッジズ・グループ・ホールディングスを買収した。サントリーは，2014年にアメリカの大手蒸留酒メーカーのビーム社の買収を仕掛けた。ビーム社側の売却株価は上昇し，1株83.5ドルでサントリーは同社を買収した。新たな蒸留酒ブランドを立ち上げるには，長期の年月が必要とされ，そのため，サントリーは時間とブランド数（あるいはブランド力）を買うという選択をした。そして，すでにビーム社はバランスの良いグローバル化をしていたので，サントリーは顧客網をも一気に手に入れることができた。そして，サントリーはオリジナルブランドである，山崎，白州，響というジャパニーズウイスキーをビーム社の販売網へアピールしていくことに成功した。蒸留酒消費国のインドでの，ビーム社のブランドの1つ，ティーチャーズの販売数が伸びている[16]。

携帯電話会社とビール会社の事例から，水平的かつ国際的な多角化を目指す上で，M&A戦略が機能していることが考察できる。

おわりに

前項で述べたように，我が国のM&Aの中で，一般的なものは同業他社を買収し，地理的に事業エリアを拡大する水平的統合である。この統合では，買収企業はより大きなマーケットシェアを獲得することができる。そして，企業統合によって，共同仕入れが可能になる。また，固定費用を生産数量の拡大で分散できるので，規模の経済性が発揮される。したがって，コストダウンや一般管理費の削減などで，シナジー効果が可視化されるようになり，このような水平統合は，成功の可能性の高いM&Aといえる[17]。

一方で，メーカーが自社製品の卸売業者を買収し，素材メーカーがその原材料を製造するメーカーを買収するといった垂直型の統合にもM&Aが活かされている。買収企業は自社の得意とする事業分野を強化しつつ，製造ライフサイクルにおける中間コストを削減することができる。

企業の成長と市場動向という内と外の経営環境の変化により，それまで中核的であった事業が時代遅れになることがある。自社とって中核でなくなった事業や，収益を出せなくなった事業はM&Aを活用して売却される。負の資源を前向きに処理していく企業は，迅速に経営体質を改善することができる。

　M&A戦略という大きなツールを活かせる時代において，多くの企業は，必要な資源は買収し，必要でない資源は売却できるようになった。このように，企業全体や一部事業が売買されるようになったことで，生産効率性の追求や不採算事業の切り離しが，市場経済のもとで，可能になった。次章では，このようなM&Aの魅力を活かしていけるような競争戦略について考察していこう。

[注]
1) Collis & Montgomery (1998)，邦訳，127-129 ページ。
2) Penrose (1995)，邦訳，187 ページ。
3) 同上書，190 ページ。
4) Collis & Montgomery，前掲書，135-136 ページ。
5) Penrose (1995)，前掲書，254 ページ。
6) 同上書，269 ページ。
7) Saloner, Shepard & Podolny (2001)，邦訳，437 ページ。
8) 同上書，453 ページ。
9) 同上書，454 ページ。
10) 土井 (1985)，109 ページ。
11) 同上書，103 ページ。
12) de Kluyver & Pearce (2003)，邦訳，172 ページ。
13) Collis & Montgomery，前掲書，145 ページ。
14) 携帯電話社のM&Aについては，服部 (2015)，570-575 ページを参照した。
15) 土井，前掲書，152 ページ。
16) ビール業界のM&Aについては，三浦 (2015)，177-183 ページを参照した。
17) 山本 (2016)，28 ページ。

[参考文献]
土井秀生 (1985)『企業の買収と合併―企業成長のための投資戦略』ダイヤモンド社。
服部暢達 (2015)『日本のM&A―理論と事例研究』日経BP社。
三浦隆之 (2015)『成長を買うM&Aの深層』創成社。
山本貴之 (2016)『M&Aの「新」潮流』エネルギーフォーラム新書。
Collis, D. J. and Montgomery, C. A. (1998), *Corporate Strategy: A Resource-Based Approach*, MaGraw-Hill.（根来龍之・蛭田啓・久保亮一訳『資源ベースの経営戦略論』東洋経済新報社，2004 年）
de Kluyver, Cornelis A. and Pearce, J. A. (2003), *Strategy: A View from the Top*, 1st ed., Pearson Education.（大柳正子訳『戦略とは何か―ストラテジック・マネジメントの実践』東洋経済新報社，2004 年）

Penrose, E. (1995), *The Theory of the Growth of the Firm*, 3rd ed., Oxford University Press.（日高千景訳『企業成長の理論』ダイヤモンド社，2010 年）

Saloner, G., Shepard, A. and Podolny, J. (2001), *Strategic Management*, John Wiley & Sons.（石倉洋子訳『戦略経営論』東洋経済新報社，2002 年）

（井上善博）

第 7 章

M&A の競争戦略

はじめに

　M&A は本来，企業の競争戦略の一部分として位置づけられている。しかし，1990 年代のアメリカの投資ファンド，いわゆる，「ハゲタカファンド」のイメージが強く残っている日本では，M&A という言葉に拒否感を感じる経営者も少なくない。2000 年代になり，ライブドア，村上ファンド，スティールパートナーズなどによる企業買収が多様なメディアで取り上げられ，さらに，M&A のマイナスイメージは強くなった。

　2009 年の松下電器産業（現在はパナソニック）による三洋電機の買収，そして，2011 年のハイアールによる三洋電機（白物家電事業）の買収は，家電メーカー同士の有益な M&A である。このような M&A は，投機目的のためではなく，統合企業同士の戦略的な合意のもとでおこなわれている。パナソニックは三洋電機との重複事業を解消し，環境・エネルギー分野を軸とする成長戦略を加速し，ハイアールは日本や東南アジアでの事業拡大を狙っている。三洋電機は洗濯機の製造と販売を手掛ける三洋アクアのほか，インドネシア，マレーシア，フィリピン，ベトナムなど東南アジアを含む関連会社の持ち株をハイアールに売却した。現在，ハイアールは三洋電機のブランド「AQUA（アクア）」を使った商品群を日本で発売している。ハイアールはアクアブランドを洗濯機だけに利用していたが，冷蔵庫にも拡大適用している。三洋電機は，ハイアールに対し東南アジアで「SANYO」ブランドでの白物家電およびテレビの販売を認めている[1]。ハイアールは，三洋電機の東南アジアの顧客基盤をそのまま獲得することを短期間で成し遂げている。このような M&A の連鎖には，それぞれの企業にとって戦略的なメリットがある。パナソニックは，

重複事業のスリム化を実行し，新規事業に資源を集中している。ハイアールは日本を含めたアジア地域でのグローバル市場の獲得を実現している。そして，三洋電機は業績不振の状態からの脱却を図るための助けを得たのである。結果として，三社三様のメリットが生み出されている。

本章では，このように投機目的ではない，事業の戦略的意味合いを持つM&Aの諸側面について考察していこう。

第1節　競争戦略のダイナミクス

1．競争環境と優位性の創造

競争戦略とは，いかにして既存の優位性を維持しながら，新たな優位性を作り出していくかという経営戦略である。環境の変化が遅い時には，企業は長期にわたって既存の優位性を維持できる。しかし，激変する環境下では，資源優位性の期限は限定的になってしまう。後者の状況下では，経営トップは新しい優位性を常に創造するように，組織のインセンティブを働かせるようにしなければならない[2]。

企業はどのようにして競合他社に対する優位性を創造して，それを維持していくのだろうか。同じ業界に属する企業同士で収益性が異なる要因がこれまで多くの経営学者によって考察されてきた。それらの考察は，主に以下の2つの視点から展開されている。第1の考察は，業界内における企業のポジショニングが優位性を生み出すという視点である（ポジショニング・アプローチ）。この視点によれば，企業は生産コストや製品特性の面で差別化を図ることで，業界内の最も高い地位を獲得できるのである。

第2の考察は，優位性の原点は企業の所有する独自の経営資源にあるという視点である（資源ベース・アプローチ）。企業が長期にわたって作り上げてきた経営資源は，簡単には売買することはできず，それが企業活動の効率性そして，競争優位性に結びつくのである。

優位性は継続的かつ循環的なつながりの中で創造，維持される（図表7-1）。企業は，競合者よりも優れた資源，あるいは，劣った資源を持ってい

図表 7-1 競争優位の循環

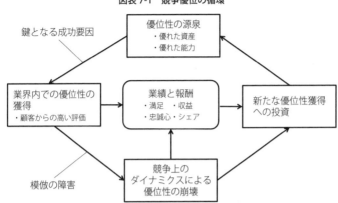

出所：Day & Reibstein (1997), 邦訳, 65 ページの図をもとに筆者作成。

る。そのような状況で優れた資源が，企業の業界内でのポジショニングを規定する。このようにして得られる業界内でのポジショニングが，結果として，高収益につながる。しかし，そのポジションの優位性は競合者からの攻撃や市場の変化によって劣化していく。

この劣化を阻止するために，企業は以下のような行動を機動しなければならない[3]。

① 最新資源の開発
② 継続的改善，既存機能の強化
③ 自らのポジショニングを脅かす機能の獲得
④ 新たな事業領域への参入

①から④の戦略課題を自らの力で解消するには，長期の時間が必要になる。この時間を節約して，迅速な競争優位を獲得していく手法が M&A である。

2．模倣性と代替性という脅威の内部化

模倣品や代替品は，企業の独自の付加価値の持続性を脅かすことになる。模倣の脅威を弱める要因が規模の経済性である。規模の経済性とは，特定の市場において規模が大きいことによる優位性である。ある企業が重要なコア資源を守るために，自社の規模を大きくすることで，その資源の模倣を阻止すること

ができる。模倣者となりうる企業が先発企業に対抗して規模を拡大すれば、市場全体の供給が需要を上回り、規模拡大によって得られる期待利潤が失われるという恐れが、模倣者の市場参入を阻止する。ただし、市場規模をより大きな視点でとらえると、既存企業と新規企業で固定資産を共有することで、限界費用の削減が見込めるようになる。

　コア資源をより大きな市場で活かそうとする企業は M&A によって、模倣する可能性のある企業を買収することで、競争上の地位は維持されることになる。模倣障壁を取り除くことで、経済全体としての最適生産規模が維持されるようになる。

　模倣性と同様に、代替性が企業の付加価値を低下させる脅威となる。代替性とは、ある製品がほかの製品に置き換えられる可能性を意味している。新しいビジネスモデルが古いビジネスモデルにとって代わるということが代替性である。この代替性を模倣性回避の考察と同じロジックで考えると、代替可能性のある有望な企業を買収してしまえば、競争上の脅威は取り除かれる。

　模倣性と代替性による脅威の回避は、共同特化（Co-specialization）という概念で整理することができる[4]。つまり、共同特化とは企業間における相互依存関係による価値の共有を意味し、それは、企業の競争上の地位の確立において重要である。買収企業と被買収企業が、それぞれ持っているコア資源を出し合い、1つの企業体として共同特化できれば、資源の有効活用が可能になる。共同特化前の企業間では、模倣や代替に関する消耗戦が繰り広げられるが、共同特化後は、お互いの優れた資源を活かせるような企業の内部環境が整えられる可能性が高まる。競合関係にあった企業が統合されるということは、内部化（Internalization）を意味する。日本の自動車製造業においても、近年、トヨタとダイハツ、日産と三菱という、巨大企業間での経営統合がなされた。これまで独自に行ってきたコア資源の開発を共同特化することで、これらの企業は世界での市場シェアを確保する基盤を固める競争戦略に舵をきったのである。

　共同特化によって、企業同士の資源が重複することがある。このような不効率は、ホールドアップ（Hold up）問題という[5]。M&A の締結前に、ターゲット企業の核心資源をデューデリジェンス（Due Diligence）の段階で徹底

的に調査しておくことで，ホールドアップ問題は解消される。

3．組織運営の健全化

　企業間で信頼関係が高ければ，協調関係の安定性が増す。その安定性が企業統合という形で結実する。日本の経営環境であれば，日和見的な経営行動をチェックするための法制度よりも，社会的制度（誠実さ・社会性・トップの意思など）に重きが置かれている。このような制度の土壌が継続されてきたからこそ，例えば，日本企業の親会社と子会社の協調的な関係が確立できたのである。日本の多くの企業は，パートナー企業の少数株主権を取得して，それを自社株と交換して，資本交流が活発に行われてきた[6]。あるいは人材交流を通じて情報共有が進められてきた。このような企業間の良好な関係が構築されているので，日本における M&A は，比較的スムーズに行われることが多い。すでに，一部の資本交流が行われていて，さらに人事交流が進んでいれば，窮地のケースでの M&A は，経営トップや従業員の同意を得やすい。

　さて，組織内部の信頼関係に注目していこう。組織が潜在的に獲得しうる価値から実際に獲得した価値を除いた範囲をスラック（Slack）という[7]。つまり，スラックは資源の目減りを意味する。もともと，過剰投資によって，企業規模に見合わない工場や豪華な本社を構えることで，スラックが大きくなる。しかし，資源に制約がある環境では遂行できない新戦略や革新的なプロジェクトを遂行する場合には，スラックがイノベーションを生み出すのである。企業が従業員との協調関係を持続する上で，つまり，従業員の力を十分に発揮させるためには，スラックが少なからず必要になってくる。

　スラックは，計上時には費用として換算されるが，実際は企業の価値向上に結びつく投資となる。スラックは投資であるという前向きな考え方は，M&A の発展プロセスにおいてプラスに働く。スラックが大きい企業は，ある意味，価値創造の可能性のある企業として評価されうる。ただし，そのスラックの内容を吟味する必要がある。従業員の遅刻や早退，勤怠を防止しているか，あるいは，組織内で企業価値に見合わない不適切な行動をとっている従業員がいないかをチェックしなければ，スラックは防止できない。

　企業が統合することで，スラックが適切に価値に結びつくようになる。つま

図表 7-2 持続性に対する脅威への対応

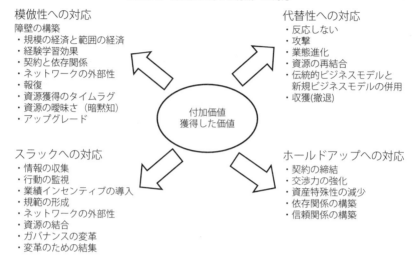

出所：Ghemawat (2001)，邦訳，160ページの図に筆者加筆。

り，一方の企業のスラックがもう一方の企業で活かされれば，スラックが有効に活用されることになる。そして，経営トップがスラックを生みだしているケースでは，統合後の経営トップは新たな人材に交替される。スラックの補完という意味から，M&Aは企業の競争力を高めることになる。企業の（競争的な）持続性に対する脅威への対応を示すと図表 7-2 のようになる。

このような脅威へは，後手の対応ではなく，先手の対応が必要である。模倣性，代替品そしてスラックという脅威は，M&A戦略の成功によって強みに転じる。この強みを維持していくには，企業統合後の組織づくりの工夫が重要になる。

第2節　M&Aを活かす競争戦略

1．チャンスをつかむM&A

成功するM&Aでは，ディール（案件）の発見，選別，締結，統合を推し進める，経験豊富なチームが機能している。この機能によって，競争戦略に軸

足を置いた機会を能動的につくりあげることができる。受け身の姿勢では，ディールの見極めが後手となり，競合他社に魅力的なディールを奪われてしまう。

M&Aを機動させるチームは，企業統合プロセスに関するガイドラインを作成し，それを制度化している。つまり，このチームは，買収によって新しい成長を図る機会をじっくりと探していく責務を負っている。そして，このチームは，ディールが終わった後に，事後分析を行い，M&Aガイドラインをその都度書き換えていく。

ベストな選択であると判断されたディールの検討には，現場の経営陣も参加する。新しい企業の買収を最終的に行う経営陣が，ディールが浮上する早い段階で，買収の決定からシナジーの見積り，統合というプロセスに関与する。そして，この現場の経営陣は，M&Aの長期的な成果と失敗に対して責任を負う。

成功している買収企業は，常に留保価格を決めている。一場面ごとに，価格の提示をするような，日和見的な行動はなされない。ディールの戦略上の目標が満たされなくなったら，瞬時に手を引くことも，M&A成功企業の条件になっている。このような企業では，M&Aの承認権がはっきりと決められ（多くの企業では経営上層部），彼らの意思決定のプロセスが規定されている。誰が魅力的なディールを提案し，誰が意見を出し合い，誰が最終的な意思決定をしていくのかが明確になっている[8]。

現実的には競争戦略に結びつくM&Aのディールは次のような基準によって選別される[9]。

① 親会社の事業戦略に適合するか
② オペレーティング・リスクが大きすぎないか
③ 企業買収の結果，自己資本比率が低下しないか，資産の質が悪化しないか
④ 妥当な期間内に収益増加が見込めるか

組織的行動としてまず，M&Aチームがベストなディールを判断し，統合のプロセスを決めていく。その後，実際に買収に関わる経営陣が，M&Aの交渉に乗り出し，買収するか，しないかを決めていく。その判断基準として，上記の4つの視点が考慮される。さらに，留保価格を決めることによって，買収価

値以上の出費が抑えられることになる。このように，判断基準や規律の明確化によって，多くの企業が M&A でチャンスをつかんでいる。

2．地方企業の再生と M&A

　地方の衰退企業にとって M&A は，助け舟になる可能性がある。日本において，M&A のニーズの大部分が東京を中心とした大都市圏にある。その一方で，件数は少ないが，地方でも M&A のニーズはある。地方での M&A ニーズの1つが後継者問題である[10]。地方においては，後継者たる経営者の子息が大都市圏に就職したまま，故郷に帰ってこない。また，仮に子息が故郷に帰ってきても，経営者として自立するには何年かの時間を要する。経営者としての資質に欠ける子息を，継がせたいと計画しても，現実的には難しいのである。地方経済が疲弊している現代においては，事業環境が厳しくなっており，誰でもが経営者にはなれない。

　このようなケースで，地方企業のオーナーがブランドと従業員を引き継いでくれるならば，事業の所有に固執せず，M&A に経営打開の解決策を求めている。M&A の第1の効用は，競争のための資源を生み出す時間を節約できることである。そして，第2の効用が，事業領域の補完によるシナジー効果である。地方経済は疲弊し，後継者も戻ってこない現状において，地方企業がM&A という戦略ツールを有効に活用できるならば，M&A は地方経済に有益な効用を生み出す可能性がある。

　ここで，地方企業の再生事案を紹介しよう[11]。三重県伊賀市に本社を置く，ブレーン・コーポレーションは，バリアフリーに代表されるリフォームを手掛ける企業であった。当時の社長は，60歳での引退を決めており，その後の継承について，問題を抱えていた。ブレーン・コーポレーションは日本 M&Aセンターと仲介契約を結んで，事業再生に取り掛かった。日本 M&A センターが提案した買取企業は，栃木県の宇都宮市に本社を置く，エコフィットであった。エコフィットは，住宅用のソーラー・システムの施工と販売を中心に業績を伸ばしている企業だった。エコフィット側は，単なるリフォームではなく，介護保険を使ってのバリアフリー工事に魅力を感じていた。事業の継承と事業の拡大という両者の思惑がマッチしたところで，M&A が成立した。

エコフィットはブレーン・コーポレーションが蓄積してきた，介護リフォームのノウハウを獲得することができた。交渉の席で，ブレーン・コーポレーションの社長は，門外不出の図面や写真といった実績を，相手側のエコフィットの社長に提示した。エコフィットの社長は，ブレーン・コーポレーションの積極的な姿勢に信頼を抱き，両者が出会って3カ月余りで，M&Aの手続きは完了した。この事例のように，地方企業のM&Aを仲介する日本M&Aセンターのような機関が，日本の地方再生に貢献している。日本M&Aセンターは，1991年に，全国の公認会計士と税理士の事務所が共同出資して創立したM&A仲介会社である。日本M&Aセンターは，100を超える地域でM&A仲介会社を設立して，日本各地をネットワークで網羅している。その基盤は，公認会計士・税理士事務所なので，その企業評価に関する信頼性はとても高い。日本M&Aセンターの目的は，中小企業経営者の後継者問題を解決することである。それに加えて，同センターは，将来の株式公開を目指す企業間の合併や中堅企業のさらなる新規事業規模の拡大，新たな競争戦略を支援している。

3．雇用を活かすM&A

M&Aが実践され，新たな企業体が動き出すと，それに合わせた雇用調整が行われる。過剰になった部門の人員の削減，不採算部門の整理，中核事業への人員強化といった，人材の選択と集中が行われる。その結果，企業外への人員の流出，部門間での人員移動，企業外からの人員流入が加速する。このように経営者側からのプレッシャーによって人員の流動化が起きる[12]。

その一方で，従業員側からのアクションも起こりうる。企業統合による将来への不安，新たな企業戦略と自分の適合性への不満，自分の力を発揮できる他企業への魅力などによって，統合企業から従業員が去っていく。経営者が想定した配置人員よりも，雇用人員が減ってしまうこともある。そして，企業外で新しく職を見つけて，チャレンジしようとする人員の中には，有能な人員が含まれていることもある。

統合企業として人員をリストラすることは簡単であるが，有能な人員を引き留めるこのとの難しさが，M&Aの大きな課題となっている。有能な人員は統合企業にとってみれば，競争優位性を確立させるための資源なのである。そ

のため，買収企業は統合前から，統合後の経営ビジョンを明確にし，企業としての魅力づくりをしていかなければならない。そうすることによって，統合企業が必要とする人材が資源として活きていくのである。

　M&Aの実践においては，企業のトップ同士の交渉が前提となっている。従業員が交渉に割って入ることはないが，理想的なM&Aでは，統合の大枠が固まるまでには，従業員の代表（労働組合の長）が交渉に入っていくことが重要である。経営方針や雇用への対応という面での情報共有が従業員の不安を取り除くのである。統合後の企業の価値を高めていくために，経営陣と従業員が相互になにをするべきかという共通認識を持つことで，前向きな発展が実現できる。その認識をもたずに，一夜にして企業統合が発表されるような統合プロセスでは，従業員のモラールは低下してしまう。

　M&Aの盛んな時代において，M&Aチームを形づくる専門的人材が必要とされている。専門的人材とは，プロの経営者，法律の専門家（主に弁護士），経営財務分析者，金融や労務管理の専門家である。このようなプロフェッショナル人材の能力は，企業のM&A戦略の成否に影響する。M&Aは，買収する側と買収される側にとって，希な戦略課題ではない。そのため，企業としてM&Aの心構えをしておくことは，競争戦略の重要な要素になっている。中小企業の場合，M&A仲介業者が企業結合を支援するが，莫大な資金と資源を動かす大企業間，そしてクロスボーダーのM&Aでは，常日頃からの情報収集が欠かせない。

第3節　現代企業の戦略課題とM&A

1．イノベーションを生み出す力

　製造業において，技術力は競争力の源泉の1つである。付加価値を製品に与える技術，生産効率を高める技術，設計にかかわる技術など，技術は多様な側面から企業の競争力を支えることになる。これらの技術力を高めるために，企業は多様な研究開発を通じてイノベーションを生みだし，市場における有利なポジションを獲得しようとしている。

多様なニーズに応えるために，イノベーションをタイムリーに行っていくことが重要である。多くの企業が長期にわたるイノベーションの時間的限界を克服するために，M&Aが効率的にイノベーションを創出するツールとなっている。M&Aによるイノベーションの促進については，以下の3点を留意する必要がある[13]。

　第1番目の課題は，どのような技術ニーズがあるのかを整理しておくことである。技術力のある企業買収が，期待外れの利益しか生み出さなければ，その戦略的判断は誤りとなってしまう。このような失敗は，買収した技術と既存の技術との親和性がないこと，市場ニーズが変化することに起因する。そして，技術を買収する企業はその技術のステージを確認しなければならない。基礎研究レベルの技術をもっている企業を買収する場合と，製品化された技術をもっている企業を買収する場合では，買収金額を回収するまでの期間が異なるので，スピードを求めるか，基礎を固めるかというニーズをはっきりさせて，ディールを見極める判断力が買収側には必要とされる。

　2番目の課題は経営計画部門（M&Aを計画する部門）と研究開発部門とのコンセンサスを得ることである。M&Aによって，新たな技術を内部化することで，それまで自社内で蓄積された技術を無駄にしないこと，そして，研究開発に関わってきた研究者のモチベーションを下げないような工夫が，技術共創型M&Aの最優先課題となる。

　第3番目の課題は，技術を活かす企業の製造ライフサイクルに，新技術がどのように組み込まれるかを認識することである。新技術にもとづく製品が，顧客の手に届くまでには，サプライチェーンの再構築，メンテナンス機能の強化など，製品ライフサイクルにわたる，一連の流れに整合性が確立されなければならない。特に販売後の修理や交換，廃棄に携わる業者の対応全体を含めて，新規術導入によるアフターサービスの対応力が企業イメージそして，それに直結する競争優位性に影響を与える。

　このようにM&Aによって，イノベーションが効率的に果実となるが，その果実が真の競争力に結びつくかどうかは，ニーズ，社内コンセンサスそして，製品ライフサイクルの再構築に依存している。

2．社会的な価値創造という戦略課題

　企業の本業は経済的な価値つまり，貨幣価値で測れる利潤を追求することである。さらに，近年では，貨幣価値で測れる経済的価値のみならず，地域コミュニティや環境問題への対処など，社会的な価値創造が現代企業にとっての戦略的課題となっている。自動車製造企業は，排気ガスや二酸化炭素排出を減らす技術開発によって，利潤と社会的価値の創造を両立させている。このような自動車製造企業の動きは，クロスボーダーでのM&Aに結びついている。地域コミュニティの中心となるスーパーマーケットやコンビニエンスストアの業界においても，効率的な調達や店舗立地を追求するためのM&Aが繰り返されている。

　M&Aにおいて，買い手が売り手に対してプレミアを支払う理由は，それを上回るシナジー効果を見込んで，企業価値の向上を期待するからである。ここでの価値の向上は，売上の増加と費用の削減による利潤の増加を意味している。

　さらに，もう少し大きな枠組みでM&Aを概観すると，図表7-3のようになる。上記の価値向上は，表のシナジーを意味している。企業がこの表のシナジーを確保するには，さらに大きなシナジーを考慮したM&Aの成果を目標にしなければならない。このもう一方のシナジーが裏のシナジーとして，表の

図表7-3　買収プレミアムとシナジー効果

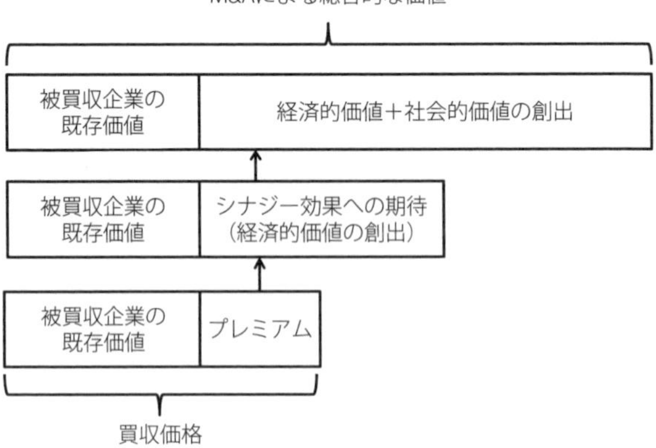

出所：山本（2016），252ページの図をもとに筆者作成。

シナジーをバックアップするのである。裏のシナジーとは，地域の環境負荷の低減，社会の復元力，従業員の健康配慮，ガバナンス力の向上，そして，社会全体としてのイノベーションである。これらの要因が統合によって悪化すれば，企業の評価は下がり，キャッシュフローの安定化といった，企業としての基盤が揺らぐようになる。裏のシナジーを拡大化する統合は，企業価値を向上させ，結果とて表のシナジーを支えるようになる[14]。

買収前の企業が統合前に確認しなければならないことは，デューデリジェンスにおいて，被買収企業が環境破壊や法令違反，労働災害といった負の社会的価値を評価することである。この評価なしに，単に経済的価値のみによって，被買収企業を評価することは，統合失敗の要因となる。

総合警備保障の ALSOK は，介護事業を行なっている HCM という介護事業会社を買収した[15]。この統合により，ALSOK は，高齢者警備事業に介護事業をプラスすることにより，地域における高齢者包括ケアサービスを展開できるようになった。ALSOK は，競合する一般住宅向け警備会社と差別化を図ることができるようになった。この事例は，まさに経済的価値と社会的価値の両方を創出する競争戦略の実践である。

おわりに

民事再生手続き中のスカイマークを ANA ホールディングスが支援することが決まった。ANA と日本航空の寡占状態の国内航空業界で独立経営を死守してきたスカイマークが大手航空会社である ANA の出資を受け入れた。事実上，航空の「第三極」は消えてしまった[16]。日本の航空業界では，近年大手航空会社の傘下の LCC（ロー・コスト・キャリア）の業績が好調で，超大型機の導入や海外路線への進出を目指していたスカイマークは事実上の倒産状態であった。価格破壊で新時代を切り開いてきたスカイマークの 2015 年までの経営路線は間違っていなかった。しかし，身の丈に合わない拡大化は，スカイマークにとって大きな負担となった。

そこで，救済の手を挙げた中の 1 社が ANA ホールディングスだった。競争

関係にあった企業が,窮地に陥ったライバルを救うというこのM&Aは,まさに,前向き思考の案件であるといえよう。この統合によって,ANAホールディングスは,羽田空港の発着枠を増やすことができ,また,地方路線の拡充を傘下のスカイマークに任せることができる。スカイマークは,エアバスから超大型機材の購入キャンセル代を請求されていたが,ANAホールディングスが,超大型機材を購入することで,キャンセル賠償額は減額される見通しとなった。

このような相思相愛のM&Aが増えることで,倒産しかけた企業が再生するチャンスが生まれる。そして,そのような企業再生は,雇用の維持にも影響を与える。はじめにでも述べたように,国際的なM&Aも企業再生の1つのツールとなっている。ディールの査定において,無形資産(ブランド力,顧客リスト)の資産計上や暖簾の時価評価などの国際的な会計基準が統一されている[17]。活発な企業活動,好調な経済状況を維持していくという日本において,戦略的な意味合いをもつM&Aは,より促進されるのではないだろうか。競争することだけが競争戦略ではない。競争に共創を加えた戦略的行動が現代の企業経営に求められている。

[注]
1) 『日本経済新聞』2011年10月18日。
2) Day & Reibstein (1997),邦訳,61-65ページ。
3) 同上書,66ページ。
4) Ghemawat (2001),邦訳,145ページ。
5) 同上書,145ページ。
6) 同上書,151ページ。
7) 同上書,152ページ。
8) Harding & Rovit (2007),邦訳,206-207ページ。
9) 同上書,221ページ。
10) 落合 (2006),235ページ。
11) 経営塾 (2016),8-12ページ参照。
12) M&Aと雇用の関連については,落合,前掲書,258-272ページを参照した。
13) 山本 (2016),241-243ページ。
14) 表のシナジーと裏のシナジーについては,同上書,251ページを参照した。
15) 同上書,260ページ。
16) 『日本経済新聞』2015年8月7日。
17) 淵邊 (2010),213ページ。

[参考文献]

落合誠一編著（2006）『わが国 M&A の課題と展望』商事法務。
経営塾（2016）『一冊まるごと M&A』（『月刊 BOSS』臨時増刊号）。
淵邊善彦（2010）『企業買収の裏側─M&A 入門』新潮新書。
山本貴之（2016）『M&A の「新」潮流』エネルギーフォーラム新書。
『日本経済新聞』2011 年 10 月 18 日。
『日本経済新聞』2015 年 8 月 7 日。
Day, J. S. and Reibstein, D. J. (eds.) (1997), *Wharton on Dynamic Competitive Strategy*, John Wiley & Sons.（小林陽太郎監訳『ウォートンスクールのダイナミック競争戦略』東洋経済新報社，1999 年）
Ghemawat, P. (2001), *Strategy and the Business Landscape: Core Concepts*, 1st ed., Prentice Hall.（大柳正子訳『競争戦略論講義』東洋経済新報社，2002 年）
Harding, D. and Rovit, S. (2004), *Mastering the Merger*, Bain & Company.（山本真司・火浦俊彦訳『M&A 賢者の意思決定─成功企業に学ぶ 4 つの基本原則』ダイヤモンド社，2007 年）

（井上善博）

第8章

M&Aのマネジメント

はじめに

　M&Aは企業間の取引であるが，相手企業と契約をして成果の出る戦略ではなく，その後のマネジメントが重要な課題となる。ポストM&Aの組織統合は，近年ではPMI（Post Merger Integration）として実務レベルでも着目されている。研究面においては，M&Aを経営戦略論における外部成長戦略として分析する場合は，どのような相手を選び，どのような手続きで進めていくのかというM&Aの形成を対象としたプレM&A段階に焦点があった。M&Aをマネジメントするという概念は，Haspeslagh & Jemison (1991) の *Managing Acquisition* のなかで本格的に議論され，その後の研究に大きな影響を与える。

　本章では，組織統合における課題に対して，組織の構造やシステムを対象とするハード面と，従業員や組織文化を対象とするソフト面から整理する。そして，M&Aに期待する目標を達成するために，組織間でどのようなマネジメントが行われるのか，さらに経営資源の移転や組織間学習について論じる。具体的な事例として，組織統合のマネジメントに失敗した事例として，ダイムラー・クライスラーの合併を取り上げて，どのようなことが組織統合のアプローチとして求められるのかということを検討する。

第1節　M&Aマネジメントの視点

　M&Aは戦略目標を達成するための手段として選択される戦略であるが，実際に有効な戦略となるかどうかは，ポストM&Aをいかにマネジメントして

いくのかということが課題となる[1]。つまり，ポストM&Aの組織統合段階において，組織構造・組織システムというハード的側面と，人的資源・経営スタイル・組織文化というソフト的側面の統合が行われる。

　ポストM&Aの組織統合は，単独企業では達成が難しかった目標に向かって，企業間で組織的活動と経営資源を調整することである。この行為は，潜在シナジーを実現するための企業の価値創出活動でもある。組織統合は，2つの組織を再組織化することによって，新しい組織構造，組織システム，組織文化を形成する。しかし，今までとは異なる新しいものが作り上げられるというよりも，一連の活動は買収企業主導で実行され，被買収企業は買収企業の組織構造や組織文化のなかに吸収されるという特徴がある。

　統合をどのくらいの水準で行うのかということが課題となるが，理論的には，高いレベルの統合は，潜在シナジーの実現を促進すると考えられる。しかし，一方の企業の方法によって相手企業を完全にコントロールしようとすることは，調整コストが大きくなる場合や，組織間でのコンフリクトを生み出してしまう可能性を増大させ，負のシナジーを招く恐れがある。従って，統合の程度は，買収のタイプ，企業経営の特徴，対象となる機能によって変化させることが必要になる。

　次に，統合の程度を決める要因はどのようなものなのか考える必要がある。まず，買収の戦略的意図を理解することである。買収によって達成すべきシナジーを認識することでもあり，組織間で価値連鎖（バリューチェーン）をどのように調整していくのかという相互関係の構築に影響する。そして，適切な企業間の調整のためには戦略的タスクと組織的タスクが検討される（Haspeslagh & Jemison 1991）。戦略的タスクとは，買収企業の持つ重要なスキルや資源の移転と共有であり，企業間での価値連鎖の連結が必要となる。組織的タスクとは，被買収企業の戦略的ケイパビリティ構築の基盤となっている組織的特性であり，その企業の独自性と言えるべきものである。従って，過度な相互依存は被買収企業の戦略的ケイパビリティを消滅させる可能性が出てくる。つまり，統合計画決定において，戦略的タスクを重視する場合には相互依存的な関係を，組織的タスクを重視する場合には自律的な関係が構築される。

　また，組織間の文化的差異や多様性という文化的特性も重要な問題である。

M&Aにおいて組織文化は重要な内部変数であり，統合の調整と管理機能に対して役立ち，変化の激しい状況下で組織的安定性を促進し，組織メンバーにアイデンティティの意識を構築する。従って，統合企業においては異なる組織文化が並存することを意味し，文化的多様性をどの程度容認するのかが統合計画に盛り込まれるべきである。

組織間コンフリクトを抑制する手段として，ビジョンの共有とパワーを統合の管理的機能としてどのように使うかという政治的特性も考慮する必要がある。企業間でビジョンなどが異なる場合には，コンフリクトが発生する。それに対して，買収企業は共通の戦略目標を設定し，パワーに基づいた行動を採るのである。

以上のように，組織統合段階はM&Aの目標を達成するために組織間でのマネジメントが大きな課題となる。それは，両企業の完全統一化を目指すのではなく，戦略目標と状況に応じて統合の程度は異なってくる。次節では，組織のハード面（組織構造，システム）とソフト面（人的資源，組織文化）における統合の課題について論じる。

第2節 ポストM&Aの組織統合（PMI）の課題

1．組織のハード面の統合

組織構造が別々のままでは統合作業が実践できないために，両企業間における組織形態（職能制組織，事業部制組織）や権限責任体制（分権組織，集権組織）などの調整が必要になる。組織構造の変更に合わせて，企業内の管理者の地位も調整することが必要となるなど，被買収企業に対して大規模な変化をもたらすことになる。

企業の業務は，研究開発・生産・販売・財務などの機能別に分離されており，統合を考える際には，価値連鎖の視点から考えると分かりやすい。つまり，M&Aによって重複した機能の統廃合によるコスト削減や，共同化することによってシナジーの創出が見込めるような体制を築いていくことである。

例えば，金融機関のM&Aによって生じる支店の統廃合は，地域的に重

複した機能の削減として考えることができる。また，近年の製造業におけるM&Aでは，研究開発や技術に関わる知識の取得という面とともに，生産面における規模の経済の獲得という目的もある。需要が大きく増加しない現状では，コストを下げていくことが利益を生み出すためには必要となる。そこで，重複機能や生産ラインの合理化による生産効率の向上を目的に，企業間での調整が行われる。その際に，工場閉鎖や人員の削減というリストラ政策をとるケースが多い。

　組織構造に関わる統合を進める場合に，ある問題に直面する可能性がある。多角化企業のように事業部制組織を採用している企業では，組織構造的な問題が内在している。例えば，被買収企業が買収企業の1つの事業部として位置づけられている場合がこの状況に該当する。事業部制組織は，経営者層の業務負担の軽減と意思決定の迅速化を目指して，それぞれの部門が利益責任を負う自己充足的組織であり，そのために大幅な権限の委譲が必要となるために分権制を特徴とする。従って，各事業部はプロフィットセンターとしての特徴を有し，部門管理者は事業単位ごとの業績によって評価され，報酬もそれに応じて決められる傾向にあるので，社員たちは自分の事業に関する問題だけを考えて行動するようになる。

　こうした状況は，やがて事業間競争や企業内競争へとつながる。つまり，事業別の評価によって，部門管理者は個人的な競争意識を強め，従業員も自分のグループと他のグループという区別意識や自己中心的な考え方を持つようになる。こうした事業間競争は，各事業部を発展させるというメリットがあるが，それが限度を超えると，全社的統一性を阻害し，事業部を横断するようなマネジメントやプロジェクトが必要になる場合，つまり価値連鎖における相互関係を構築する場合に障害となる。

2．組織のソフト面の統合

　ポストM&Aのマネジメントでは，組織構造面の統合をすれば効果を生み出すわけではなく，人に関する側面を考えることが重要となる。また，統合活動によって組織の経営スタイル，アイデンティティ，シンボルなどを変更する場合も，このようなソフト的問題が発生する。

統合活動によって新たに発生する効果を実現する障害となる根本的な原因は，被買収企業側の従業員や経営者層の行動にあると考えることができる。M&Aはいつ行うのか不明確なものであり，将来に対する不確実性や曖昧さを伴うために，従業員の心理面に対してネガティブな影響を与える。すなわち，従業員はM&Aによる雇用・給料・異動・昇進・退職金・パワーバランスの変化に対する不安から，ストレスや精神的なダメージを感じ，それが職場の信頼感の破壊，モラルの欠如，コミットメントの欠如，混乱，失望感を引き起こす。

また，M&Aは従業員にトラウマを作ると主張し，組織のなかに入って研究をすすめたCartwright & Cooper（1996）は，M&Aに対する個人の心理的反応をKubler-Ross（1969）『死ぬ瞬間』で提示した死の個人に与える影響過程のフレームワーク[2]）を使って分析する。最初の反応は，自分の企業が買収されたという報告に対するショックからの現実の拒否である。そして，なぜ経営者が自分達の企業を売却したのかということに対しての怒りに代わり，過去への哀愁や将来への不安から抑鬱状態になる。最後に，このような過程を経て，彼らは自分達の置かれている状況を認識し，新しい環境に立ち向かわなければならないということを受諾するのである。最初の3つの段階は，偏見や組織に対する反発の結果であり従業員の組織を去る原因になる。受諾の段階は，現状は受け入れているが，必ずしも新しい組織へのコミットメントを示しているわけではない。

これらは，組織の一般従業員に注目したものであるが，経営者層の行動的・態度的問題にも失敗の原因は存在する。経営者層での文化的差異が大きい場合には，マネジメントの方法も異なり，今までの経験を生かすことができない。また，買収企業側の干渉によって，協力体制が築けない場合もある。

組織文化は企業ごとに異なるが，仕事をする上で，新しい方法と古い方法の間に不一致が生じる場合に，文化的ショックが生じる。そのような場合には，人々は初めに混乱し，不満や不安を感じ，変化に抵抗を示す。例えば，M&Aが従業員の行動に与える影響として，コミュニケーションの低下，生産性・意欲の低下，権力闘争などがある。これらは従業員が現在置かれている状況についての情報把握ができず，将来に対しての方向性が明瞭でないことから発生

し，本来は企業の目標を追及するために使われるべき時間とエネルギーを，各自が自己の利益を保護するために使うという状況に陥る。

以上のように，人間には変化のある状況におかれた場合，過去を美化し，自己保身に力を注ぐ傾向がある。そのために，旧来の方法への固執からポストM&Aでの変革に対して衝突が生じる恐れがある。まずは経営者層での意思疎通を密にして，新会社を牽引していくことが求められる。当事者同士が共有できるメリットを明示し，新会社として発足することが，従業員にとってもプラスになり，処遇の変更についてもしっかりとした理由を付けて説明することである。

第3節　組織統合と組織間学習

1．組織統合プロセスの本質

組織統合はM&Aを行った企業が期待した経営上の効果，つまりシナジー効果を実現するために行われ，組織統合は統合プロセスそのものを意味する。組織統合は具体的にはハード面とソフト面で検討されるが，その本質についてPorter（1987）は，企業間または事業間の相互関係（interrelationships）を構築することであると指摘している。相互関係とは，価値連鎖同士でさまざまな活動を共有し協働することであり，コスト削減や差別化の強化に貢献するための機会を提供することである。つまり，競争優位を獲得するために必要な基本戦略であるコストリーダーシップ戦略や差別化戦略を補助し，その効果を促進するものとして相互関係は捉えられる。こうした相互関係を構築するためには2つのことが基盤になっている。

まず，スキルの移転（transferring skills）と呼ばれるもので，ある企業が持つ経営上のノウハウや技能・知識を他方に移転できるかどうかという問題である。例えば，買収企業から被買収企業への移転がある一方で，被買収企業から買収企業への移転も考えられる。こうしたノウハウや技能の移転は，人を通して行われるものであるので，ポストM&Aで人的問題が重要な課題になることとも関連している。また，移転する対象が見えざる資産であるので，主観

的判断に依存する傾向があり，その効果を把握しにくいという問題もある。もう1つは，価値活動の共同化（sharing activities）である。これは買収企業と被買収企業の間の価値活動，例えば調達・技術開発・全般管理・生産・マーケティングを共同化することにより，規模の経済性・習熟・キャパシティ利用のパターンに影響を与えてコストを削減することや，活動の特異性を高めて差別化要因を強化したり，差別化のコストを下げるために行われる。

また，Haspeslagh & Jemison（1991）は，M&Aにおける価値創造は，統合プロセスで実行される買収企業と被買収企業間の戦略的ケイパビリティ（strategic capability）の移転に依存すると指摘する。戦略的ケイパビリティは企業の競争上の成功における中心的概念であり，それは①経営的スキルと技術的スキルの統合された状態，②経験による獲得，③顧客利益への貢献，④企業の事業ドメインの中で広く適用することが可能であるという特徴を有する。

戦略的ケイパビリティの移転の種類は3つに分類される。第1に，業務的資源共有（operational resource sharing）で，販売員・製造工場・トレードマーク・ブランドネーム・流通チャネル・オフィスを共有化することである。この対象は，日常業務遂行上で必要不可欠な経営資源であり，直接的に把握できるものなので，効果を得るのは比較的容易である。

第2に，機能的スキルの移転（functional skill transfer）である。例えば，製品開発・生産技術・品質管理・パッケージング・マーケティング・プロモーションなどにおいて，優れたスキルを有する方が他方に移転し，移転された方はそれを事業の展開に際して活用する。それは，買収企業と被買収企業の間を双方的に移転される。従って，その対象は見えざる資産であるために，管理の困難さを伴うが，企業のコア・コンピタンスとして形成されていくために競争上において有効なものとなりうる。

第3に，全般管理スキルの移転（general management skill transfer）である。これは，トップマネジメントの戦略的方向性・リーダーシップ・ビジョン・資源配分・財務計画と管理・人的資源管理・スタッフを動機づける経営スタイルなどを指す。つまり，買収企業がプレM&A段階において設定した戦略的目標を達成するために，どのようにして被買収企業を管理・運営していく

のかということである。

　以上のように，統合プロセスは潜在的なシナジーの実現を目指して，競争優位を獲得するために行われるものである。その本質は買収企業と被買収企業間の相互関係であり，見えざるスキルの移転と具体的な価値活動の共同化によってなされる。従って，組織統合は企業同士が戦略的ケイパビリティの移転において共に協働し，協力することを学習する相互作用的プロセスである。

２．組織間学習の課題

　組織統合のプロセスは，企業間において単に資源の共有を行うだけではなく，重要な経営資源やケイパビリティを移転する段階であると考えることができる。しかし，一方的に移転するだけではなく，企業間相互で新たなものを創造するという学習的側面も統合プロセスに見ることができる（ヘラー・藤本 2007）。近年，戦略的提携や合弁事業においても知識創造的側面が強調されるように，M&Aが企業にとって価値を創造し，持続的競争優位を獲得できる有効な戦略になるかどうかは組織間学習に依存する（Doz & Hamel 1998）。

　M&Aにおいて知識やノウハウとの関連は，新しい製品市場や地域に参入し，新しい知識やノウハウを外部企業から獲得することを目的にしたものと，発展のために新しい知識やノウハウを創造していく学習面を重視するタイプに分類できる。前者は買収前の合理的な計画に基づいてポストM&Aマネジメントを実行していくもので，後者は新たな課題を追求するために両企業が協働しながら展開する。そして，今日では組織統合を学習プロセスとして認識することの重要性が増している。

　このように，学習的側面から統合プロセスを捉えると，企業間の関係は支配・服従の関係ではなく，協調的な特徴を有していることが認識できる。しかし，両企業の立場が同等であるわけではない。買収企業の方が常に主導権を持つことが，ポストM&Aのマネジメントを円滑に進め，学習効果を引き出していくには必要であると考えられる。

第4節　組織統合の実際―ダイムラー＆クライスラーの合併

　ダイムラー・クライスラーは，1998年5月に独ダイムラー・ベンツ（第4位）と米クライスラー（第7位）が対等合併を行ない，自動車業界において世界第3位の売上高の企業になった[3]。この合併を皮切りに，他企業でもM&Aが活発化し，自動車業界の世界的再編活動が起こった。この合併は，特徴の異なる企業のメガマージャーであるために，多くの効果を期待して実行されたが，クライスラー部門の北米市場での経営不振が続き，2007年5月にクライスラー部門を米投資会社サーベラスへ売却することを発表し，実質的に合併が解消された。この事例は，時期的には以前のものであるが，M&Aを実行した企業がその後解消したという珍しいものであり，組織統合のマネジメントに失敗したケースとしてみることができる。つまり，失敗のケースからM&Aマネジメントにどのようなことが課題になるのか理解することができる[4]。

図表8-1　合併後のダイムラー・クライスラーの主な歩み

1998年	・ダイムラー・ベンツ（ドイツ）とクライスラー（アメリカ）が合併
2000年	・三菱自動車（日本），現代自動車（韓国）と資本提携
2001年	・クライスラー部門のリストラで合併後に初の最終赤字
2005年	・小型車「スマート」でリストラに着手 ・シュレンプ社長が退任表明 ・メルセデス乗用車部門で8,500人削減 ・三菱自動車と資本提携を解消 ・ディーゼルエンジン製造子会社を売却
2006年	・ツェッチェ社長就任 ・管理部門の6,000人削減を発表 ・欧州航空防衛最大手EADS株の一部売却 ・独本社などの保有不動産を売却
2007年	・クライスラー2度目のリストラ，分離・売却を検討 　（2007年5月にクライスラーを米投資会社サーベラスに売却） ・スマートを全面改良，黒字転換を公約 ・コッパー監査役会長が退任

出所：『日本経済新聞』2007年4月5日を加筆。

1. 合併の背景と目的[5]

　自動車業界は1998年当時，21世紀の生き残りの最低条件として，年間生産台数400万台が必要であると言われていた。世界の生産能力は実際の販売台数に比べ年間2000万台も過剰であり，その中で最低400万台以上の生産規模がないと，規模の経済による効果的なコスト削減ができず，生き残りが難しいという見方である。燃料電池車に代表される低公害車の開発にも膨大な開発費用がかかるために開発コストを低下させることも，業界での生き残りには重要な課題となっていた。こうした状況下で，高級車販売で高いシェアを持つドイツのダイムラー・ベンツと北米市場でビックスリーといわれる位置づけにあるクライスラーの合併が行われた。この合併によって期待される効果として以下のようなものが挙げられる。

　第1に，フルライン化戦略の追求である。ダイムラーはメルセデス・ベンツに代表される高級車や大型商用車，クライスラーは大衆車やジープのような小型トラックを主力としていたので，各社のターゲットは異なっていた。当時の自動車業界でトップ的な企業は，GM，フォード，トヨタのようなすべてのタイプの車種を販売するフルライン生産型の企業であった。そこで，より広い車種領域を販売できる企業を目指すことが，幅広い顧客の獲得につながるために，将来の生き残りの中では必要であり，企業間で競合車種は少なく，両社の不足部分を補完できると考えられた。

　第2に，グローバルな経営展開である。ダイムラーは売上高の6割強が欧州地域であり，日本での販売も多かった。一方，クライスラーは売上高の8割が北米地域に集中していた。各企業ともグローバル規模での販売は決して十分とは言えず，合併すれば販売地域の拡大につながり，重複部分も少ないので大きな利点がある。

　第3に，優れた経営手法や技術の導入である。クライスラーは，米国内や日本企業との競争の中でコスト削減，品質管理，製品化スピードの面で優れた経営手法を確立していた。一方，ダイムラーは高級車中心であるので高コスト体質である。従って，クライスラーの優れた手法をダイムラーに導入すればコスト改善に役立つ。さらに，技術面に関しても，異なる車種を生産している企業同士が手を組めば，新しいものが創造されると考えられた。例えば，ダイム

ラーは安全性に対する技術が高く，クライスラーは燃費関連技術が高い。それらをうまく融合すれば，より高い性能の自動車が開発可能となる。

このように，この合併には多くのメリットがあるが，まだ不十分な部分があった。それは，特にアジア地域に対する戦略である。アジア地域では自動車販売が今後も伸びる地域であるが，同社のアジア戦略は不十分であった。それは，有力な小型車が存在しないということである。アジアでは小型車の売上が圧倒的に高く，小型車開発を実現できないと市場参入は不十分になってしまう。しかし，小型車の開発技術に関しては必ずしも高いものではなく，精通していなかったために，2000年に小型車分野では実績のある三菱自動車と韓国の現代自動車もグループに入れることによって，よりグループとしての力を強めている。また，三菱自動車側にとっても当時は経営不振の状況に陥っていたので，日産自動車と仏ルノーとの関係のように外資の力を借りて経営改善を行い，販売地域を拡大していきたいという要望があったために，企業間の思惑は一致したものとなった。

2．合併の問題点

この合併が当初の目的を達成していくのにあたって，いくつかの疑問が浮かんでくる。まず，ダイムラーはメルセデス・ベンツという高級ブランドのイメージが確立されているが，クライスラーは大衆車のイメージである。イメージが異なる企業同士が合併した場合に高級ブランドイメージは低下しないのかという問題である。そして，ドイツとアメリカの企業の合併ということで，国民性や経営制度上での問題は発生しないのかということである。

ブランドイメージに関する問題は，両社でブランドを統一せずに，別々に販売しているために著しい低下を見せてはいない。ファッション業界のようにブランドが重要な経営資源となる業界では，イメージを崩さないように，各ブランドを独立させてイメージの融合を図らないマルチブランド戦略が行われる傾向がある。しかし，株価の面では低下しており，また2001年には営業損益と最終損益で赤字を出している。株主構成においても米国人株主は合併当時の4分の1に激減したという。

特に，国籍の違う企業同士ということが新しい問題を引き起こした。まず，

社員の転勤問題である。クライスラーは国内志向の企業であったために，海外勤務は少ない会社であった。しかし，合併後にはさまざまな面で企業間の共同作業が必要であり，転勤は避けられるものではないが，クライスラー側社員は敬遠する傾向が強かった。さらに，転勤も海外へ行く必要があり，使用する言葉が違うということも円滑なコミュニケーションなどを阻害するために問題が発生する源になってしまう。

　次に，文化対立の問題である。ドイツ企業は何事にも厳格に対応し，一度決めたことはできる限り達成しようとする気風がある。一方，アメリカ企業では創造性が重視され臨機応変に方針を変えて実行していく。このような仕事のやり方の違いが，相手側のイメージを悪くし衝突を起こすのである。また，経営の主導権をダイムラー側が握ったために，対等ではないというクライスラー側からの反発が生じた。コーポレート・ガバナンスにおいては，ドイツでは株主よりも監査役会が重視され，株主に対する情報開示方法をドイツ流に切り替えたために，アメリカのものに比べると閉鎖的になったとの不評など，経営制度に由来する問題も発生した。その結果が米国人投資家の減少である。

　また，合併時に期待したシナジーが幻想に終わってしまったことである。そもそも製造している車格が異なるために，技術・部品・車台の共有が不十分であり，想定していたコスト削減やシナジーの創出には限界があった。世界的に市場が伸びている小型車市場においても「スマート」を販売するが，この分野は日本メーカーが強く，競争力のある車種を販売していくことができなかった。

　このように，M&A実行時に期待した目的を実際に実現していくことはとても難しい。ましてや国籍が異なる企業同士の場合には，組織文化の相違のみならず国文化の影響を受ける。従って，文化面や経営制度に対する相違をいかに解消していくのかが大きな焦点になる。さまざまな企業と手を組むことはできるが，それが直接成果に結び付くわけではないので，M&Aを行った後のマネジメント的側面が非常に重要である。

第5節　組織統合のアプローチ

　M&Aは成長を目的とした経営戦略であるが，組織の再構築の機会にもなる。特に，ポストM&A段階における組織統合のマネジメントがそのカギとなる。組織統合の本質は企業間の価値連鎖の共有化であり，スキルの移転と機能部門の共同化が基盤になる。スキルの移転とは，企業間で経営上のノウハウや技能・知識の移転であり，シナジー効果の創出には欠かせないものである。この移転は人を通して行われるものであるので，統合段階では人に対するマネジメントが課題になり，コンフリクトを生まないような円滑なコミュニケーションが求められる。機能部門の共同化とは，具体的な開発，調達，生産，販売，マーケティングなどの機能を企業間で共同化することによって，コストの削減や新しい価値の創出を目指すものである。スキルの移転に比較すると，具体的に統合の進捗状況を判断しやすい。

　ダイムラー・クライスラーでは，全世界に通用するようなワールドカーの生産が必要とされた。そのためには，企業間での技術者の交流や，各企業の強みを共有して新製品の開発に活用していくためのマネジメントが行われた。しかし，合併当時では，転勤や文化対立の問題により，円滑な統合活動は困難であった。対等性の高い合併では，仮に一方が主導権を持つと，従業員・株主・取引先などの利害関係者からの反発の可能性もある。ここで必要になることは，全社的な方向性を一致させ，社内の意識を改革していくことである。改革には当然抵抗する者も出てくるが，業界でトップ企業を目指すという共通意識を社内に浸透させ，危機感を持ちながら経営を展開していくなどの対応をしていくことである。

　両企業の従業員の行動規範の完全一致を試みたり，組織間統合の過度の強調は，反対に組織内に混乱を招く恐れがある。そこで，特に効果を創出したい機能に焦点を当てて，統合作業を進めることである。相手企業の創造性を奪わないように，彼らの自立性を重視しながら，生産や販売，資金の面に焦点を絞ってサポートをしていくことで効果を発揮することができる。

本章では，M&Aマネジメントに関して論じてきたが，タイミングがあったからM&Aを実行するようなケースや，M&A自体が目的となってしまっているような場合は，シナジーが幻想で終わってしまう。統合段階の具体的プランニングを行い，統合マネジメントを経営者層が主導で進めていくことが求められる。

[注]

1) ポストM&Aの組織統合の実際に関しては，松江 (2003)，ウイルス・タワーズワトソン編 (2016) に詳しい。
2) Kubler-Ross (1969)『死ぬ瞬間』では，人間が他者の死に直面した場合，死を事実として受け止めるだけではなく，受け入れるまでの過程があると説明する。その過程は，死に対する否認と孤立，怒り，取り引き，抑鬱，受容という段階を辿っていく。
3)『週刊ダイヤモンド』(2000年1月29日号，91ページ) によると，当時の世界の自動車メーカーの売上高の順位は，①GM：19.4兆円（出荷台数：814.9万台），②ダイムラー・クライスラー：18.6兆円（同：450.0万台），③フォード：17.3兆円（同：682.3万台），④トヨタ：12.7兆円（同：493.2万台），⑤フォルクスワーゲン：9.0兆円（同：475.0万台）。6位以下の日産（出荷台数：254.2万台）と上位5社の生産台数は大きな隔たりがある。また，当時に言われていた「400万台クラブ」を上位5社はクリアしているのが特徴である（日本メーカーは1999年3月期，海外メーカーは1998年度の数値）。
4) M&Aの失敗に関しては，次の記事が参考になる。「買収無残　成功幻想が社員をつぶす」『日経ビジネス』2007年5月7日号，24-43ページ。
5) ダイムラー・クライスターの合併のケースに関しては，Appel & Hein (1998), Vlasic & Stertz (2000) を参考にしている。

[参考文献]

アンダーセン (2001)『統合的M&A戦略』ダイヤモンド社。
ウイルス・タワーズワトソン編 (2016)『M&Aシナジーを実現するPMI』東洋経済新報社。
ダニエル・アルトゥーロ・ヘラー，藤本隆宏 (2007)「相互学習による価値の向上─自動車産業におけるM&A」(宮島英昭編『日本のM&A』東洋経済新報社，283-305ページ)
中村公一 (2003)『M&Aマネジメントと競争優位』白桃書房。
中村公一 (2013)「M&A戦略の焦点─シナジー創出からコンピタンスの形成へ─」『駒大経営研究』第44巻第3・4号，23-46ページ。
中村公一 (2016)「M&A戦略のパラドックス─シナジー創造のマネジメント─」(『松本芳男監修『マネジメントの現代的課題』学文社，90-107ページ)
松江英夫 (2003)『経営統合戦略マネジメント』日本能率協会マネジメントセンター。
松江英夫 (2008)『ポストM&A成功戦略』ダイヤモンド社。
ブーズ・アンド・カンパニー編 (2010)『成功するグローバルM&A』中央経済社。
Appel, H. and Hein, C. (1998), *Der DaimlerChrysler Deal*, Deutsche Verlags. (村上清訳『合併─ダイムラー・クライスラーの21世紀戦略』トラベルジャーナル，1999年)
Cartwright, S. and Cooper, C. L. (1996), *Managing Mergers, Acquisitions and Strategic Alliances*, 2nd ed., Butterworth-Heinemann.
Doz, Y. L. and Hamel, G. (1998), *Alliance Advantage*, Harvard Business School Press. (志太勤一・

柳孝一監訳『競争優位のアライアンス戦略』ダイヤモンド社，2001年）
Ellis, K. M. (2004), "Managing the Acquisition Process: Do Differences Actually Exist Across Integration approaches?," in Pablo, A. L. and Javidan, M. (eds.), *Mergers and Acquisitions*, Blackwell Publishing, pp. 113-132.
Haspeslagh, P. C. and Jemison, D. B. (1991), *Managing Acquisitions*, Free Press.
Kubler-Ross, E. (1969), *On Death and Dying*, Macmillan.（鈴木晶訳『死ぬ瞬間（完全新訳改訂版）』読売新聞社，1998年）
Porter, M. E. (1987), *From Competitive Advantage to Corporate Strategy*, Harvard Business Review, May-June, pp. 43-59.（「競争優位戦略から総合戦略へ」『ダイヤモンド・ハーバード・ビジネス・レビュー』1987年8-9月，4-18ページ）
Vlasic, B. and Stertz, B. A. (2000), *Taken for a Ride*, Harper-Collins Publishers.（鬼澤忍訳『ダイムラー・クライスラー 世紀の大合併をなしとげた男たち』早川書房，2001年）

（中村公一）

第9章

M&Aの組織能力

はじめに

　M&Aから成果を出していくためには，被買収企業との組織間におけるマネジメントが課題となるが，戦略目標を達成するための手段としてM&Aを複数回行っている企業には，M&Aに関する独特な知識やスキルが存在する。これは，M&Aの組織能力（コンピタンス；competence）というものであり，M&Aを効果的に行っている企業にとってはコア・コンピタンスの1つとして考えられるものである。本章では，一連のM&Aプロセスを効果的にマネジメントしていく企業特殊的な組織能力を「M&Aコンピタンス」として提唱して，その概念について論じる。

　まず，企業における組織能力について，経営戦略論における議論から検討する。M&Aコンピタンスは，特にM&Aを複数回行うマルチプルM&Aによって成長を図るときに重要となる。そして，M&Aコンピタンスは自然発生的に形成されるものではなく，組織内で形成していくためには，M&A推進体制の設置や，さらにその水準を上げていくためにはM&Aコンピタンスのシステム化ということが実行される。このような点に関して，過去にマルチプルM&Aを展開し，社内にもM&A推進体制をいち早く構築して実績を上げてきた資生堂の事例を取り上げて実際の状況を検討する。

第1節　企業の組織能力

　競争優位性の源泉として，Porter（1980）に代表される企業の業界における

ポジションに基づくとする考え方（コスト・リーダーシップ戦略，差別化戦略，集中戦略）とともに，RBV（resource-based view）といわれる経営資源や組織能力に着目する視点がある。いわゆるヒト・モノ・カネといわれる経営資源は，企業が活動していく上で不可欠なものであるが，外部から代替的なものを再調達することが可能である。その一方で，RBV が対象にしている経営資源や能力は，経済的価値を創出する有価値性，市場を通じて入手するのが難しい希少性，企業の発展とともに独自の過程で形成されていることによる模倣困難性という特徴を有する（Barney 2002）。そのために，効果的に競争を展開していく上で必要となるだけでなく，他企業が簡単には模倣できないために差別的優位性にも貢献し，競争優位を持続させることができる。

つまり，これらは企業の活動とともに形成されてきたものであり，長期間にわたる経験や学習を通じて積み重ねられ，自社特有の価値を顧客に提供する競争優位を獲得するための中核能力として考えることができる。Prahalad & Hamel（1990）は，長期的な競争優位を獲得するには，環境変化に対応してさまざまな新製品を生み出すことが必要であり，それは企業が長年，製品開発や研究開発に取り組むなかで形成されてきた能力が大きな影響力を持つと指摘し，これをコア・コンピタンス（core competence）として提唱した。その対象は，製品開発能力，生産システム，ビジネスモデルというように特定の経営資源だけを指すものではなく，経営資源や能力の集合として生み出されるものである。また，企業の機能レベルの議論だけでなく，多角化企業の全社戦略に関する分析にも適用され，新事業の進出においては製品との関連性よりも，事業の競争力の源泉である経営資源や能力との関連性が重要であるとする（Collis & Montgomery 1998）。

このような RBV における議論から考えると，内部成長戦略である技術開発や製品開発と同様に，M&A や戦略的提携（アライアンス）などの外部成長戦略においても企業独自の能力を見ることができる。外部企業のもつ経営資源や能力を獲得するために M&A を活用することがある。M&A では，物理的な経営資源だけではなく，技術やブランドなどの見えざる資産も獲得することが可能である。さらに，M&A それ自体をマネジメントしていく能力の存在を考えることができる。一連の M&A プロセスをマネジメントしていく企業特殊的

な組織能力を「M&A コンピタンス」として提唱し，M&A の成否にも影響するコア・コンピタンスの1つとして位置づけられるものである（中村 2003）。

第2節　M&A コンピタンスの概念

1．マルチプル M&A による成長戦略

　企業は，長期的に成長し，競合企業との競争に打ち勝つために将来を展望した戦略目標を策定し，その達成に向けて経営活動を展開する。戦略目標は企業の持つ現状の経営資源や能力では，その達成が不十分なものであり，企業が意図的にその達成のための経営資源や能力を蓄積していくことが必要となる（Hamel & Prahalad 1994）。

　戦略目標を達成するための手段として，M&A を採用し，複数の M&A を繰り返していくマルチプル M&A という戦略がある。例えば，マルチプル M&A を積極的に展開して急成長した情報ネットワーク機器開発企業のシスコシステムズ（Cisco Systems）[1]は，情報ネットワークの端から端までの問題解決を提供する企業を目指して"end-to-end networking solutions"という戦略目標を掲げる。この戦略目標を達成するうえで，自社に欠如している製品・技術・人材を補完し，さらに中核事業を強化するために，内部開発（技術開発・市場開拓）や社内ベンチャーという内部成長戦略の代替戦略として，マルチプル M&A 戦略を実行している。スタートアップといわれる技術力の高いベンチャー系企業を買収し，自社の技術の強化とともに幅広い製品ラインナップに対応していく。これは，M&A から得られる効果の1つである時間短縮効果をねらって行われる。

　被買収企業から必要とする経営資源を獲得するとともに，買収企業の優れた経営資源を導入することによって，被買収企業のさらなる成長を促し，企業全体としての成長を目指すという側面もある。マルチプル M&A は，戦略目標を追求する過程においては，単に事業戦略（競争戦略）として特定の競合企業より優れたパフォーマンスを獲得することは当然のこと，企業全体としての市場での生き残りと，さらなる成長を目指して実行される全社戦略の範囲で捉え

られるものである。全社レベルからの企業の成長を考えていく「買収による成長（growth by acquisitions）」という側面が強い。そのために，内部開発を継続的に行うのと同様に，単独的な一回限りの性格が強い M&A ではなく，連続的に複数回の M&A を実行し，企業の能力の強化を図ることによって成長が志向される。

2．M&A コンピタンスの内容

　マルチプル M&A を展開する場合，複数の M&A 案件を統括・管理する組織的なフレームワークや能力の存在をみることができる。マルチプル M&A では，一回一回の案件に必要とされる M&A プロセスの対処策をその都度ゼロから構築しているわけではない。過去の案件を評価し，実行プロセスで不都合だった所を改善し，将来の M&A を実行する時にフィードバックさせることができる。そして，自分達の経験や他社のベストプラクティスを学習することによって，M&A を効果的に運営できる独特のスキルや能力を形成していくことも可能である（Harbison & Pekar 1998）。

　つまり，個別案件を見るだけでは把握できなかった一連の M&A を成功裏にマネジメントしていく組織能力の存在を考えることができる。こうした能力は M&A に対する共通のフレームワークを提供し，M&A に伴うさまざまなコストや組織的問題を低減していくことを可能にする。

　このように M&A の意思決定から統合という，M&A プロセスを効果的にマネジメントしていく企業特殊的な組織能力が M&A コンピタンスである。そして，M&A コンピタンスは特に M&A を繰り返し行っていくマルチプル M&A を実行する場合に，競争優位を獲得する上で重要となる。具体的には，プレ M&A 段階においては，戦略目標の達成に貢献する買収候補企業を特定化するための分析評価能力である。適正な買収監査（デュー・ディリジェンス）を可能とする能力である。交渉段階においては，信頼関係を構築し，将来に向けた方向性の一致や協力体制を作り上げることである。そして，統合段階では企業間における組織構造や人的資源・組織文化の統合から発生する組織的問題を調整する能力や，戦略的に重要な経営資源やスキルの移転・学習に関する能力が該当する。

3. 組織の経験と学習効果

　企業のコア・コンピタンスが過去の経験を反映した経路依存的な性格を持って形成されると指摘されるように，M&A コンピタンスも組織的な能力であるために，その形成は過去の M&A 経験と密接な関係がある。M&A の経験を持つ企業は，そうした経験を持たない企業よりも，組織統合における組織的問題に伴う調整コストを低減することができ，異なる組織を新しい組織に効率良くまとめ上げることができる。

　一連の M&A プロセスは，M&A を行うことによって初めて発生する通常の経営活動のなかでは経験しない複雑かつ困難なプロセスである。M&A の経験のない企業には，このプロセスを効率的に運営していくノウハウや知識は存在しない。従って，過去の経験は，経営者層や担当者に対して教訓を提供するという面がある。例えば，プレ M&A の企業選択や交渉等に関わる専門的スキルは，属人的な要素が強いために経験によって向上する。ポスト M&A の変革活動においても，経験のある企業は急激かつ大規模な変革を避け，従業員の不安を解消するような管理を行う。そうすることにより組織的問題の発生を軽減でき，効果的な組織統合が可能になる。

　こうした過程を経て M&A コンピタンスは形成されていき，将来の M&A に関連する不確実性を減少させる。従って，過去の M&A から獲得された知識やスキルが活用できるような，関連型の M&A の場合に効果を発揮することになる。しかし，単に M&A を繰り返すだけでは不十分であり，経験があるからといって，それが M&A に関する知識の学習に直接的に繋がるわけではない。経験を次の M&A の時に活用していくためには，担当者のみならず，組織的に関連知識やスキルを蓄積する仕組みが必要となる。

第3節　M&A 専門組織の設置

1. M&A 推進体制の役割

　M&A の経験の少ない企業は，組織的に M&A コンピタンスの形成には積極的に取り組まず，自然発生的なものとして捉える傾向がある。交渉や契約の際

に外部から専門家の力を借り，M&Aに対する知識やスキルが存在せず，関連するベストプラクティスの抽出などは行われない。ターゲット企業の選択に関しても自らの力で探索するのではなく，取引銀行などの外部者の持ち込み案件に依存し，その戦略的有効性を十分に検討せずに決断する傾向にある。また，統合プロセスにおいても問題が発生してから初めて対処法を考えるために，十分な成果を引き出せずに，計画を達成するにも長い時間とコスト費やしてしまう。

社内に適任者がいない場合は，コンサルティング会社や会計事務所などのM&Aに詳しい外部専門家のリクルーティングや彼らをアドバイザーとして雇用することで必要なコンピタンスを補完することが可能である。しかし，この段階でのM&Aコンピタンスは属人的なものであるので，当事者が人事異動や退職した場合には，同等の専門能力を持つ人材を補足しなければならないという問題がある。

また，外部専門家の多くは高度な財務的・法務的スキルを必要とする業務に携わっていたために，人材マネジメントが重要になる組織統合プロセスに関わる経験を持つ人は少ない。ポストM&Aにおいては，専門の統合担当者が決まっているわけではなく，受入先の関連部署が各自行うという形態が採られる。

つまり，この段階でのアプローチは，プレM&Aに関するM&Aコンピタンスは専門知識を持つ個人の活躍によって補充されることができる。しかし，ポストM&Aに関しては組織内に一貫して従事する専門の機関がないために，過去と同じ間違いを繰り返す可能性があり，この部分に対するM&Aコンピタンスは形成されていない。

M&Aを戦略として重要な位置づけにしている企業では，M&Aコンピタンスの形成に対するアプローチが組織的に認識されており，プレM&Aとポストの両方に対して専門のスタッフが存在し，お互いが知識や経験を共有可能にする体制が構築されているものである（Harbison & Pekar 1998）。ここではコンピタンスの共有と移転によって組織的に形成していくために，担当者を集結させることによるチーム化や，部門化などの取り組みが確立されている。また，担当者はM&A関連の業務を専門的に遂行していくために，多く

の経験を蓄積していくことが可能になる。

　プレM&Aでは相手企業の分析・評価や交渉が中心的な仕事であるために，市場動向に詳しい事業の機能面における知識やスキルが高い人物が要求される。一方，ポストM&Aでは組織統合を専門の職能とする統合担当者が設置されている。組織統合では，人的マネジメントが中心的課題になるために，卓越した対人関係スキルや組織文化の違いを的確に認識できる能力を持っている人物が選ばれ，統合計画の策定とその達成に対して責任を負っている（Ashkenas et al. 1998）。

　以上のように，M&Aコンピタンスを組織的に形成するためには，過去の経験や社内外のベストプラクティスを蓄積し，将来に生かせるような仕組みを考えなければならない。初めてのM&Aでは経営者や専門知識を持った特定の個人を中心にM&Aへの取り組みが行われる傾向にあるが，M&Aコンピタンスを組織内に蓄積し，形成していくのは，専門の担当者の設置や，彼らの属人的コンピタンスを共有することを目的にしたプロジェクトチームや専門部署の策定などによって組織的レベルから捉えることが必要である。

2．M&Aコンピタンスのシステム化

　M&Aコンピタンスを組織内に形成していくために専門担当者や担当チームを設置することの意義に関して整理してきた。そこでは，M&Aに関連する属人的な知識やスキルを組織的に蓄積して，将来のM&Aに活用することからマルチプルM&Aを成功的に実行していくことが最大の課題にされてきた。

　近年，企業の蓄積した情報や社員の知識・ノウハウをシステム化して，企業経営に活用していく動きが盛んに議論されている。これはナレッジマネジメントとして指摘され，競争優位を獲得していくための1つの方法としても捉えられている。M&Aプロセスを素早く短期間で実行し，M&Aコンピタンスをさらに組織の中に伝播させコア・コンピタンスとして確立させていくには，そのプロセスを体系化しシステム化していくことが有効な方法の1つとして考えられる。これはいわば暗黙知であったM&Aコンピタンスを形式知化していくという作業であり，それにより当事者以外でも認識でき，反復可能なものとなる。

第5章でも論じたようにM&Aは準備段階，交渉段階，統合段階という一連のプロセスとして捉えられる。それぞれの段階にはその実行過程で困難だった事柄や重要なポイントなどが存在する。そこで，M&Aプロセスにおけるベストプラクティスを抽出することによって，次からはより効果的な実行を可能にするために，一連のプロセスとして体系化し，さらにそれらをデータベース化することが試みられている（Ashkenas et al. 1998）。マルチプルM&Aは時間短縮効果が目的であり，そのためには迅速なM&Aプロセスの実行が要求される。そこで，過去の経験を将来に活用できる体制を作れば，次回の案件からは困難や不確実性を低減でき，より効果的な取り組みが実現できるからである。

　さらに，統合プロセスにおいては，それが体系化されているだけでなく，統合達成までの期間を計画化することも課題とされている。欧米企業の多くでは，たいてい100日統合計画というものが策定されており，契約後から100日間で統合を達成することが目標にされている。そして，その間に従業員や企業文化の統合に関しては，特別のプログラムが設定されてその実現が図られている。一般的に統合マネジメントは買収企業側からの一方向的なものであったが，トレーニングプログラムなどを設置することにより，相手企業の従業員の能動的な行動を通して統合を促進することができる。このプログラムも，過去の経験や外部専門家のサポート，他社のベストプラクティスを導入することによって形成されたものである。

　従って，M&Aコンピタンスを形式知化するための方法であるM&Aプロセスのシステム化は，その実行速度を向上させ，マルチプルM&Aを加速的に増加させていく場合には必要となるものであり，企業にとっても重要な経営資源として捉えることができる。しかし，M&Aの構造は案件毎に独特であり，それぞれに独自の目的や文化があるために，将来の案件は以前のものとは常に同じアプローチが採れるとは限らない。従って，M&Aプロセスのシステム化は，万能アプローチを目指すものではなく，過去の間違いを繰り返さずに，次のより高い水準を目指すための指針であると考えられる。

第4節　M&A 専門組織の実際―資生堂[2]

　近年は，多くの企業がマルチプル M&A を行っているが，特に技術やブランドなどの見えざる資産が重要な経営資源となる業界において活発である。マルチプル M&A を推進している企業では，専門チームや専門部署を設置して，一連の M&A プロセスに対応していく取り組みがなされている。そのなかで，化粧品会社の資生堂は比較的以前から社内に M&A 専門組織を作り，マルチブランド化をすすめてきた。同社の M&A への取り組みと社内における組織について検討することから，M&A 専門組織の実際に関して論じる。

1．グローバル・マルチブランド戦略と M&A

　1990 年代半ばの日本の化粧品業界は，市場が成熟し，海外企業の進出も活発である競争の激しい状況にあった。そうしたなかで，国内トップメーカーの資生堂は，事業がグローバルに展開されているにも関わらず，事業内容は国内依存型であった。その具体例として 1996 年度の国内市場の売上構成比は資生堂が 89％であるのに対して，業界 1 位の仏ロレアルは 23.7％，業界 2 位の米エスティローダーでも 53.7％である（『国際商業』1998 年 4 月号）。当時は，日本市場で確固たる地位を獲得するのが最大の経営目標であり，海外市場への進出は国内市場へのステイタス面でのフィードバック，あるいはリスク分散的な要素が強かった。

　そのような状況において，すでに国内市場は成熟段階にあり，嗜好品である化粧品の中心は消費も低迷しており，需要の中心は百貨店で販売する高級ラインのカウンセリング商品からドラッグストアやコンビニなどで販売するセルフセレクション商品にシフトしていた。同社が生き残っていくためには，まだ不十分な段階であり成長の可能性がある海外事業を伸ばすことが最重要課題とされた。そこで，1996 年 3 月に 2000 年度に化粧品の「グローバル No.1」企業を目指す計画を発表する。これは，日本も世界市場の 1 つの拠点という戦略発想によるもので，あくまで世界市場を拠点に経営展開していくということ

が目標とされる。具体的には5年後の2000年度の決算期において，海外事業の比率を25％にまで拡大し，連結売上高8,000億円（うち海外売上高2,000億円）を達成させるという計画である。この数字を達成するために，海外事業に関しては既存事業の拡大で1,200億円，M&AやOEM（original equipment manufacturer）による新規事業で800億円を達成することも計画に織り込まれている（『国際商業』1996年10月号）。

1996年3月に「グローバルNo.1」というビジョンを発表して以来，海外売上高は増加しているが，1999年3月期連結決算の輸出を含めた海外売上高は全体の15.5％に過ぎない[3]。欧米企業では化粧品売上高の半分以上を自国・自地域以外で販売しているのに比べると資生堂の海外市場進出度はまだ低いことがわかる。そこで，資生堂グループ全体の戦略として，1999年4月にコーポレートブランド「SHISEIDO」を核として，複数の独立した価値をもつ化粧品ブランドを世界市場で展開する「グローバル・マルチブランド戦略」を発表する。

グローバル市場で競争する場合，単一企業同士の競争ではなく，仏ロレアルグループ，米エスティローダーグループ，仏LVMHグループというように，世界の化粧品企業グループとのグループ間競争に直面することになる。海外企業は，多様なブランドを傘下に収め，それぞれのブランド個性を生かしながらその総合力でビジネスを展開しているのが特徴である（『国際商業』1999年8月号）。従って，資生堂も単一ブランドによる総合的な化粧品ビジネスでは不十分であり，顧客の多様化・個性化・高度化に対応できるような多様な価値のあるブランドを持った企業に進化する必要がある。そのためにM&Aによって，海外有力ブランドのM&Aが進められた。

2．M&A専門組織の設置

資生堂では，M&Aがグローバル・マルチブランド戦略の展開において重要な位置付けになったことから，この特定の課題への不確実性を低減させ，経営者層依存の意思決定を専門部署レベルに委譲し，関連する専門知識の蓄積を目的に専門部署化がなされていった。1999年6月からM&Aを専門とする「事業開発部」という単独の部署が設置される。新規ブランドの開発・導入から基

第4節 M&A専門組織の実際

図表9-1 資生堂の「グローバル・マルチブランド戦略」推進時の主なM&A活動

年月	買収対象企業	買収形態	事業内容	目的など
1986.6	カリタ (仏)	買収	高級サロン	約9億円。現アレクサンドル・ズアリ
86	サンジル (仏)	買収	高級サロン	約3億円
88	ゾートス (米)	部門買収	サロン専用プロフェッショナル製品	生産販売拠点拡大、約430億円
89	ダブリン (米)	買収	化粧品製造会社	生産拠点拡大
96.11	ヘレンカーチスの北米サロン事業 (米)	部門買収	サロン事業	北米地域でのサロン事業強化
97.4	ヘレンカーチス・ジャパン (日)	部門買収	サロン事業	日本事業取得
4	カーター・ウォレスのニュージャージー工場 (米)	工場買収	スキンケア・ヘアケア製品	北米での生産能力拡大、約100億円
98.7	ラモア (米) のサロン事業	部門買収	サロン事業 (ヘアケア用品)	サロン事業強化
99.1	ジョンソン&ジョンソン (米)	相互販売提携	トイレタリー事業	海外市場展開
10	ブリストル・マイヤーズ・スクイブ (仏)	ブランド買収	サロン向けブランド (ヘアカラー)	サロン事業強化
2000.5	ザ・インターナショナル (米)	資本参加	男性向けプレステージ化粧品	ブランド取得、出資比率53.8%
5	マンダラ・スパ (東南アジア)	資本参加	高級スパチェーン	商品供給、情報収集、出資比率40%
5	デクレオール (仏)	ブランド買収	アロマテラピー化粧品	ブランド取得、出資比率75%
5	シーブリーズ (米)	ブランド買収	ヘア&ボディーケアブランド	ブランド取得、トイレタリー事業強化、約45億円
5	ナーズ (米)	ブランド買収	メーキャップアーティスト・ブランド	ブランド取得

1996年3月 「グローバルNo.1」計画発表
1999年4月 グローバル・マルチブランド戦略発表
1999年6月 M&Aを専門とする事業開発部の設置

＊資生堂のM&A活動は3つに分類できる(点線)
 第1期は、サロン事業を強化するためのM&Aである。
 第2期は、「グローバルNo.1」計画を推進する上で、サロン事業を第4の柱まで成長させ、トイレタリー事業も強化するためのM&Aである。
 第3期は、グローバル・マルチブランド戦略の推進に際して、海外有名ブランドを取得するためのM&Aである。
＊各種新聞、ビジネス誌、ホームページに基づいて作成。

盤ができるまで，その統括と支援の役割を担い，新規ブランドの開発・強化を目標としている。また，2000年6月に「グローバルマーケティング室」を新設する。事業開発部の一機能である海外専用新規ブランドの開発・推進プロジェクトを分離・独立させた社長直轄の組織である。

　専門的課題に対処していくには，社内に担当者や担当部署を設置する方法と，外部の専門機関を利用する場合が考えられる。例えば，経営戦略やM&Aの場合には，コンサルティング会社や会計事務所・法律事務所，金融機関などが関係する。社内に課題に対応できる知識を持つ人材がいない場合には，専門機関をアドバイザーとして活用する方が効果的である。M&Aなどを単独的なものとして考える場合には，それでも十分に効果が上がるであろう。しかし，長い目で見ると，外部機関に関連業務を任せ，自社は積極的に関与しない場合，課題に対応できるための能力が欠如したままになってしまい，競争力を向上させるには不十分である。また，コスト的にも大きな負担になる（中津2000）。社内に十分に対応できるだけの能力を形成していくことは，その企業のコア・コンピタンスにもなる。従って，最初の段階では外部機関の力を借りながら，自社の対応能力を上げていき，ある段階からは自社中心の方法を採ることが望ましい。

　こうした専門組織の設置の効果をまとめると以下のようになる。① 専門性の高い業務に効率的に対応できる。専門担当者を任命するような場合では，関連知識は属人的レベルで蓄積されているが，専門部署化することによって，関連知識が組織的に蓄積されていき，より良いアプローチを採用可能になる。② 迅速な意思決定が実現できる。経営者層レベルから現場レベルに権限が委譲され，素早い意思決定が可能になる。③ 内部の従業員の相談部門としての役割を果たす。従業員が業務上で疑問を持った時など，専門部署のスタッフに相談すれば助言や支援を受けることができ，より良い解決に結びつく。④ 外部者からの担当窓口としての役割を果たす。外部者からのアクセスを容易にするという面であり，資生堂の場合でもM&Aの持ち込み案件は，まずは担当部署が窓口になり，その後関連部門へ話が進んでいく仕組みができている。

　自社内部に特定の経営課題に対する専門部署を持つことは，より高い対応能力を形成していくという点で効果的なことである[4]。ただし，専門組織化の

プロセスだけでは不十分であると考える。実際に成果を出していくには，専門担当者だけではなく，組織のさまざまな階層の人達の行動が関係してくる。そのためにも M&A に関する経営教育の実践も課題となる。

第5節　M&A の組織能力形成の課題

　M&A の組織能力である M&A コンピタンスを組織内に形成していくためには，専門担当者の設置や専門組織を作ることが必要となる。M&A の業務は専門性が高いために，特定の個人が中心的役割を担うことが多いが，マルチプル M&A を実行し，企業のコア・コンピタンスの1つとして位置づけていくためには，組織的な取り組みが要求される。

　かつての日本企業の M&A では，経営者自らが中心となって M&A に着手する傾向が強かったが，近年の M&A に積極的な企業は，社内で多くの M&A に携わっている人物を中心に専門チームを作ることや，専門知識を持つ人材の育成にも取り組んでいる。M&A 専門人材の育成に関しては，例えば「M&A フォーラム[5]」という組織は M&A の知識に精通した人材の育成を目的に M&A 人材育成塾という講座を開設している。こうしたセミナー的なものは，さまざまな団体が開催しており，専門知識の勉強の機会やケーススタディによって実践力を磨くプログラムを提供する。

　事例として取り上げた資生堂の場合も，M&A 担当者は外部の金融機関で経験のある人物が中心となっている。そして，グローバル・マルチブランド戦略の展開とともに，M&A の戦略的手段としての位置づけが重要となり，チームレベルだったものが専門部署として設置され，意思決定の迅速化ときめの細かい M&A マネジメントの実践への取り組みがなされた。つまり，個人レベルであった M&A 関連の知識を複数の人や組織レベルで蓄積して，より金額の大きい M&A や複雑な案件にも対応できる体制が築かれた。

　M&A の組織能力に関する議論は，実際の M&A 実務が企業秘密的なことも多く，クローズドな性格のものであるので，なかなか大きな展開がないという現状がある。しかし，M&A アドバイザー企業も多くなり，M&A 専門家を育

成するセミナーが充実してきたことから，その関心度や重要性は増している。M&Aの組織能力を高めていくためには，M&Aを外部成長戦略としてみる経営戦略論，組織のハード的側面やソフト的側面を検討する組織論，従業員の問題を取り扱う人的資源マネジメントなど，さまざまな分野が絡み合いながら展開していくことが求められる。

[注]
1) シスコシステムズは，1984年にベンチャービジネスから出発し，1990年にナスダックに株式公開を果たしている。2000年3月に株式時価総額が世界トップの5,554億ドルに達し，株式成長率で米国史上第1位を記録する。同社のM&Aのスタイルは，A&D（Acquisition & Development）マネジメントといわれ，自社に不足している技術・製品を補完し，さらに中核事業を強化するために，有望な技術を持つ人材とともに買収をする。100社以上のM&Aを行って短期間のうちに急成長した企業である。
2) 資生堂のM&Aの事例に関しては，中村（2003）に詳しく説明している。
3) 近年の資生堂は，グローバル化が著しく進展している。2016年には世界6地域本社でのグローバル経営体制が始動し，本社はグローバル本社としての役割を担うガバナンス構造に改革している。なお，2014年度末では，海外売上比率は53%であり，約120の国と地域に進出し，研究開発拠点は9カ所，生産拠点は13カ所に上る（http://www.shiseidogroup.jp/company/glance/）。
4) 近年のM&Aの専門担当者，専門組織の実態については，大型ブランド買収を繰り返しているJTにおいて詳しく知ることができる（新貝2015，中村2016b）。
5) M&Aフォーラムは，2005年12月にM&A研究会（内閣府経済社会総合研究所）の中間報告における提起を受けて設立された民間の任意団体である。日本のM&Aのあり方に対する積極的な提言を行い，M&Aに従事する人材の育成や市場の健全な発展に寄与することを目的としている（http://www.maforum.jp/）。

[参考文献]
新貝康司（2015）『JTのM&A』日経BP社。
大野和巳（2010）「M&A戦略における組織間関係の戦略的マネジメント―企業買収後の企業統合形態と組織能力の向上―」『経営論集』第57巻第1・2号，明治大学経営学研究所，189-207ページ。
中津武（2000）「資生堂におけるM&A組織と人材育成―社内M&Aチームの効用と課題」『M&A Review』7月号，9-12ページ。
中村公一（2003）『M&Aマネジメントと競争優位』白桃書房。
中村公一（2010）「専門組織と経営戦略―戦略策定能力から戦略実行能力の向上へ―」『経営力創成研究』第6号，東洋大学経営力創成研究センター，73-85ページ。
中村公一（2016a）「M&A戦略のパラドックス―シナジー創造のマネジメント―」松本芳男監修『マネジメントの現代的課題』学文社，90-107ページ。
中村公一（2016b）「多国籍企業のM&Aマネジメント―M&Aによる企業グループの形成と管理―」佐久間信夫編『多国籍企業の理論と戦略』学文社，83-97ページ。
Ashkenas, R. N., DeMonaco, L. J. and Francis, S. C. (1998), "Making the Deal Real: How GE Capital Integrates Acquisitions," *Harvard Business Review*, Jan.-Feb., pp. 165-178.（「GEキャピタルが実践する事業統合のマネジメント」『ダイヤモンド・ハーバード・ビジネス・レビュー』

1998 年 4-5 月,104-117 ページ)
Barney, J. B. (2002), *Gaining and Sustaining Competitive Advantage*, 2nd ed., Pearson. (岡田正大訳『企業戦略論』ダイヤモンド社,2003 年)
Collis, D. J. and Montgomery, C. A. (1998), *Corporate Strategy*, McGraw-Hill. (根来龍之他訳『資源ベースの経営戦略論』東洋経済新報社,2004 年)
Hamel, G and Prahalad, C. K. (1994), *Competing for The Future*, The Harvard Business School Press. (一條和夫訳『コア・コンピタンス経営』日本経済新聞社,1995 年)
Harbison, J. and Pekar, P., Jr. (1998), *Smart Alliances*, Jossey-Bass. (日本ブーズ・アレン・ハミルトン訳『アライアンス・スキル』ピアソン,1999 年)
Haspeslagh, P. C. and Jemison, D. B. (1991), *Managing Acquisitions*, Free Press.
Porter, M. E. (1980), *Competitive Strategy*, Free Press. (土岐坤・中辻萬治・服部照夫訳『競争の戦略』ダイヤモンド社,1982 年)
Prahalad, C. K. and Hamel, G. (1990), "The Core Competence of the Corporation," *Harvard Business Review*, May-June, pp. 71-91. (「コア競争力の発見と開発」『ダイヤモンド・ハーバード・ビジネス・レビュー』1990 年 8-9 月,4-18 ページ)

(中村公一)

第10章 M&Aとファイナンス

はじめに

　M&Aは経営戦略を効果的に遂行する手法として理解されることが多い。しかし同時に，M&Aは企業を買い取ることであり，相当な規模の金額を支出する"投資"である。したがって，M&Aを成功させるためには，ファイナンスの視点での分析・検討が不可欠である。

　そこで本章では，第1節でM&Aは他の投資とどのように異なるのかについて述べ，第2節ではM&Aの投資収益構造を説明する。第3節では対象企業の主な価値評価手法の特徴を紹介し，第4節ではM&Aの資本調達，第5節では特殊なファイナンス手法を活用したM&A形態であるLBOについて解説する。

第1節　投資としてのM&Aの特殊性

　企業は，利益の獲得のために様々な次元における投資を行う。たとえば，商品や製品に必要な部材の購入は在庫投資であり，工場などの固定資産の購入は設備投資であり，新素材や特許などの新たな知識資産の創出のための支出は研究開発投資であり，従業員への支出は人材投資である[1]。M&Aも，企業の経営権・支配権あるいは事業を取得するための支出という点で投資である。そのため，他の投資と同様に，M&Aの意思決定においても投資収益性予測（どのくらいの投資効果が見込まれるか）と資本調達（どのような手段で必要な資本を調達するか）の問題が検討される必要がある。ただし，M&Aは以下の4つ

の点で異なる他の投資形態とは異なる投資である。これらの4点はM&Aでの投資の留意点を示唆することになる[2]。

1. 売上高および損益の即時的獲得

M&Aが他の投資と異なる点の第1は，売上高および損益の即時的獲得である。M&A以外の投資では購入それ自体が直ちに売上高を伴うわけではない。しかし，M&A投資では，投資対象がすでに事業活動を行っており，したがって何らかの売上高を創出している企業である。そのため，M&A投資を行うと，投資した直後から，対象企業が生み出している売上高を自社の売上高に上乗せすることができる[3]。売上高だけでなく，損益も同様である。このように，M&A投資では，他の投資とは異なり，投資した時点で損益計算書上の即時的成果を得ることができる。しかし，そのように獲得した売上高および損益がその後も継続する保証はない。M&Aという大きな変化にともなって，予想できなかった負の影響により売上高の減少や費用の増大も発生しうる。したがって，事前に綿密な計画と準備を行ったうえで，M&A後の売上高および損益が向上するように適切な管理運営が求められる。

2. 資産および負債の一括取得

第2は，資産および負債の一括取得である。M&A以外の投資では，必要となる個別のモノやヒトだけを購入する。しかし，M&A投資では，投資対象が企業であるため，原則としてその企業が有する資産および負債を含むすべての権利義務を一括して取得する。したがって，中には事業上不要な資産や帳簿上記載されていない簿外債務が含まれている場合もある。さらに，獲得する固定資産が大きければ，その後長期に大きな減価償却費負担を伴う。有利子負債が大きければ支払利息の負担も大きい。債権者が要請すれば即時の債務返済も必要になる。このように，M&A投資は，実施企業の（連結）貸借対照表に大きな変化をもたらすだけでなく，（連結）損益計算書にも大きな影響をもたらしうる。場合によってはM&Aを実施した企業側の経営を揺るがす事態を招きかねない。したがって，M&A前における対象企業の資産状況や簿外債務の存在などを把握するための子細にわたるデュー・ディリジェンスの実施，および

M&A 後における不要な資産の処分や債務返済資金確保などの綿密な計画作成が重要となる。

3．対象企業の取得価格の個別性

　第3は，対象企業（事業）の取得価格の個別性である。M&A 以外の投資では，投資対象においてある程度の標準価格が存在する。しかし，M&A 投資では，そのような標準価格は存在しない。なぜなら，M&A 投資の投資対象がいわば新品ではなく中古品といえるからである。中古品はそれぞれの品の状態が著しく異なるため，標準価格は形成されない。これと同様に，どんな企業にも同業他社とは異なる特殊性・独自性が必ず存在するため，画一的な標準価格が形成されることは期待できない。そのうえ，企業が売りに出されることは非常にまれであるため，企業の中古品市場は形成されにくい[4]。さらに，たとえ売りに出されても，企業の売り手が期待する価格は当然ながらその売り手の財政状況と対象企業への評価などの主観的な判断に基づく。同様にその企業に対する買い取り希望価格も，買い手ごとの財政状況，企業価値評価，M&A 後の経営方針などによって多様である。実際の取得価格はそのような売り手と買い手の交渉によって決まる。このような理由から，M&A の投資対象には標準価格は存在しない。このことは，M&A が失敗しやすい理由の1つである。すなわち，適切な取得価格を M&A 実施前には客観的に得られないため，過大な価格で取得するリスクが生まれる。そのため，他の投資以上に，M&A 投資では取得価格の設定において十分な情報と分析に基づく合理的な判断が求められる。

4．初期投資額が個別費目積み上げ額ではなく経営権取得額であること

　第4は，初期投資額が取得する個別費目の合計値ではないことである。M&A 以外の投資における初期投資額は，モノやヒト（労働力）などの個別の取得費目への支出額の合計である。このとき，モノやヒト（労働力）の売り手は，それを使って企業がどんな事業を行うのか，さらには，その事業がどのような投資価値をもつのかについて考慮して価格交渉を行わない。すなわち，個別のモノやヒト（労働力）の購入費用は，それを用いて期待される投資の価値

を反映していない。

　一方，M&A 投資における初期投資額は，対象企業の経営権獲得に要した金額である。経営権獲得には発行済株式の少なくとも過半数（理想的には全株式）を取得する必要がある。株式取得に要する金額は 1 株の価格と取得株式数の積である。ここで 1 株の価格を 1 株の価値と考えれば[5]，それは（M&A 前の状態における）対象企業が生み出す将来キャッシュフローの現在価値の合計を反映した金額である。この金額（1 株の価値）は，対象企業が有する資産や従業員の個別の市場価格の合計額と必ずしも一致するものではない。なぜなら，まったく同じ資産と従業員を用いても，経営の仕方によって生み出されるキャッシュフローは異なるからである。つまり，M&A 投資における初期投資額は，他の投資のように取得するモノやヒト（労働力）の個別費目の合計値ではなく，それらを用いて生み出されるキャッシュフローに基づいて形成される 1 株の価格の（経営権取得に必要な株式数に相当する）積み上げ額がベースになった金額である[6]。この点は，M&A の投資収益性を考察する際に重要な点である。次節では，投資収益性およびその仕組みについて述べる。

第 2 節　M&A の投資収益構造

　いかなる投資も，期待投資収益額（投資によって生み出される新たな将来キャッシュフローの現在価値合計）が初期投資額を超えることでネットのプラスの投資収益を得られる。ファイナンスでは，これを投資の純現在価値（Net Present Value：NPV）がプラスであると表現する。M&A 投資において，期待投資収益額は，M&A 前の対象企業において想定される将来の毎期の予想利益（または予想フリーキャッシュフロー）の現在価値の合計額に，シナジー純効果の金額を足し合わせた金額である。シナジー純効果は，M&A によって M&A 後に新たに生み出される価値である。生み出される価値の帰属は対象企業である場合も，M&A 実施企業である場合もある。そのため，期待投資収益額は，M&A 後の対象企業の将来利益（または将来フリーキャッシュフロー）の現在価値合計に，M&A 後の M&A 実施企業の将来利益（または将来フリー

キャッシュフロー）の増加分の現在価値合計[7]）を加えた金額である。この期待投資収益額から，初期投資額である対象企業経営権の取得額を控除した額が，M&A 投資の NPV である。これがプラスになると M&A 実施企業が考えたとき，M&A が実施される。このことを図示したものが図表 10-1 である。

図表 10-1 は，シナジー純効果と買収プレミアムの関係を示している。すなわち，対象企業経営権の取得額は，M&A 前の対象企業の株式時価総額（と取得株数比率の積）に，買収プレミアムを足し合わせた額である。このうち，前者は理論上，M&A 前の対象企業の将来利益（または将来フリーキャッシュフロー）の現在価値合計を反映したものである。したがって，M&A の NPV は理論上，シナジー純効果から買収プレミアムを差し引いた金額となる。言い換えれば，将来実現するであろうシナジー純効果の一部を買収プレミアムとして，M&A 時に対象企業の株主に支払うということである。

なお，通常はシナジー効果と呼ばれるが，ここでは「純効果」としている。これは，M&A によってポジティブな効果だけでなく，ネガティブな効果も発生するためである[8]）。さらに，M&A の実施には，実施前の調査や交渉に関わるコスト，実施後の組織や人材，制度の再編成に関わるコスト，さらにのれん償却費といった諸費用がかかる。したがって，シナジー純効果とは，M&A に

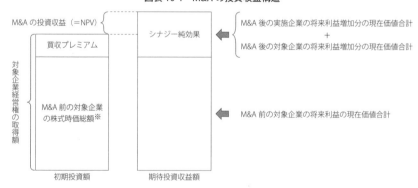

図表 10-1　M&A の投資収益構造

注：※は正確には対象企業の発行済み株式総数のうち実施企業が取得する株式数の比率を乗じた金額。将来利益は，正確には将来利益（または将来フリーキャッシュフロー）である。シナジー純効果とは，ポジティブ効果からネガティブ効果と M&A 関連費用を控除したもの。
出所：筆者作成。

伴うポジティブ効果から，ネガティブ効果とM&A関連費用を控除した金額でもある。

以上の議論から明らかなように，M&A投資を適切に管理し投資収益を確保するためには，①M&A前の対象企業の価値評価，②M&A後のシナジー純効果の見積もり，③買収プレミアムの設定の3点が重要なテーマとなる。

第3節　対象企業の価値評価

対象企業の価値評価は，シナジー純効果の見積もりや買収プレミアム設定の前提となる作業である。したがって，M&Aの実施手順のうち最も重要な1つといえる。

対象企業の価値評価は，DD（デュー・ディリジェンス）から始まる。DDとは，対象企業の実態を調査することである。DDを行うことによって，公表されている情報では知りえない対象企業のリアルな状況を詳細に把握することができる。DDの結果を踏まえて，対象企業のM&Aの価値評価が行われる。主な価値評価の手法は①DCF法，②類似会社比較法，③時価純資産法，④市場株価法である。これらについて順に述べる。

1．DCF法

DCFはDiscounted Cash Flowの略であり，割引キャッシュフロー法と呼ばれる。これは，対象企業が将来生み出すキャッシュフロー（具体的にはフリーキャッシュフロー）を現在価値に割り引いた値をその企業の価値とみなす手法であり，M&Aの企業価値評価において中心となる手法である。

DCF法における企業価値および株主価値は，以下の式で求められる。

企業価値＝事業価値＋非事業資産価値

株主価値＝企業価値－有利子負債

このうち，事業価値は，事業資産（事業活動に実際に活用している資産）が将来生み出すフリーキャッシュフローの現在価値合計である。フリーキャッシュフローは，現事業から生み出されるキャッシュフローから現事業の維持継

続に必要なキャッシュフローを差し引いた金額である。通常は，税引後営業利益＋減価償却費等－設備投資額－運転資本増加額と定義される。非事業資産価値は，資産のうち事業活動に活用していない資産の時価である。有利子負債は，借入金および社債の簿価から現預金を控除した額である。

　DCF 法は将来のキャッシュフローから企業価値を推計する手法であるため，投資の収益性に考慮する手法としては最も適している。しかし，DCF 法には根本的な問題がある。それは，予測数値の妥当性の問題である。DCF 法で推計された企業価値が妥当であるためには，将来キャッシュフローの予測の根拠となっている事業計画が合理的に作成されていなければならない。ところが，対象企業の経営陣が作成する事業計画上の数値は何らかの意図に基づくバイアスがかかった数値となる可能性がある（多くは上方バイアス）。それがどの程度のバイアスであるのかを M&A 実施企業が知ることはほとんど不可能である。つまり，対象企業の実態と経営環境を熟知した者がバイアスを入れずに予測した将来キャッシュフローを M&A 実施企業は得ることができないのである。

　さらに，DCF 法では通常，当初数年間の将来キャッシュフローは年度ごとに予測して現在価値に換算するが，それ以降の年度については，年度別ではなく"継続価値"または"終値"として合算した1つの値を推計する。実際には，FCF の現在価値合計の大部分はこの継続価値で占められる。ところが，この値は現在時点からかなり遠い将来を予測したキャッシュフローの合計であるため，その妥当性または確実性は低くならざるをえない。

　このような構造的な問題をもつため，DCF 法ではある程度の幅を持たせた数値が企業価値算定の専門家によって算出されることが多い。そのため，1つの特定の企業価値あるいは株主価値を得ることはできず，その幅の中でどの値が妥当なのかはわからないという結論が導き出される。したがって，DCF 法単独で企業価値を評価することは稀である。

2．類似会社比較法

　類似会社比較法とは，対象企業と事業内容や規模などが類似する上場会社の株価と各指標の倍率を用いて，対象企業の妥当な株価水準を導き出す方法であ

る。用いられる倍率指標の種類は，株主価値ベースの倍率，事業価値ベースの倍率，純資産倍率，売上高倍率，業界特有の倍率，多業種企業の倍率など多様である[9]。その中でも，共通して多くのM&Aで用いられる倍率が，PERとEV／EBITDA倍率である。

PER（Price to Earnings Ratio）は株価収益率と呼ばれるが，株価を当期純利益で除した値である。当期純利益を指標としているため，これは株主価値ベースの倍率である。

EV／EBITDA倍率は，事業価値ベースの倍率である。EV（Enterprise Value）は企業価値のことであり，DCF法で推計した株主価値に有利子負債を加えたものである。EBITDA（Earnings Before Interest, Taxes, Depreciation and Amortization）は，金利前・税引前・償却前利益であり，事業資産が生み出したキャッシュフローを表している。そのため，EV／EBITDA倍率は，株主だけでなく有利子負債を含めた資本を用いて企業が稼いだキャッシュフローの比率を表した倍率である。

理論的には，EV／EBITDAに代表される事業価値ベースの倍率を用いることが適している。その理由は，資本構成の影響を受けないこと，複数の事業をもつ企業の価値評価にも適していること，非事業損益や特別損益の影響を受けないことである。しかし，実際には，情報の入手しやすさなどからPERに代表される株主価値ベースの倍率を併せて用いる事が多い[10]。

類似会社比較法では，類似会社として選定された上場企業についてこれらの倍率指標の数値を算出し，その平均値あるいは中央値を対象企業に適用することで，対象企業の事業価値および株主価値の標準値を算出する。

この手法のメリットは，対象企業が上場企業でも非上場企業でも用いることができることと，上場企業の株価は客観的な数値であるため評価値に納得性があることである。その一方で，この手法には問題もある。その第1は，類似会社の選択の問題である。類似会社には対象企業の事業内容や事業構成に類似した企業が選別される。しかし，上場企業に類似する企業が存在しない場合も起こりうる。これはとくに対象企業がベンチャービジネスである場合である。第2の問題は，類似会社の個別性の問題である。類似会社といっても各社に個別性があるため，対象企業との類似性および類似の程度は同じではない。そのた

め，類似会社の倍率の単純な平均値や中央値が必ずしも合理的な標準値とはいえない場合も起こりうる。対象企業と類似会社の規模や成長率，リスクの差も無視できない場合もある。この場合はウェイト付けなどの調整が必要になる。

3．時価純資産法

時価純資産法は，対象企業の資産および負債を時価で評価し，資産時価から負債時価を差し引いて純資産を株主価値として算出する手法である。貸借対照表上の資産および負債の時価への修正だけでなく，簿外の資産や負債・偶発債務が存在しないかを確認し，存在する場合はそれを時価で評価する。

時価純資産法は，評価する時点での資産および負債の実態を反映した株主価値を把握することができる。また，大きな売却益課税が発生しにくいこともあり，グループ内再編において利用されやすいといわれる[11]。その反面，DCF法と異なり，将来のキャッシュフローについては，一部の資産・負債を除いて考慮しないため，将来の株主価値についての情報を提供できない点が欠点といえる。

4．市場株価法

市場株価法とは，対象企業が上場企業である場合，過去数カ月間の株価に基づく平均株価を一株当たり株主価値とする手法である。この手法の最大の利点は，客観性が高い点である。しかし，株価は様々な情報に影響されるため，必ずしも対象企業の株主価値を常に合理的に反映しているとは限らない。とくに，M&Aに関連した情報が漏洩した場合，正式発表前に対象企業の株価は大きく変動する可能性がある。また，現実の株式市場は必ずしも完全に効率的ではないため，適切に開示されていない情報を反映しないことに加え，開示されている情報でも合理的に反映しないこともありうる。

実際の企業価値評価は，これらの複数の評価手法を組み合わせて対象企業の価値評価が行われる。その中心はDCF法の評価結果であるが，前述の通り，DCF法は大きな幅をもって算出されるため，その中でもどのあたりが対象企業の価値と評価するかは，M&Aの実施企業およびそのアドバイザーの総合的な判断に委ねられる。

第4節　M&Aの資本調達

1．M&A 投資の資本調達

　M&Aは投資であるため，それを実施するための資金（資本）が必要となる。通常の設備投資の場合，必要な資本額を留保利益などの内部資金で賄うか，それでは足りなければ外部資本を調達して確保する。M&Aも基本的には同様である。たとえば，対象企業を子会社化する場合，その経営権取得に必要な資金を内部資金で賄うことができなければ，他の外部資金に依存することになる。ここで，外部資金を負債で調達する場合と株式で調達する場合を考えると，両者には大きな差がある。負債で調達する場合，負債証券発行または銀行借り入れを行って調達した現金を対象企業の株主に支払う。したがって，支払手段としては現金である。

　一方，株式で調達する場合，通常の資本調達のように株式を一般投資家などに発行し，その代金を対象企業の株主への支払いに充てる方法だけでなく，M&A実施企業が自社の株式そのものを支払い手段に用いる方法がある。後者はM&Aに特徴的な調達方法であり，支払い手段として現金を一切用いない。この方法の場合，対象企業の株式を取得するために，M&A実施企業は自社の株式を発行して（あるいは発行後に取得した自社株を活用して）対象企業の株主に交付し，対象企業の株式と交換する。自社の株式が株式市場で過大に評価されていると実施企業が考える場合，株式を支払い手段とする株式交換M&Aは利用されやすい。

　ただし，株式交換はM&A実施企業にとって原則的に株式発行となるため，1株価値の希薄化が発生しうる。したがって，発行後に自社の株式の価値が発行前以上になるような株式交換比率で発行する必要がある。と同時に，対象企業のほうも株主にとって損失がでないような株式交換比率でなければ，株主は承諾しない。こういった実施企業および対象企業の条件を満たす株式交換比率を数式にすると，以下のようになる[12]。どちらも，M&A後の統合企業の予測価値を，DCF法に基づくフリーキャッシュフローの割引現在価値合計

（DCF 価値）で表現する場合と，株価収益率（PER）で表現する場合がある。

<DCF 価値ベース>

$$ER_B = \frac{DCF - P_B S_B}{P_B S_T}$$

$$ER_B = \frac{P_T S_B}{DCF - P_T S_T}$$

<PER ベース>

$$ER_B = \frac{S_B}{S_T} + \frac{E_B + E_T + E_{シナジー}}{P_B S_T} PER$$

$$ER_T = \frac{P_T S_B}{PE_R (E_B + E_T + E_{シナジー}) - P_T S_T}$$

ER_B＝実施企業にとって価値の棄損が発生しない最大の株式交換比率（対象企業株式 1 株に対する実施企業株式の比率）

ER_T＝対象企業にとって価値の棄損が発生しない最小の株式交換比率（対象企業株式 1 株に対する実施企業株式の比率）

P_B＝M&A 前の実施企業の株価

P_T＝M&A 前の対象企業の株価

S_B＝M&A 前の実施企業の発行済み株式数

S_T＝M&A 前の対象企業の発行済み株式数

E_B＝M&A を実施しない単独企業として実施企業の次年度の予想当期利益

E_T＝M&A を実施しない単独企業として対象企業の次年度の予想当期利益

$E_{シナジー}$＝M&A 後の統合企業としてのシナジー純効果による予想当期利益の増加分

DCF＝M&A 後の統合企業の DCF 価値

PER＝M&A 後の統合企業の予想当期利益ベースの PER

　この数式を用いることにより，統合企業の DCF 価値または PER を合理的に推測することができれば，M&A 実施企業も対象企業の株主も価値を高める株式交換比率を探ることができる。さらに，その範囲の中で，妥当な買収プレミアムを設定することが可能となる。

2．アーン・アウト

　上述の通り，M&A の資本調達問題は，極論すれば現金を調達して支払う

か，それとも自社の株式を支払い手段とするかという問題に行き着く。現金支払いの場合，支払い対価は確定するが，株式支払いの場合，自社（M&A実施企業）の株式の価値が支払い対価であるため確定しない。現金支払いは売り手（対象企業の株主）にとっては対価が確定するため好ましいが，買い手（M&A実施企業）にとってはシナジー純効果がまだ実現していない時点で支払いだけが確定してしまうため回避したいという意識が働く。逆は逆である。

この利害対立を解消する1つの方法が，アーン・アウトである。アーン・アウトとは，売り手への支払い額を対象企業の将来の業績に連動させる手法である[13]。アメリカでは，小規模で非上場企業を対象としたM&Aにおいて用いられることが多い。これは，それらの企業が社歴の浅さなどにより将来の業績の不確実性が高いことが理由である[14]。日本では浸透していないが，中小企業M&A市場の拡大に伴い，アーン・アウトが広がる可能性もあるだろう[15]。

第5節 LBO

M&Aは，多くの場合，内部資金の範囲内で行われる。しかし，外部資金，なかでも負債で必要額を調達する事例も存在する。そのうち，買収金額の多くを負債に依存するものをLBO（Levereged Buy-out）と呼ぶ。より正確には，「買収対象会社の将来キャッシュフローなどを担保とすることで，買い手が債務責任を負わない借入金で，買収資金の大半を調達する企業買収手法」[16]がLBOである。

この定義にあるとおり，LBOのM&A手法として特徴的な点は，M&A実施企業（買い手）が債務者とならずに負債資金を調達して対象企業を買収する点である。これを実現するための重要な条件は2つある。1つ目は，負債資金が買い手の信用ではなく対象企業の将来キャッシュフローを担保としたノンリコースローン（非遡及型貸付）であることである。この結果，買い手がLBOを実施する主体であるにも関わらず，自身が債務者とならない。2つ目は，ローンが実行されるのは買い手が対象企業の経営権を獲得しさらに合併した時点であることである。この結果，ローンの担保である対象企業の将来キャッ

シュフローの帰属が，ローンの契約者である買い手に移ることになる[17]。このような特徴から明らかなように，LBO はいわば対象企業のキャッシュフロー帰属権を目的とした M&A ともいえよう。

　しかし，負債の大幅増のため，負債の節税効果はあるものの，LBO 後の対象企業の当期利益は LBO 前より減少する。さらに，対象企業は LBO 前から事業を運営しキャッシュフローを生み出してきている。そのため，LBO 前の経営がよほど劣悪でない限り，LBO 後の対象企業単独の業績が大幅に改善し続けることは容易ではない。ローンを提供する金融機関もこのことを予測するため，利払い能力の高い企業が対象となる場合のみをノンリコースローンを提供する。この結果，LBO の対象となりやすい企業は，キャッシュフローが安定し，既存の負債がほとんどない企業に限られる。

　それでは，LBO は実施に値する M&A 手法なのであろうか。図表 10-2 は，LBO の投資収益のイメージを理解するための仮設シミュレーション数値である。この表の対象企業は，負債はなく，安定的にキャッシュフロー（営業利益）を生み出している。PER は 10 倍であるため，当期利益 30 億円の 10 倍の 300 億円が時価総額であり，かつ企業価値である。この企業に LBO を行うとする。買収プレミアムを 20% とすると 300×1.02＝360 億円が買収額となる。このうち買い手の自己資金すなわち初期投資額が 80 億円のみとすると，残りの 280 億円はノンリコースローンの融資で賄うことになる。

　シナジー純効果については，LBO 後の経営改善によって対象企業の営業利益は +4 年度まで年 4% 成長するが，LBO 実施企業は当初マイナスが生じるがその後プラスになり +4 年度以降には毎年 4 億円のプラス効果が生まれると想定する。この場合，割引率が 4% で一定とすると，+5 年度以降の継続価値は 122.39 億円となる。これらの現在価値の合計である 91.51 億円から初期投資額 80 億円を差し引いた 11.51 億円が NPV となる。

　この仮設例では NPV がプラスであるが，企業価値を見ると，その増加は，実施前の 300 億円からローン返済後の +4 年度末の 308.96 億円へのわずか 9 億円程度である。これは，営業利益の増加および支払利息に伴う節税効果といったプラスの効果の一方で，5 年分の支払利息がマイナスになっているためである。このように，LBO は，シナジー純効果をまず LBO 前の株主に買収プレミ

アムとして支払い，さらにローン債権者に支払利息を支払った後に残った部分を買い手が得るという仕組みである。したがって，(とくに+4年度以降の)シナジー純効果が実際には予測通りに得られなかったり，買収プレミアム，ローン金利，割引率が大きくなれば，NPVがマイナスになる可能性がある。

このように，LBOは条件が多く，必ずしも容易に投資収益が見込めるM&A手法というわけでない。このような理由もあり，日本では買収ファンド

図表10-2　LBOの投資収益シミュレーション

		独立継続	LBO実施					
		初年度(億円)	初年度	+1年度	+2年度	+3年度	+4年度	+5年度以降
対象企業	営業利益	50	50	52	54.08	56.243	58.49	
	支払利息 (2.5%)	0	7	7	7	7	7	
	税金 (40%)	20	17.2	18	18.83	19.70	20.60	
	当期利益	30	25.8	27	28.25	29.55	30.90	
	金利カバレッジ	−	7.14倍	7.43倍	7.73倍	8.03倍	8.36倍	
	PER	10倍	10倍	10倍	10倍	10倍	10倍	
	時価総額	300	258	270	282.48	295.46	308.96	
	有利子負債	0	280	280	280	280	0	
	企業価値	300	538	550	562.48	575.46	308.96	
LBO投資収益	買収プレミアム		20%					
	買収額		360					
	自己資金 (初期投資額)		80					
	融資額		280					
	割引率 (一定)		4.0%					
	対象企業のシナジー純効果		−4.2	−3	−1.75	−0.45	0.90	22.39
	実施企業のシナジー純効果		−3	0	1	2	4	100.00
	シナジー純効果 (合計)		−7.2	−3	−0.75	1.55	4.90	122.39
	シナジー純効果の現在価値		−7.2	−2.88	−0.70	1.37	4.18	96.73
	シナジー純効果の現在価値合計		91.51					
	NPV		11.51					
	IRR (+4年度末に全株売却)		37.2%					

注：シミュレーションの前提として，LBO後の対象企業の営業利益は年4%成長 (+5年度まで)，PERは一定，LBO実施後の株式時価総額はPERに基づく推計値，4年目のシナジー純効果がそれ以降も継続，対象企業のシナジー純効果は対象企業の独立継続初年度の当期利益との差額。IRRは初年度の自己資金，+4年度までの各年度の対象企業のシナジー純効果，および+4年度の時価総額 (株式売却額) から算出。

出所：服部 (2015)，326-329ページを一部参考にして筆者作成。

以外では LBO はほとんど用いられていない。なお，買収ファンドは投資収益計算として，NPV ではなく主に IRR（内部収益率）を用いる。買収ファンドの場合，実施企業としてのシナジー純効果はないため，対象企業の当期利益の増加額のみがシナジーとなる。図表 10-2 の例で＋4 年度末に対象企業の株式を時価総額で全て売却したとすると，308.96 億円を入手する。毎年のシナジー純効果とこの売却額に基づく IRR は 37.2％となる。この数値は買収ファンドにとって好ましいものである。この例では売却額である時価総額は PER10 倍を用いているが，PER が 6 倍に落ちても IRR は 20.6％となり，まずまずの数値である。このように，LBO は事業会社同士が長期間にわたってシナジーを生み出すために行う M&A には適しておらず，短期間で株主価値を高めたうえで売却することで高い投資利回りを稼ぐ買収ファンドに適した手法といえる[18]。

[注]
1) ここでいう「投資」とは営業活動および投資活動によるキャッシュフローの減少を伴う取引を指している。
2) 4 点のうち 3 点は坂本・鳥居（2015），232-238 ページに基づく。
3) たとえば，買収では連結会計上，子会社の売上高が親会社に合算される。合併では消滅会社の売上高が存続会社に合算される。
4) 上場会社においては，日々株価が形成される。しかし，株価はあくまで"株式"の売買価格であり，"企業"の売買価格ではない。
5) 上場企業においては，実際には 1 株の価値と 1 株の価格（株価）は一致しないことが通常である。この点は次節で述べる。
6) 正確には，M&A 前の株価にプレミアムを上乗せした価格が経営権取得の 1 株価格である。とはいえ，あくまで M&A 前の対象企業が生み出すキャッシュフローに基づいて形成される株価に基づいた金額が経営権取得額の多くを占めることは変わらない。
7) ただし，M&A 実施企業の M&A 後の将来利益増加分は M&A を原因としたもののみに限られる。
8) アビーム M&A コンサルティング（2008）で述べられる，買い手の経営ノウハウを導入することによる事業運営の改善に伴うバリューアップ効果である「事業改善効果」と事業統合によるバリューアップ効果である「相乗効果」が，ここで述べる「ポジティブ効果」である。同様に，アビーム M&A コンサルティング（2008）で述べられる，従業員や取引先の離脱や顧客の減少に伴うバリューダウン効果である「ステークホルダー逸走効果」がここで述べる「ネガティブ効果」である。
9) 監査法人トーマツ（2005），80-83 ページに基づく。
10) プルータス・コンサルティング（2012），180-182 ページに基づく。
11) アビーム M&A コンサルティング（2008），111-112 ページに基づく。
12) Bruner（2004），pp. 590-592 に基づく。
13) Bruner（2004），p. 609 に基づく。Bruner のこの説明は contingent payment としてのものであるが，同ページでは contingent payment が earnout と同等に用いられている。

14) Bruner (2004), p. 611.
15) アビーム M&A コンサルティング (2008), 73-74 ページを参照。
16) 服部 (2015), 322 ページ。
17) 服部 (2015), 322-323 ページに基づく。
18) LBO の買収ファイナンスにおける実務上の論点については,篠山・村岡 (2008) が詳しい。

[参考文献]

アビーム M&A コンサルティング編 (2008)『M&A におけるプライシングの実務』中央経済社。
監査法人トーマツ編 (2005)『M&A の企業価値評価』中央経済社。
坂本恒夫・鳥居陽介編 (2015)『テキスト財務管理論 (第 5 版)』中央経済社。
篠山幸嗣・村岡香奈子 (2008)『M&A ファイナンス (第 2 版)』金融財政事情研究会。
服部暢達 (2015)『日本の M&A 理論と事例研究』日経 BP 社。
プルータス・コンサルティング編 (2012)『企業価値評価の実務 (第 2 版)』中央経済社。
Bruner, R. F. (2004), *Applied Mergers and Acquisitions*, University Edition, John Wiley & Sons, Inc.

(文堂弘之)

第11章

M&Aの会計戦略[1]

はじめに

　本章では企業のM&Aに関する会計戦略について論じる。企業会計とは，企業が外部の利害関係者に対して開示する財務諸表やその作成基準全般を指す。企業会計のルールに基づき作成され，一般に開示される財務諸表は，外部の利害関係者（株主，債権者，その他のステークホルダー）にとって貴重な情報源であり，経済的な意思決定における判断材料になる。ひとたび企業の業績が低迷し，財務諸表上の数値が悪化すれば，

　『株価・格付けの低下⇒資金調達コストの増加・取引先の減少⇒さらなる業績悪化』

という負のスパイラルに陥る可能性がある。そのため，企業には財務数値を少しでも良いもの（見栄えのよいもの）にしようとするインセンティブが働く。

　M&Aがもたらす財務諸表への影響は，売上高，利益の総額の増加などのプラスと考えられることだけではない。M&Aを行えば買収企業の資産が移行されるため，資産の増加は効率性の低下に繋がり，利益率の低下といったマイナスの影響もある。また買収対象企業が抱えている負債も移行することになるため，負債額も増加することになろう。M&Aを株式交換により行ったのならば株式の希薄化のリスクを，借入金・社債により取得したのならば負債増加のリスクをそれぞれ抱えることになる。大型のM&Aであればあるほど財務諸表に与える影響は大きく，企業業績に対するリスクは大きくなる。

　そうしたリスクがあるにも関わらず，なぜ企業はM&Aを行うのであろうか。M&Aにおける最大の目的は，企業価値の向上であり，将来キャッシュ・

フローの獲得機会の拡大であろう。すなわち，一から独自に事業を作り上げる時間を節約し，かつM&A対象企業とのシナジー（相乗）効果を発揮させることで自社の優位性を強化することにある。多くの企業は，「1＋1＝2」ではなく，「1＋1＝3」になるような，いわゆるシナジー（相乗）効果を期待してM&Aを行う。

一方で，M&Aにおいて期待されるシナジー効果が発現するまでには一定程度の期間を要するであろうし，短期的には企業の業績は低迷する可能性がある。そのため，企業経営者は，M&Aを行う際には適切なエクイティストーリ（株価の成長戦略）を描き，利害関係者（とりわけ株主）に，将来の成長のためにいかに必要なものであるかを説明しなければならない。

M&Aにおける企業会計上の測定は，特殊，かつテクニカルな要素を含んでおり，企業経営者，もしくはM&Aを計画している財務担当責任者（CFO）などは，自社が適用している会計基準を踏まえた上で，M&Aを行う必要がある。とりわけ，M&Aを通じて貸借対照表上に計上される無形資産「のれん」（goodwill）の取扱いには注意が必要である。

「のれん」は，簡単に言えば買収プレミアム（買収価額と市場価額との差額）の総額である。この「のれん」は，実態のない資産であるにも関わらず，この価値の切り下げ（減損）が時に企業業績に大きな影響を及ぼすことになる。本章では，M&Aと「のれん」の関係について企業経営者が留意すべき点を中心に論じる。

第1節　企業会計と「のれん」

会社法，金融商品取引法，法人税法の各法律では，企業が財務諸表を作成する際に，一般に公正妥当と認められた会計基準（Generally Accepted Accounting Principles：GAAP）に従って処理を行うことを定めている。各法律で独自の処理を付け加えることはありうるものの，基本的な会計処理方法についてはGAAPに沿って行われる。連結財務諸表の作成上で，わが国が公正妥当と認めた会計基準は次の4つである。

・日本基準
・IFRS（International Financial Reporting Standards：IFRS）
・U.S.GAAP（アメリカの会計基準）
・修正国際会計基準（2016年4月より）

　2016年4月以降からIFRSを日本独自に修正した修正国際会計基準も適用することが可能になっている。日本基準には，企業会計原則ならびに日本の会計基準委員会（Accounting Standards Board of Japan：ASBJ）によって設定された各会計基準，適用指針，日本公認会計士協会が公表する実務指針などが含まれる。IFRSは，イギリス・ロンドンに本部を置く国際会計基準審議会（International Accounting Standards Board：IASB）が設定する基準である[2]。また日本の金融商品取引法では，SEC（米国の証券取引委員会）に登録し，年次報告書（様式20-F）を提出している企業は，U.S.GAAPに基づいて作成された連結財務諸表を日本での有価証券報告書に含めることが認められている。

　これらの基準間の差異は，国際的な会計基準の収斂（コンバージェンス）により相当程度縮まっている。しかしながら，いくつかの会計処理において違いがあり，大きな相違点の一つが，先述した「のれん」に関する会計処理である。「のれん」の会計処理は，日本基準とIFRS，U.S.GAAPでは図表11-1のように違いがある。

　日本基準においては20年以内で資産計上された「のれん」を定期償却（毎期一定額で費用処理）し，それと合わせて資産価値が減少しているかどうかをテスト（減損判定）し，減少している場合は，その相当分を費用として計上する（減損処理する）。IFRS，U.S.GAAPにおいては減損処理を行うのみとなっている。

　企業は取得した資産については，基本的に償却という形で費用化し，資産の価値を減らすことが求められる。これは資産の持っている価値の減少と，その資産から得られる将来キャッシュ・フローとを対応させようとする，企業会計上のロジックである。しかしながら，先述した様に「のれん」は実態のない無形資産であり，建物や車両のようにその資産を使用することを通じて，将来キャッシュ・フローが得られているかどうかを直接的に把握することは出来な

図表 11-1　日本基準と IFRS，U.S.GAAP における会計処理の相違点

日本基準	IFRS，US.GAAP
20 年以内で定期償却と減損処理	減損処理のみ

出所：各基準の資料に基づき，筆者作成。

い。そのため，IFRS，U.S.GAAP は，「のれん」を非償却（費用化しない）とし，その時の時価（公正価値）を測定し，必要に応じて減損する考え方を採用している。

第 2 節　「のれん」と買収プレミアム

1．「のれん」の算定方法

　M&A による投資は，得られる Net Present Value（正味のキャッシュ・フローの総和；NPV）が必ずプラスにならなければならず，M&A を計画した段階で，その事を予想（期待）して行っているはずである。しかしながら，M&A では，買収プレミアムを含めた買収対価を先払いで支払うのに対して，シナジー効果が具現化し，キャッシュを獲得（回収）できるまでに一定の時間を要する。企業会計上では，この買収プレミアム額を超過収益力という解釈に基づき「のれん」という勘定科目で資産計上を行うことが認められている。

図表 11-2　「のれん」と買収プレミアムの関係

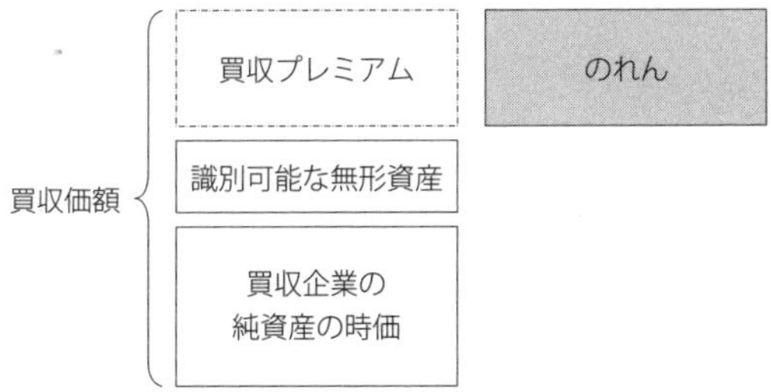

出所：筆者作成。

企業会計上に計上される「のれん」は，図表11-2で示しているように，以下の算定式で求められる。

「のれん」＝買収企業の買収価額－買収企業の純資産時価－企業が貸借対照表
　　　　　 に計上していない識別可能な無形資産

買収企業の純資産時価は，以下のように資産と負債を時価評価した差額により求められる。

買収企業の純資産時価＝買収企業の資産（時価）－買収企業の負債（時価）

買収対象企業が保有している知的財産の中には，特許権などの無形資産が含まれることがある。M&Aは時に，こうした資産を取得することを目的に行われる。例えば，武田薬品工業は2011年5月にスイスに本社を置くナイコメッドを買収した際に，年間約300億円のM&Aによるシナジー効果の他に，重症慢性閉塞性肺疾患（COPD）治療薬Daxas®による売上高の増加を見込んでいたことを明らかにしている。識別可能な無形資産とは，こうした無形資産の中で，貸借対照表に計上されていない（オフバランスされている）ものである。企業会計では，自己創設（企業自身で生み出した）の無形資産は資産計上することは，客観性の観点から原則認められていない。しかしながら，M&A時には，外部からの評価に基づき一定の客観性が担保されるため，オフバランスされている無形資産を資産計上しなければならない。

第3節　「のれん」の減損テスト

1．減損の基本的な手続

　減損は，「のれん」を含む全ての有形・無形の資産に対して要求される会計処理である。減損は，保有している資産の将来キャッシュ・フローが低下した場合に行われ，減損認識時には，価値下落分が減損損失として費用計上される。減損の基本的な手続は以下の2つに集約される。

　市場環境や企業業績の悪化，資産の毀損等の理由により，資産を保有するこ

図表11-3 減損の手続きの流れ

出所:各基準の資料に基づき,筆者作成。

とで得られる将来の経済的便益が減少した場合(または全くなくなった場合),こうした現状を,減損損失を計上することで財務諸表上に反映させる。減損の対象になるのは,工場や本社ビル,福利厚生施設などの有形固定資産,借地権や企業結合の際に計上する「のれん」などの無形資産まで幅広い。

企業は少なくとも年に1回,減損の兆候の有無を検証し,その有無を評価しなければならない。こうした検証を減損テストとよぶ。もし減損兆候が存在していた場合,企業は該当する資産の回収可能価額を算定しなければならない。減損の兆候の有無を判断する際には,少なくとも図表11-4に挙げられる内部情報と外部情報の各要素を考慮する。

減損の兆候の判定は,こうした経済環境の変化に伴う市場価値の減少(外部情報)と資産の陳腐化や使用状況の変化(内部情報)を総合的に判断して行われる。こうした検証に基づき,「のれん」の減損があると判定されれば,次の算定式に基づき減損損失額を測定する。

図表11-4 減損の兆候―外部情報と内部情報

外部情報	・市場価額が著しく下落していること ・技術的,市場的,経済的もしくは法的環境の著しい変化が発生した,もしくは将来発生すると見込まれていること ・市場利率又は投資についてのその他の市場収益率の上昇が,資産の使用価値の計算に用いられる割引率に影響すること ・企業の純資産の帳簿価額が,その企業の株式の時価総額を超過していること
内部情報	・資産の陳腐化又は物的損害の証拠がある ・資産の使用状況の変化 ・資産の経済的成果の悪化

出所:各基準の資料に基づき,筆者作成。

「のれん」の減損損失額＝「のれん」の帳簿価額－「のれん」の時価（公正価値）

　「のれん」の時価は，直接測定することは出来ないため，減損テスト時に買収対象企業の資産・負債を測定して求める。「のれん」の時価が，帳簿上の「のれん」の額を下回る場合，その差額が減損損失として計上される[3]。

　「のれん」の時価を測定することは，M&A 時におけるプロセスをもう一度行い，再評価することを意味する。その測定におけるインプット情報は，市場で得られる情報が用いられる。そのため，株価が低迷したり，収益の見通しが悪くなった場合に，インプット情報として用いられている市場変数が低下し，減損損失は発生し易くなる。

2．M&A の失敗と「のれん」

　「のれん」は，企業の買収価額が，識別可能な無形資産を含む純資産時価を上回る高い金額で取引した場合に発生する。つまり，買収において損をした場合に発生することになる。仮に「のれん」がマイナスの値になった場合（買収において得をした場合），それは負の「のれん」として一括で収益処理される。

　こうしたプロセスで貸借対照表上に計上される「のれん」とは何であろうか。「のれん」は，ブランド力などから発現する買収企業の超過収益力とも解することも出来るし，単なる差額計算による求められる値である，と捉えることも出来よう。いずれにしても企業経営者は，M&A 時に発生する「のれん」の取り扱いに注意を払う必要がある。特に，高額な買収プレミアムを支払えれば支払うほど「のれん」は高額になるため，減損時に多額の損失が計上される可能性が高くなる。

　想定していた M&A による効果が得られず，買収プレミアム分の投資額を回収できなければ，M&A は失敗ということになる。そう判定されれば必然的に減損処理が行われることになる。M&A では，当初予想していたシナジー効果が表れないケースもしばしば見受けられる。その典型的，かつ有名な事例としては，古いものではあるが AOL とタイム・ワーナー，イーベイとスカイプなどが挙げられよう。

　2001 年のタイム・ワーナーと AOL の合併に伴い誕生した AOL タイムワー

ナーの貸借対照表上には，1,274億ドルもの巨額な「のれん」が資産計上された。AOLタイムワーナーの当時の総資産額が2,085億ドルであるので，総資産に占める7割以上が「のれん」として計上されたことになる。

　メディア業界大手のタイム・ワーナーと通信大手のAOLの合併は，2000年に新旧メディアの融合として大きく取り上げられた。このM&Aでは，タイム・ワーナーがAOLを買収する形で行われ，買収価額に1,640億ドルを要する最大規模のM&Aとなった。買収価額および巨額の「のれん」代から，如何にこの合併で期待された効果が大きかったのかが窺える。しかしながら，その期待された効果は収益に反映されることなく，合併の翌年の2002年には，AOLタイム・ワーナーは，「のれん」の減損損失額446億ドルを計上し，その後，AOL部門の事業低迷に伴い2009年12月にタイム・ワーナーがAOLを再び分離（スピン・オフ）する形で合併は解消された。その他の事例としては，米電子決済大手のイーベイは，2005年に買収したルクセンブルクのIP電話会社スカイプに対する「のれん」の減損損失13億9,000万ドル（「のれん」の60％が減損）を計上し，2011年後半にスカイプを分離している[4]。こうした事例では，M&Aにより買収したものの期待された効果が得られないことを理由に，再び分離している。そして分離する際には必ず巨額の減損損失を計上している。

第4節　「のれん」の減損リスク

1．減損回避行動

　M&Aは企業の行う経済取引の中でも取引額が大きく，かつ頻繁に行われるものではなく，個別性も強い。そのため，予想したシナジー効果が発現出来ないことも多い。当初見込まれたシナジー効果が失われた（減少した）場合，企業に経済的損失を与えることになる。企業会計上では，この経済的損失を減損損失という形で費用計上され，当期の利益が減少することになる。

　いくつかの減損事例をみても分かるように大型のM&A後の減損は，企業業績に大きなマイナスの影響を与えることになる。そのため，企業は「のれ

ん」の減損をできる限り遅らせようとする行動が時に見られる。「のれん」の減損テストにおいては，買収企業の価値を再評価して行う必要がある。しかしながら，M&A 後に買収企業の多くは，上場廃止になり，外部からはその業績が見えにくくなる。「のれん」の減損テストにおいては時価評価を行う必要があるものの，市場価格のないものに対する時価評価には測定者の恣意性が入る可能性が高い。監査人である公認会計士も「のれん」の減損判断が適切に行われているかどうかを適正に判断することが難しい。

このように外部のチェックを徹底させることが難しいため，企業経営者はしばしば「のれん」の減損テストを甘く見積り，減損損失の計上を回避しようとする。特に，「のれん」の減損・非償却というアプローチを採っている IFRS・U.S.GAAP 適用企業では，毎期の定期償却を行ってない分，減損時に計上しなければならない損失額（費用額）は過大になる傾向にあり，減損損失を遅らせようとする行動がより顕著にみられる。

そのことを明らかにした報告書として，European Securities and Markets Authority（欧州証券市場機構；以下，ESMA）が 2013 年に公表した報告書がある。ESMA（2013）は欧州市場において上場している 235 社（IFRS 適用企業）をサンプリングし，減損の実態について調査した。その結果，2011 年末における減損損失額は「のれん」総額の 5％であったことを報告している。2011 年末においては，サンプル企業における「資本の帳簿価額（簿価）／資本の時価」の比率が平均で 145％と相対的に割安な状況になっているにも関わらず，各企業が十分な減損を計上していないことを当報告書では問題視している。

2．膨れ上がる「のれん」のリスク

「のれん」の額は，大型の M&A が行われれば一気に増加する。例えば，ソフトバンク社は，2016 年 9 月 5 日に英国の半導体設計メーカーである ARM Holdings plc（ARM 社）の買収を総額 240 億ポンド（3.3 兆円）の現金により行った[5]。この買収に伴うプレミアムは，2016 年 7 月 15 日の ARM 社の株価の終値に対して 43％であったことがロイターにより報じられている[6]。図表 11-5 は買収前後で同社の貸借対照表の構成がどのように変わったのかを表し

図表 11-5 ソフトバンク社の ARM 社の買収前後の貸借対照表の変化

・買収前（2016 年 3 月末時点）　　・買収後（2016 年 12 月末時点）

出所：ソフトバンク社の 2016 年第 3 四半期の報告書に基づき作成。

ている。

　2016 年 3 月期時点の「のれん」は総資産に対して 7.8％であったのに対して，買収後の 2016 年 12 月末時点の「のれん」は総資産に対して 19.5％にまで膨れ上がっている。つまり，差し引きの 12％は ARM 社の買収によるものである。「のれん」4.9 兆円は資本金 4.0 兆円を上回る額であり，2016 年 3 月末の営業利益 9,995 億円の 5 倍以上の金額である。ARM 社の買収に伴い負債額も 4 兆円増加しており，仮に ARM 社の「のれん」が減損することになれば，ソフトバンク社は債務超過に陥る可能性があることが分かる。

第 5 節　減損リスクへの対応

　シナジー効果の一部であり，買収プレミアム額でもある「のれん」は，資産に計上されている額が過大になればなるほど，企業業績に及ぼす影響は大きくなる。適用する企業会計基準により「のれん」が及ぼす影響に違いはあるものの，財務諸表に与える影響は基本的には変わらない。「のれん」を償却資産と

捉え，定期償却する場合には，毎期の償却費の負担が企業業績を押し下げる。非償却資産と捉える場合は，毎期の業績に与える影響はないものの，減損時に一気に「のれん」の減損損失が認識されることになる。高額な「のれん」は，経営のリスクを高める。企業業績の低迷と「のれん」の減損は同時に生じることが多いため，企業にとっては「ダブル・パンチ」となる。

　大型の「のれん」の減損事例は，企業が買収に際して慎重にデューデリジェンスを行い，過大な買収プレミアムを支払うことのリスクを示唆している。仮にM&Aが失敗して，「のれん」の減損を計上する必要がある場合，企業経営者はどのように対応すべきであろうか。

　減損の必要性があるにも関わらず，減損を遅らせることは企業にとって問題の先送りに他ならず，損失を拡大させることになる。例えば経営再建中の東芝は，2006年にM&Aを行った米国の原子力発電事業を行っているウェスチングハウス（Westinghouse Electric Corporation：WH）社を5,400億円で買収し，3,500億円の「のれん」を計上した。買収したWH社は，同社の財務諸表内で，資産に対する減損が2012年度と2013年度にそれぞれ1,300億円ほど減損損失を計上しており，東芝がWH社の「のれん」を適正に評価しているかどうかについて疑問が呈されていた。そうした疑問に答えるために東芝は，2015年11月17日付のプレス・リリースの中で，同社における「のれん」の減損損失は認識できなかった，と説明していた[7]。それにも拘わらず東芝は，2016年4月にWH社の「のれん」の大半を減損すると発表した[8]。この減損損失の結果，2016年3月期決算において東芝は債務超過に陥る見込みである。2015年度に計上されなかった減損が計上される理由について，東芝は，同社の格付け低下に伴う見積値の変更を挙げている。

　同社の減損テストが適正であったかどうかについては定かではない。ただ，プレス・リリースからうかがえることは，東芝がWH社の事業から得られるシナジー効果を高く評価しており，収益事業とみなしていたということである。WH社の事業に対する「損切り」が遅れてしまったことが，結果として損失の拡大を招き，債務超過という事態を招いたといえよう。結果論ではあるものの，より早い段階，具体的には2012年度にWH社の減損損失を計上し，事業を見直していれば，ここまでの状況に陥らなかったであろう。

事業の見直しが早い事例としてはソニーがあげられる。ソニーは 2013 年度から構造改革を行った結果として，2014 年度においてスマートフォン事業において 1,800 億円の「のれん」の減損を計上している。2017 年 1 月 20 日にもソニーは，映画事業で発生した減損損失 1,121 億円を 10～12 月期の連結決算に計上すると発表している[9]。こうしたネガティブな情報が報道されているにも関わらず，一時低迷していたソニーの株価は回復傾向にあり，2011 年 10 月末には 801 円にまで低迷していた株価は，2016 年 1 月末時点で 3,423 円にまで回復している。2017 年 3 月期においても映画事業の減損損失の計上により前年度より 18.4％減少であるもの 2,400 億円の営業利益を確保する見込みである[10]。

　AOL・タイム・ワーナーの合併，イーベイによるスカイプの事例でも分かるように事業から収益性を生み出さないと判断すれば素早く切り離す（スピンオフ）する必要がある。そのためには「のれん」の減損に踏み切る必要がある。財務諸表上の損失を恐れて，この判断を遅らせることが結果として企業に重大な事態を招くリスクがあることを企業経営者は認識する必要があろう。

[注]

1) 本章は，科学研究費補助金（研究種目：基盤研究 (c)）：課題番号：15K03776）に基づく成果の一部である。
2) IFRS は正確には，IASB の前身である国際会計基準委員会 (International Accounting Standards Committee：IASC) が設定した基準名称である IAS と 2001 年 4 月に IASB が設立されて以降の基準名称である IFRS の両方を含んでいる。IFRS とは別に解釈指針である IFRIC がある。通常，IFRS を適用するということは IAS，IFRS，IFRIC などのすべての基準を適用することを意味する。
3) 本章では用語の統一の関係から時価という言葉を用いている。ただし，企業会計上では，こうした時価評価のことを公正価値 (fair value) という用語を用いている。また本章で触れていないが，「のれん」の発生時に現金生成単位に振り分ける処理が必要になる。「のれん」の減損は，各現金生成単位で行われる。
4) その後，マイクロソフト社がスカイプを買収している。
5) ソフトバンクグループ株式会社プレス・リリース「当社による ARM 買収の提案に関するお知らせ」(http://www.softbank.jp/corp/news/press/sb/2016/20160718_01/，2016 年 7 月 18 日付記事)。
6) ロイター社「ソフトバンクが英半導体設計 ARM を 3.3 兆円で買収，IoT 強化へ」(http://jp.reuters.com/article/softbank-arm-iot-idJPKCN0ZY0KX，2016 年 7 月 18 日付の WEB 記事)。
7) 株式会社東芝プレス・リリース「当社子会社であるウェスチングハウス社に係るのれんの減損について」(https://www.toshiba.co.jp/about/ir/jp/news/20151117_1.pdf，2015 年 11 月 17 日付)。
8) 株式会社東芝プレス・リリース「当社原子力事業に係るのれんの減損及び WEC グループ株式の評価損について」(http://www.toshiba.co.jp/about/ir/jp/news/20160426_2.pdf，2016 年 4 月 26

日付)。
9) ソニー株式会社 IR ニュース「映画分野の営業権に関する減損計上のお知らせ」(http://www.sony.co.jp/SonyInfo/IR/news/20170130_01J.pdf, 2017 年 1 月 30 日付)。
10) ソニー株式会社「平成 29 年 3 月期第 3 四半期決算短信〔米国基準〕(連結)」(https://www.sony.co.jp/SonyInfo/IR/library/fr/16q3_sony.pdf)。

[参考文献]
ESMA (2013), *European Enforcer's Review of Impairment of Goodwill and Other Intangible Assets in the IFRS Financial Statements*.
＊本章で参考にした会計基準書などは省略した。

(上野雄史)

第12章 M&A・バイアウトと事業再生

はじめに

　日本において，この20年の間に，事業会社やバイアウト・ファンドがエクイティ・スポンサーに就任するスポンサー型の事業再生の案件が多数登場した。スポンサーの特性という観点から分類すると，当初より事業会社がスポンサーとなって対象企業を支援するケースがあるほか，当初はバイアウト・ファンドがスポンサーとなって一定期間の経営支援を行ってからM&A（mergers & acquisitions）により事業会社の傘下に入るケースも多数存在する。また，バイアウト・ファンドが再生スポンサーとなるケースでは，プロフェッショナル経営者やプロフェッショナルCFO（chief financial officer）などの経営人材の投入が行われるケースも多い。

　そこで，本章では，M&Aとバイアウトの特徴の比較を行った上で，バイアウト・ファンドがスポンサーとなることの優位性について考察する。まず，M&Aとバイアウトの相違と特徴の比較について述べる。次に，バイアウト・ファンドの投資プロセスと日本における事業再生型バイアウトの動向について明らかにした上で，バイアウト・ファンドがスポンサーとなる意義についての考察を行うこととする。

第1節　M&Aとバイアウトの相違

1．定　義

　一般に「企業買収」を表す用語としては，「M&A」と「バイアウト（buy-

outs)」が存在するが，両者の概念の相違は，図表 12-1 および図表 12-2 のように示すことができる。

　この図表が示すように，M&A とバイアウトは，買収主体が，「企業」であるのか，「経営陣」・「従業員」などの個人や，「バイアウト・ファンド」などの投資会社であるのかにより区別される。M&A と呼ばれるときの買収は，企業が別の企業・事業部門を戦略的に買収することを指し，バイアウトとは，経営陣，従業員，バイアウト・ファンドなどの投資家が，企業・事業部門を買収することを指すということになる[1]。バイアウトのケースでは，経営陣のみで経営権を掌握するケース，経営陣とバイアウト・ファンドが共同で経営権を掌握するケース，バイアウト・ファンドが100％を掌握するケースなど，多様な形態が存在する。また，バイアウト・ファンドと事業会社が共同で出資するケースも一部にみられる。

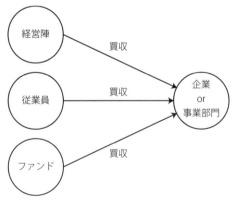

図表 12-1　M&A の概念

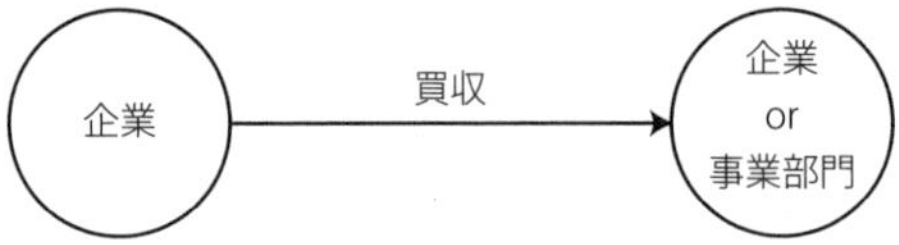

出所：筆者作成。

図表 12-2　バイアウトの概念

出所：筆者作成。

2．M&Aの事例

　事業会社がスポンサーとなった事例では，同業もしくは事業領域が比較的近い企業がスポンサーとなることが多い。図表12-3は，事業再生型M&A案件の一例を示しているが，大阪に本社を置き「ウスターソース」の製造・販売を行う調味料メーカーのイカリソースの事業は，東京に本社を置く調味料メーカーのブルドックソースの子会社が譲り受けている。また，九十九電機のパソコンおよび周辺関連機器の企画開発・販売事業は，ヤマダ電機が設立した子会社が譲り受けている。そして，日用品の製造・販売を行っていた白元の事業は，家庭用殺虫剤の事業を展開するアース製薬が設立した白元アースが譲り受けている。

図表12-3　事業再生型M&A案件の一例

年月	案件名	類型	買収主体 （スポンサー）	スキーム
2005年11月	イカリソース	会社更生	ブルドックソース	ブルドックソースの子会社が更生会社イカリソースの営業譲渡を受け，イカリソースとして営業開始
2009年3月	九十九電機	民事再生	ヤマダ電機	ヤマダ電機の子会社が九十九電機のパソコンおよび周辺関連機器の企画開発・販売事業を譲り受けて事業を開始
2009年9月	新タック化成	民事再生	王子製紙	王子製紙が設立した新タック化成が，タック化成，タック，タック加工より事業譲渡を受けて生産および販売を開始
2012年2月	林原	会社更生	長瀬産業	100％減資後の第三者割当増資
2013年11月	インデックス	民事再生	セガサミーホールディングス	セガサミーホールディングスが設立した子会社がインデックスのデジタルゲーム事業，コンテンツ＆ソリューション事業，アミューズメント事業を譲り受けて事業を開始
2014年1月	レモール	民事再生	ベルーナ	会社分割により，新設会社に対し，ベビー事業およびギフト事業に関する権利義務を承継させ，ベルーナが新設会社の株式をレモールから取得
2014年9月	白元	民事再生	アース製薬	アース製薬が設立した白元アースが，白元の事業を譲り受けて事業を開始
2014年9月	きむら食品	民事再生	サトウ食品工業	サトウ食品工業が設立した宝町食品（後にきむら食品に商号変更）が，きむら食品の事業を譲り受けて事業を開始

出所：各社プレスリリースに基づき筆者作成。

3．バイアウトの事例

図表12-4は，事業再生型バイアウト案件の一例を示している。産業財の製造業のほか，ゴルフ用品，眼鏡，アパレルなどの消費財・小売などの案件も多数成立している。また，地方の中堅・中小企業の事例も多い。

バイアウト・ファンドと事業会社が共同で出資を行うケースも存在するが，この場合には，対象企業は事業会社とバイアウト・ファンドの両方の支援を受けることが可能となる。具体的な事例としては，菓子製造業の東ハト[2]の案件において，ユニゾン・キャピタルがアドバイザーを務めるファンドのほか，玩具メーカーのバンダイ（その後はグループ内の組織・資本再編によりバンダイナムコホールディングスが保有）と総合商社の丸紅が共同出資を行っている。事業会社との具体的な連携としては，バンダイとのコラボレーション商品の開発が積極的に行われた。2004年3月には，東ハトが持つ菓子のノウハウ

図表12-4　事業再生型バイアウト案件の一例

年月	案件名	類型	買収主体（スポンサー）	スキーム
2003年3月	ワンビシアーカイブズ	－	東京海上キャピタル その他共同投資家	営業譲渡
2004年3月	明道メタル	－	フェニックス・キャピタル	営業譲渡
2006年3月	本間ゴルフ	民事再生	アント・キャピタル・パートナーズ，他1社	100％減資後の第三者割当増資
2006年9月	キャスコ	－	ネクスト・キャピタル・パートナーズ	第三者割当増資
2007年9月	小松ライト製作所（現ボーンズ）	－	トライハード・インベストメンツ	100％減資後の第三者割当増資
2009年5月	オリーブ・デ・オリーブ	民事再生	J-STAR	事業譲渡
2009年12月	ヨウジヤマモト	民事再生	インテグラル	事業譲渡
2012年12月	ポリマテック・ジャパン	民事再生	CITIC Capital Partners	会社分割
2013年7月	花菱縫製	－	フェニックス・キャピタル	事業譲渡
2015年1月	アコール	－	ネクスト・キャピタル・パートナーズ	事業譲渡

注：買収主体（スポンサー）については，当該投資会社がサービスを提供もしくは運用・助言などに携わるファンドも含めて総称して「買収主体（スポンサー）」と表記している。
出所：日本バイアウト研究所のデータや各社プレスリリース（一部ヒアリングを含む）に基づき筆者作成。

図表 12-5　事業会社とバイアウト・ファンドが共同出資した主要案件

年月	案件名	類型	買収主体 （スポンサー）
2003年5月	東ハト	民事再生	ユニゾン・キャピタル バンダイ 丸紅
2010年11月	穴吹工務店	会社更生	合同会社ジェイ・エル・ケイ （ジェイ・ウィル・パートナーズが管理・運営するファンドおよび大京が出資）
2015年5月	江守コーポレーション	民事再生	合同会社江守コーポレーション （興和紡およびジェイ・ウィル・パートナーズが管理・運営するファンドが出資）
2015年9月	スカイマーク	民事再生	インテグラル・パートナーズ DBJコーポレート・メザニン・パートナーズ ANAホールディングス

注：買収主体（スポンサー）については，プライベート・エクイティ・ファンドの場合は，当該投資会社がサービスを提供もしくは運用・助言などに携わるファンドも含めて総称して表記している。
出所：日本バイアウト研究所のデータや各社プレスリリースに基づき筆者作成。

とバンダイが持つキャラクターエンターテイメントのノウハウを融合したコラボレーション商品の第一弾スナック菓子の「金色のガッシュベル！スナック」が発売されており，両社のパートナーシップの強化を目指す契機にもなった。

第2節　M&Aとバイアウトの特徴の比較

　前節では，買収主体による相違について述べたが，本節では，株式の保有期間，経営人材の登用方法，経営の独立性の維持，という観点からM&Aとバイアウトの特徴について比較する。

1．株式の保有期間

　事業会社がスポンサーとなるM&Aのケースでは，買手の事業会社はグループ戦略の一環として株式を取得することから，通常は取得した株式を将来売却することは想定していない。ただし，中長期的な視点で自社のグループ経営戦略から外れてしまうケースや当初想定していたシナジー効果が見込めなかった

ケースなどでは，状況に応じて売却されるケースも存在する。また，業績が好調であっても，事業の「選択と集中」の方針により，「戦略的売却」が実施されるケースもある3)。

一方，バイアウトのケースでは，バイアウト・ファンドには存続期間が定められており，その存続期間内にバイアウト・ファンドは保有株式を売却する必要がある。バイアウト・ファンドが保有株式を売却して投資の回収を図ることは，一般にエグジット（exit）と呼ばれている。バイアウト・ファンドの存続期間は，10年（8年程度の場合も存在する）に設定されることが多く，2〜3年の延長可能期間が設けられていることも多い。そのため，個別の案件は，概ね3〜7年程度でエグジットすることとなる。具体的なエグジット方法と傾向については，第4節で詳述する。

2．経営人材の登用方法

事業再生の対象企業に送り込む経営人材の登用方法も，事業会社とバイアウト・ファンドでは異なる。M&Aの場合には，スポンサーとなる親会社と対象企業との事業シナジーを追求するという観点から，親会社やグループ会社から経営人材やその他の役職員が対象企業に送り込まれることとなる。組織融合やシステム統合などのPMI（post-merger integration）を主導する人材は「PMI人材」と呼ばれることもある。前述の白元の事例では，新会社の白元アースの

図表12-6　白元アースの役員（2014年8月末現在）

氏名	役職	備考
吉村一人	代表取締役社長（兼）営業本部本部長	アース製薬からの出向役員
赤松良浩	取締役営業本部副本部長（兼）海外営業部長	アース製薬からの出向役員
三塚剛	取締役経営企画本部本部長	アース製薬からの出向役員
間瀬和秀	取締役SCM本部本部長	―
降矢良幸	取締役（非常勤）	アース製薬に在籍する非常勤役員
三枚堂正悟	取締役（非常勤）	アース製薬に在籍する非常勤役員
行田敏久	常勤監査役	―
田中精一	監査役（非常勤）	アース製薬に在籍する非常勤役員

出所：アース製薬のプレスリリース（2014年8月29日付）に基づき筆者作成。

役員として，アース製薬から3名の常勤役員が派遣されて経営に従事している。

一方，バイアウトの場合には，スポンサーとなるバイアウト・ファンドの経営人材ネットワークを活用し，プロフェッショナル経営者やプロフェッショナルCFOが必要に応じて外部から登用されることとなる。一般の事業会社は必要な経営人材を外部から登用することに慣れていないため，この点は，バイアウト・ファンドがスポンサーとなることの優位点であるといえる。また，ファームによっては，常駐派遣が可能な経営人材を内製化している場合もあり，人材の多様性という観点からも強みがある。図表12-7は，東ハトのバイアウト後の経営体制を，図表12-8は，スカイマークのバイアウト後の経営体制を示しているが，案件を契機として多様な経営人材が外部から招聘されている。

図表12-7 東ハトのバイアウト後の経営体制

役職	氏名	前職（兼職）
代表取締役社長	木曽健一	ユニゾン・キャピタル ディレクター
常務取締役	柴崎誠	バンダイ取締役
取締役会長（非常勤）	佐山展生	(ユニゾン・キャピタル 代表取締役パートナー)
取締役（非常勤）	藤嶋照夫	(タワーベーカリー 代表取締役社長)
取締役（非常勤）	林竜也	(ユニゾン・キャピタル パートナー)
執行役員営業本部長	森谷敏彦	東ハト取締役
執行役員マーケティング本部長	柴崎誠	(取締役兼任)
執行役員生産本部長	中島基文	タワーベーカリー 新規事業部マネジャー
執行役員営業推進室長	深井和夫	東ハト取締役
執行役員経営企画室長	後藤英恒	ボストンコンサルティンググループ コンサルタント
執行役員最高ブランド責任者（CBO）	中田英寿	(イタリア セリエA パルマ)
監査役	小高英二	東ハト取締役
監査役（非常勤）	光定洋介	(ユニゾン・キャピタル ディレクター)
監査役（非常勤）	水島正	(ユニゾン・キャピタル CFO)

出所：東ハトのWebサイト（当時）に基づき筆者作成。

図表 12-8　スカイマークのバイアウト後の経営体制

役職	氏名	前職（兼職）
代表取締役会長（取締役会議長，事業戦略総括）	佐山展生	（インテグラル 代表取締役パートナー）
代表取締役社長（経営戦略会議議長，事業運営，業務執行総括，監査室担当）	市江正彦	日本政策投資銀行 取締役常務執行役員
専務取締役（総括）	矢口秀雄	OCS 代表取締役社長
専務取締役執行役員（経営企画，マーケティング統括，情報システム担当）	本橋学	スカイマーク 執行役員 経営企画室担当
取締役執行役員（財務，経理，総務人事，上場準備担当）	西岡成浩	（インテグラル ヴァイスプレジデント）
取締役（安全・整備・運航・空港担当，安全統括管理者）	増川則行	全日本空輸 整備センター副センター長付 主席部員
執行役員（経理担当）	田上馨	スカイマーク 執行役員
執行役員（総務人事担当）	寺田成利	スカイマーク 執行役員
執行役員（空港管理担当）	仙北谷茂	スカイマーク 執行役員
執行役員（クルー管理・訓練審査担当）	小野輝雄	スカイマーク 執行役員
執行役員（安全推進担当）	兼子学	スカイマーク 執行役員
執行役員（整備担当）	松尾愛一郎	スカイマーク 執行役員
執行役員（マーケティング担当）	大橋一成	全日本空輸より出向
執行役員（監査室・内部統制担当）	佐藤洋一郎	日本政策投資銀行より出向
常勤監査役	坂木公禎	スカイマーク 常勤監査役
常勤監査役	谷村大作	総合地所 顧問
監査役	山内弘隆	（一橋大学大学院商学研究科教授）

出所：スカイマークのプレスリリース（2015年9月1日付・2015年9月29日付，一部ヒアリングを含む）に基づき筆者作成。

3．経営の独立性の維持

　M&A とバイアウトの特徴の比較について論じる際には，経営の独立性の維持という視点からも議論がなされることが多い。その議論の内容は，M&A の場合には，親会社の意向が強く反映されたり，グループ経営戦略に組み込まれることによって，対象企業が今まで維持してきた経営の独立性が失われたり，もしくは維持されにくくなるという主張である。そして，バイアウトの場合は，M&A と比較して，経営の独立性が維持されるというものである。

この議論については，バイアウトの場合には，経営の独立性が維持されやすいという点に疑う余地はないが，M&Aの場合には，親会社のスタンスや対象企業の経営状態にも左右されるという実態があると考えられる。特に，事業再生案件の場合で，旧経営陣の大半が経営の責任を取って退任するケースでは，親会社から複数の常勤役員（親会社と兼務の場合もある）が派遣されることとなることから，親会社の意向が反映されて，グループで一体となった経営がなされることが多い。

経営の独立性が維持されるか否かという点については，再生企業がバイアウト・ファンドの手を離れた後にも議論されることが多い。この点については，バイアウト・ファンドの投資先企業がM&Aでエグジットしたからといってすぐに経営の独立性が失われるわけではない。親会社のスタンスにも左右されるほか，子会社に独立した経営を維持していける経営力があるかどうかが重要なポイントとなる。一般に，バイアウト・ファンドによる経営支援が行われる場合には，人材の補強や後継者の育成を含む経営体制の強化が行われ，再生を果たした後にも当該企業が独力で生きていけるような体制に移行していく努力が行われる。そのため，エグジット方法がM&Aであっても，親会社に理解があれば，独立性をある程度維持した状態での経営を継続することも可能であると考えられる。

子会社の独自性を尊重するという姿勢を貫いている事業会社グループとしては，例えば，クリエイト・レストランツ・ホールディングスがあげられる。クリエイト・レストランツ・ホールディングスは，「グループ事業会社は，自らの個性と専門性を活かして，それぞれが得意な分野で成長を図り，積極的に店舗展開をしていくことで，持続的な成長を図っていく」というスタンスを採っており，子会社は独立性を維持し，必要に応じてグループ各社と連携するという体制が採られている。事業再生案件ではないが，クリエイト・レストランツ・ホールディングスがバイアウト・ファンドの投資先企業をM&Aで買収したケースとしては，SFPダイニングとKRフードサービスの事例が該当するが，SFPダイニングはその後株式公開を達成し，KRフードサービスも独自の経営を継続している。

第3節　バイアウト・ファンドの投資プロセス

　図表12-9は，バイアウト・ファンドの投資プロセスを示したものである。第一段階の投資の実行では，バイアウト時の社長は内部登用か外部登用か，バイアウトをする際の資金調達方法はどうするのか，経営陣は自己資金を拠出しバイアウト後の新会社に出資するかどうか，などが検討される。事業再生案件の場合には，バイアウト・ファンドが100％の株式を取得するケースが多い。ただし，MBI（management buy-ins）方式により，外部から着任した経営陣へのインセンティブとしてストップオプションが付与されるケースも存在する。

　通常，バイアウト・ファンドが企業を買収する際には，投資効率を高めるためにLBO（leveraged buy-outs）の方式が採用される。LBOとは，買収資金の一部を借入金などのデットで調達する買収方式であり，調達したデットはバイアウト後に対象会社が生み出したキャッシュで返済していくこととなる。LBOを実施した企業にとっては，滞りなくデットの返済が実施できるかが重要な課題となる。事業再生案件の場合においても，キャッシュフローを生み出している事業の譲渡スキームを伴う案件では，金融機関よりLBOローンが調達されることがある。

　バイアウト・ファンドの投資が完了して体制が決定した後には，第二段階として，投資先企業の経営改善支援が実施される。投資先企業の事業価値の創造

図表12-9　バイアウト・ファンドの投資プロセス

投資の実行	経営支援	投資の回収（exit）
・買収金額の算定 ・買収資金の調達 　（通常は買収資金の一部を借入で調達） ・経営陣へのインセンティブ付与	・経営陣の補強 ・基幹人材の投入 ・マーケティング・チャネルの拡大 ・戦略的提携の支援 ・株式公開支援	・投資回収の方法の選択 ・投資回収のタイミングの見極め ・全部売却 or 一部売却

出所：筆者作成。

は，バイアウトのプロセスにおいて最も重要な局面であり，収益力の強化のためにさまざまな施策が実施される。

そして，一定の支援が完了した後には，最終段階として，バイアウト・ファンドは投資の回収を行い，エグジットの達成がなされる。この際には，バイアウト・ファンドと経営陣の双方が納得するエグジット方法が選択されることが望まれる。具体的なエグジット方法としては，株式公開，M&A による事業会社への売却，他のバイアウト・ファンドへの売却，投資先企業が生み出したキャッシュでの買戻しなどがある。ある程度の規模や成長ストーリーがないと株式公開は難しく，規模が小さい企業の場合には，M&A やその他の方法でエグジットする場合が多い。

第4節　日本における事業再生型バイアウトの動向

1．事業再生型バイアウトの件数の推移とエグジット達成率

図表12-10 は，事業再生型バイアウトの件数の推移とエグジット達成率を示している。この図表からは，当該年次に何件の案件が成立し，2016 年 12 月末時点でどれくらいのエグジットが完了しているかを把握することが可能であ

図表 12-10　日本の事業再生型バイアウト案件の推移（2016 年 12 月末現在）

	1999 年	2000 年	2001 年	2002 年	2003 年	2004 年	2005 年
バイアウト案件数	2	1	10	7	22	16	15
エグジット案件数	2	1	10	7	22	16	15
エグジット達成率	100.0%	100.0%	100.0%	100.0%	100.0%	100.0%	100.0%

	2006 年	2007 年	2008 年	2009 年	2010 年	2011 年	2012 年
バイアウト案件数	13	10	9	16	8	1	6
エグジット案件数	13	10	9	13	7	1	2
エグジット達成率	100.0%	100.0%	100.0%	81.3%	87.5%	100.0%	33.3%

	2013 年	2014 年	2015 年	2016 年	合計
バイアウト案件数	7	1	10	1	155
エグジット案件数	4	0	0	0	132
エグジット達成率	57.1%	0.0%	0.0%	0.0%	85.2%

出所：日本バイアウト研究所。

る。まず，初期の頃からリーマン・ショック前に成立した案件については，すべてエグジットが完了している。次に，リーマン・ショック後数年間（2009年～2011年）に成立した案件も大半がエグジットに至っていることが読みとれる。

2．事業再生型バイアウト案件における社長の就任方法

図表12-11は，事業再生型バイアウト案件における社長の就任方法を示しているが，3分の2のケースでは，社長が外部から招聘されている。事業再生案件の場合には，社長が経営不振の責任を取って交代することが多いという実態が読み取れる。実際には，社長の交代の有無にかかわらず，副社長やCFOや経営企画室長などが外部から招聘されるケースも多く存在するため，招聘された経営人材の数は図表12-11に記載の人数よりも多い。

図表12-11 日本の事業再生型バイアウト案件における社長の就任方法

エグジット方法	件数	％
内部昇格 or 留任	52	33.5％
外部招聘	103	66.5％
合計	155	100.0％

出所：日本バイアウト研究所。

既に述べたように，バイアウト・ファンドは経営人材ネットワークを有しているが，案件ごとに経営人材を招聘する方法については，「ヘッドハンティング会社（サーチ型）を利用する」，「人材紹介会社（登録型）を利用する」，「ファンド運営会社の出資母体やグループ企業のネットワークを利用する」，「ファンドのメンバーの個人的ネットワークを利用する」，「過去に他の投資先企業で派遣した経営人材の起用を検討する」などのパターンが存在する。図表12-12は，筆者が日本のプライベート・エクイティ・ファームに対して実施したアンケート調査[4]の結果を示しているが，案件ごとに経営人材をスカウトする際の招聘方法について，どの方法を重視しているかを示している。業歴が長く実績のあるファームを対象としているため，「過去に他の投資先企業で派遣した経営人材の起用を検討する」という回答も多かった。

図表12-12　案件ごとに経営人材をスカウトする際の招聘方法

招聘方法	特に重視する	ある程度重視する	あまり重視しない	サンプル数
ヘッドハンティング会社（サーチ型）を利用する。	8 (42.1%)	9 (47.4%)	2 (10.5%)	19 (100.0%)
人材紹介会社（登録型）を利用する。	5 (26.3%)	11 (57.9%)	3 (15.8%)	19 (100.0%)
ファンド運営会社の出資母体やグループ企業のネットワークを利用する。	3 (15.8%)	5 (26.3%)	11 (57.9%)	19 (100.0%)
ファンドのメンバーの個人的ネットワークを利用する。	7 (36.8%)	11 (57.9%)	1 (5.3%)	19 (100.0%)
過去に他の投資先企業で派遣した経営人材の起用を検討する。	8 (42.1%)	10 (52.6%)	1 (5.3%)	19 (100.0%)

出所：アンケート調査結果に基づき作成。

　また，ファームによっては，バイアウト・ファンドのメンバー自身が投資先企業に常駐して支援にあたることを積極的に行っているケースもある。図表12-13は，その取り組み状況を示しているが，「頻繁に実施している」と「必要があれば実施している」が，それぞれ9社（47.4%）という結果となっている。各社の投資先企業への常駐支援の実施体制については，チームの人数やどのようなバックグランドを持ったメンバーで構成されているかなども影響していると考えられる。

図表12-13　バイアウト・ファンドのメンバー自身による投資先企業への常駐支援の実施状況

状況	回答数	%
頻繁に実施している。	9	47.4%
必要があれば実施している。	9	47.4%
全く実施していない。	1	5.3%
サンプル数	19	100.0%

出所：アンケート調査結果に基づき作成。

3．日本の事業再生型バイアウト案件のエグジット方法

　図表12-14は，日本の事業再生型バイアウト案件のエグジット方法を示している。最も多いエグジット方法は，M&Aによる株式売却で74件（56.1%）

図表 12-14　日本の事業再生型バイアウト案件のエグジット方法

エグジット方法	件数	%
株式公開	4	3.0%
M&A による株式売却	74	56.1%
第二次バイアウト	10	7.6%
株式の買戻し	15	11.4%
その他	29	22.0%
合計	132	100.0%

出所：日本バイアウト研究所。

となっており，事業会社の傘下に入るケースが多いということが読み取れる。一方，株式公開を達成した案件は4件（3.0%）にとどまっている。また，そのうち3件は金融機関（新生銀行，東京スター銀行，足利ホールディングス）の再生案件であり，一般の事業会社の事業再生型バイアウト案件で株式公開を達成した案件は「かわでん」のみとなっている[5]。その他は，第二次バイアウトが10件（7.6%），株式の買戻しが15件（11.4%）となっている。

第5節　事業再生におけるバイアウト・ファンドの役割に関する考察

本節では，事業再生におけるバイアウト・ファンドの役割に関する考察を行う。筆者は，「どの企業の事業再生でもバイアウト・ファンドが良い」というものではないと考えている。事業再生の難易度や買手のスポンサーの経験値などの観点から，事業会社が適している場合もあれば，バイアウト・ファンドに優位があるケースもあり，個別の事例に左右されると考えている。そこで，まず事業会社が再生スポンサーとなって成功を収めるための要件について述べた上で，バイアウト・ファンドの役割について考察する。また，第二次バイアウトの意義についても考察する。

1. 事業再生型 M&A の成功要件

まず，事業会社が再生スポンサーとなって成功を収めるための要件として

は，経営戦略との整合性やM&Aの目的が明確であること，対象企業の事業の理解があること，シナジー効果が見込めることなどのような一般的なM&Aの成功要件に加え，再生局面の企業へ送り込める経営人材が親会社（もしくはグループ会社）にいること，再生案件に特有のPMIが遂行できるスキルを有していることなどがあげられると考えられる。これらの要件が備わっていれば，事業会社が有力なスポンサー候補となり得る。なお，事業再生型M&Aの実績が豊富な事業会社としては，日本電産があげられる。日本電産は，業績が悪化した企業のM&Aを行い，経営人材を派遣して再建を支援した実績を多数有しており，事業再生型M&AのPMIに長けているとの指摘が各方面でなされている。

　一般に，事業再生局面にある企業は，ガバナンスが欠如していたり，従業員のモチベーションが著しく低下していたり，抜本的な経営改革や内部管理体制の強化が必要なケースが多い。特に，難易度が高い再生案件については，慣れていない事業会社が，スポンサーへの就任に抵抗感を示したり躊躇したりすることもあるようである。再生の可能性がある場合でも，「事業会社には不向き」あるいは「事業会社では手におえない」案件ではバイアウト・ファンドのほうが向いているケースもあると考えられる。

2．再生案件におけるバイアウト・ファンドの優位性

　難易度の高い再生案件の経験値という意味では，バイアウト・ファンドにも優位があることが多い。

　バイアウト・ファンドは「買収することを」を本業としており，その都度，経営人材の外部登用を含む経営体制の構築支援を行っており，買収や買収後の企業価値向上施策の支援に慣れている。特に，実績のあるバイアウト・ファンドでは，単一のファンドから少なくとも4～7件，多いケースでは8～12件の分散投資を行うことから1年に2～4件程度の案件を経験しているファームも存在する。したがって，実績が豊富なファームは，経験によるスキルの蓄積があり，再生局面で講じるべき施策を熟知していることが多い。

　経営人材という観点においても，産業再生機構出身者や再生コンサルティング・ファーム出身者や事業会社出身者などが在籍しているケースも多く，また

既に再生局面の経験を有する人材を常駐派遣できる体制を整えているファームも一部存在する。ただし，再生案件を手掛けた実績に乏しかったり，再生案件には積極的ではないファームも存在することから，再生スキルを有しているか否かという点については格差が存在することには留意が必要である。

3．バイアウト・ファンドが一定期間に関与する意義

既に述べたように，事業再生型バイアウトのエグジット方法としては，M&Aによる株式売却により事業会社の傘下に入るケースが圧倒的に多い。

バイアウト・ファンドの支援による事業再生に成功して当初より価値が高まっている企業を事業会社が買収するケースでは，事業会社は当初よりも高い価格で買収することになるが，多様な観点で経営基盤が強化された企業をグループに迎えることができるという点は大きい。具体的には，内部の経営人材が育ち，従業員のモチベーションも高まっており，仕組み作りも含めた内部管理体制が整備されている企業は，新たに親会社となる企業との融合がしやすい。そのような場合では，再生支援の必要がないため，親会社から再生のための常駐の人員を多数送り込む必要もない。最終的なエグジット方法がM&Aであっても，一定期間にバイアウト・ファンドが関与して支援を行うという意義がここにあり，バイアウト・ファンドは次の株主へ引き継ぐまでの「中継ぎ」の役割を果たしているといえる。

バイアウト・ファンドとしては，当初の難易度の高い事業再生にチャレンジすることになるが，成功を遂げた成果として，事業会社に当初より高い価格で株式を取得してもらえることになり投資リターンが確保できる。これがバイアウト・ファンドのビジネス・モデルである。

4．第二次バイアウトの意義

筆者は，第二次バイアウト（secondary buy-outs）にも大きな意義があると考えている。第二次バイアウトとは，バイアウト・ファンドの投資先企業を別のバイアウト・ファンドが買収する取引である。典型的なパターンとしては，第一回目のバイアウトでは，再生支援のノウハウを有するバイアウト・ファンドが支援し，第二回目のバイアウトでは，さらなる成長を目指し別のバ

イアウト・ファンドが異なる企業価値向上支援策を遂行するというパターンが考えられる。

具体的な事例もいくつか存在する。九州を地盤とする大手ドラッグストアチェーンであるドラッグイレブンの事業再生案件では，メディアリーヴスや東ハトなどの再生支援を行っていたユニゾン・キャピタルがアドバイザーを務めるバイアウト・ファンドが第三者割当増資を引き受けて，代表取締役社長を含む経営人材を送り込んでの支援が行われた。その後，ポラリス・キャピタル・グループ（当時はポラリス・プリンシパル・ファイナンス）が運営するバイアウト・ファンドに引き継がれ，成長戦略の推進が行われた。さらに，M&Aにより，九州旅客鉄道（JR九州）の傘下に入り，社名をJR九州ドラッグイレブンに改めて，さらなる飛躍を遂げている。

東京海上キャピタルが管理・運営するファンドは，再生支援を行っていた別のバイアウト・ファンドより，泉精器製作所の株式を取得した。東京海上キャピタルは，人的・資金的なサポート，M&Aなどの実行支援，東京海上グループとしての事業ネットワークを積極的に提供することにより，泉精器製作所のさらなる成長を促進していくこととなったが，事業再生局面を脱した泉精器製作所の今後の取り組みが注目される。なお，マーキュリアインベストメントが管理・運営するファンドが，東京海上キャピタルの投資ビークルが実施する第三者割当増資を引き受け，海外事業展開のパートナーとして企業価値向上を支援することとなっており，この点も注目される。

このように事業再生局面に陥った企業が複数のバイアウト・ファンドの支援を得て蘇るケースが出てきている。再生局面から脱却した後にも，バイアウト・ファンドの支援を受け続けることにより，独力で成長していける経営基盤が確立され，高い「成長性」を有する企業に育てば，株式公開への道も開けることになるであろう。

おわりに

以上，スポンサー型の事業再生におけるM&Aとバイアウトの特徴を比較

し，バイアウト・ファンドがスポンサーとなることの優位性について考察した。バイアウト・ファンドの最終的なエグジットがM&Aであったとしても，一旦バイアウト・ファンドが株主となって経営基盤の強化を支援するという意義があることを指摘した。その局面やステージに応じて，対象企業の企業価値を最も高められる可能性がある主体が株主となり，資本構成を変えながら，永続的な発展を目指すという視点が大切であると考えられる。

本章では深く掘り下げることは行わなかったが，事業再生型M&Aや事業再生型バイアウトに関連する論点や留意点は多い。プロフェッショナル経営者やプロフェッショナルCFOの市場の確立，バイアウト・ファンドでの経営人材の内製化の是非などの論点は今後特に重要になってくると思われる。また，M&A後・バイアウト後のパフォーマンスの分析，成功要因・失敗要因の分析，バイアウト・ファンドのリターン分析に着目した研究についても意義があると考えられる。これらの点については，筆者の今後の研究課題としたい。

[付記]
　本章におけるアンケート調査は，平成26年度東洋大学井上円了記念研究助成に基づいて実施されたものである。ここに記して深く感謝したい。また，ご多忙の中，アンケート調査に回答頂いたプライベート・エクイティ・ファームの方々や実務の立場から貴重なコメントを頂いた方々にも，この場を借りて御礼を申し上げたい。

[注]
1）より厳密には，バイアウトは，「経営陣，従業員などの個人やバイアウト・ファンドなどの投資会社が，単独もしくは株主グループを形成し，企業の新たな経営権を掌握する買取取引」と定義することができる。バイアウトの定義については，杉浦（2012a）に詳しい。
2）東ハトの事例については，（2008b）に詳しい。
3）ワンビシアーカイブズの事例では，東京海上キャピタルが管理・運営するバイアウト・ファンドが2003年3月より支援し，2006年1月より豊田自動織機の資本参加（2007年5月に完全子会社化）を受けて飛躍を遂げているが，2015年12月に日本通運の傘下に入っている。
4）本アンケート調査は，2015年3月に，日本における事業承継型バイアウトの今後の課題や将来展望を明らかにすることを目的とし，「日本における事業承継型バイアウトに関するアンケート調査」のタイトルで実施された。アンケート調査票は，業歴が長く，中堅・中小のオーナー企業の事業承継を伴うバイアウト案件への取り組み経験が特に豊富なプライベート・エクイティ・ファーム20社に郵送し，19社より回答を得た。本アンケート調査では，「案件のソーシングに関する質問」，「投資先企業に派遣する経営人材に関する質問」，「事業承継型バイアウトの課題と将来展望に関する質問」の三つの項目についての調査を行っている。このうち，「投資先企業に派遣する経営人材」については，杉浦（2016）で詳述されているが，事業再生案件にも共通点の多い論点である。
5）かわでんの事例については，杉浦（2007c）に詳しい。

[参考文献]

杉浦慶一（2005）「日本におけるターンアラウンド型バイアウトの特徴―ターンアラウンド・マネージャーの招聘を中心として―」『ターンアラウンドマネージャー』Vol. 1, No. 4, 銀行研修社, 90-95ページ。

杉浦慶一（2007a）「日本における事業再生型バイアウトのエグジット状況」『事業再生と債権管理』No. 116, 金融財政事情研究会, 140-141ページ。

杉浦慶一（2007b）「日本における事業再生型バイアウト」『年報財務管理研究』第18号, 日本財務管理学会, 53-60ページ。

杉浦慶一（2007c）「日本のバイアウト投資における株式公開によるエグジット」『年報経営分析研究』第23号, 日本経営分析学会, 95-103ページ。

杉浦慶一（2008a）「日本のバイアウト市場の最新動向―事業再生案件での成功と案件の多様化の進展―」『ターンアラウンドマネージャー』Vol. 4, No. 7, 銀行研修社, 88-92ページ。

杉浦慶一（2008b）「バイアウト後の企業価値向上―ユニゾン・キャピタルによる東ハトの経営改善支援―」坂本恒夫・文堂弘之編『ディール・プロセス別M&A戦略のケース・スタディ』中央経済社, 147-165ページ。

杉浦慶一（2010）「組織再編・事業再生制度」坂本恒夫・文堂弘之編『M&Aと制度再編』同文館, 3-18ページ。

杉浦慶一（2011）「日本における事業再生型バイアウトの市場動向」日本バイアウト研究所編『事業再生とバイアウト』中央経済社, 103-130ページ。

杉浦慶一（2012a）「バイアウトの定義に関する一考察」『東洋大学大学院紀要』第48集, 東洋大学大学院, 287-296ページ。

杉浦慶一（2012b）「日本のバイアウト市場におけるプロフェッショナル経営者の活躍」日本バイアウト研究所編『プロフェッショナル経営者とバイアウト』中央経済社, 44-58ページ。

杉浦慶一（2016）「中堅・中小企業の事業再生・事業承継における経営人材の外部招聘―バイアウトのケースを中心として―」『事業再生と債権管理』通巻154号, 金融財政事情研究会, 175-180ページ。

髙原達広・佐藤真太郎・竹内信紀（2011）「事業再生型バイアウトのスキームと法務」日本バイアウト研究所編（2011）『事業再生とバイアウト』中央経済社, 27-48ページ。

十市崇・井出ゆり・関彩香（2016）「事業再生とM&A―ストラクチャリングのポイント―」日本バイアウト研究所編『日本バイアウト市場年鑑―2016年上半期版―』日本バイアウト研究所, 129-149ページ。

日本バイアウト研究所編（2011）『事業再生とバイアウト』中央経済社。

日本バイアウト研究所編（2017）『日本バイアウト市場年鑑―2016年下半期版―』日本バイアウト研究所。

丸山宏（2007）『企業再生の計量分析』東洋経済新報社。

森山保（2011）「事業再生におけるバイアウト・ファンドの役割と特有の論点」日本バイアウト研究所編『事業再生とバイアウト』中央経済社, 3-25ページ。

（杉浦慶一）

第13章 中小企業のM&A

はじめに

　M&Aを議論する場合，話題の中心は証券市場に上場している大企業である場合が多い。また，中小企業がM&Aをするとしてもほとんどが市場を介して行われることはなく，またM&Aの規模が小さいために新聞などで扱われることは少ない。よってM&Aが行われているとしても，未上場企業である中小企業が中小企業を買収や合併をしている場合については，その実態をすべて把握することが困難である。

　中小企業分野においてM&Aが注目されるようになった背景には，後継者不足を解消するため"事業承継"の1つの手法として注目されている実態がある。中小企業の経営者が高齢化などのために引退する際，その事業を存続するのか，廃業するのかといった決定をしなくてはならない。その時，事業を継続することを選択した場合には，誰にその事業を承継するのかという，後継者問題が中小企業の経営課題となっている。事業を存続させることを決定した際，親族内で承継する選択肢，従業員へ承継する選択肢，外部から経営者を迎え入れるなどの選択肢が考えられるが，1つの解決手法として他社への売却，すなわちM&Aが用いられている。このように中小企業では事業承継という問題からM&Aに注目が集まっており，本章では中小企業の事業承継とM&Aについて議論を進める。

第1節　中小企業の経営実態

　日本には382万社の企業があり，そのうち380.9万社すなわち99%以上が中小企業である[1]。中小企業とは中小企業基本法において定義された企業をいい，製造業では資本金の額もしくは出資の総額3億円以下または常時雇用する従業者数300人以下の会社および個人企業のことを指す。卸売業の場合は資本金の額もしくは出資の総額1億円以下または従業者数100人以下，小売業の場合は資本金の額もしくは出資の総額5,000万円以下または従業者数50人以下，サービス業の場合は資本金の額もしくは出資の総額5,000万円以下又は従業者数100人以下の会社および個人企業を中小企業という。中小企業の範囲を定義することによって，政策の対象を明確化する狙いがある。しかし，中小企業の数は年々減少し，1999年483.7万社あったが2014年には380.9万社へと15年間で102.8万社も減少した（図表13-1）。

　企業数が減少している要因として倒産もあるが，休業や廃業といった自らビジネスをやめるケースもある。帝国データバンクは「企業活動停止が確認でき

図表13-1　中小企業数の推移

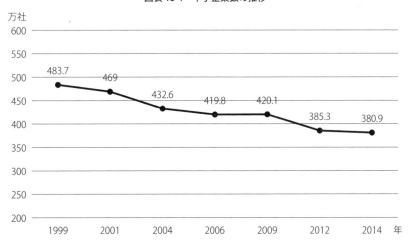

資料：『中小企業白書2016年版』から作成。

た企業のなかで，倒産（任意整理，法的整理）に分類されない事案」を休廃業や解散として定義づけ，そのうち「調査時点で企業活動を停止している状態（将来的な企業活動再開は否定されないが，官公庁等に「廃業届」を提出して企業活動を終えるケースを含む）」を休廃業，「企業の解散（主に法人登記で確認）」を解散と定義している[2]。企業の倒産件数は減少傾向にあるものの，倒産を含めた休廃業数が増加しており，いわゆる不渡りなど債務の弁済できなくなった状態である倒産の割合は相対的に低くなっている（図表13-2）。つまり，何らかの理由で企業は休業ないしは廃業しているのである。これらのデータから中小企業は年々減少しており，その理由は倒産ではなく自発的に休業や廃業により減少していることが明らかとなる。

なぜ中小企業は休業や廃業をしているだろうか。帝国データバンク（2013）によると企業経営者が廃業を決断した理由の1位は「経営者の高齢化・健康問題」（37.6％）であり，「事業の先行きに対する不安」（12.5％），「体力・気力の限界」（10.7％）であり，半数近くが経営者の年齢や健康問題に由来している[3]。また，「後継者（事業承継）の見通しが立たない」とする回答は4.2％である。このようにみると，事業の経営が行き詰まって休廃業するではなく，

図表13-2 休廃業と倒産の推移

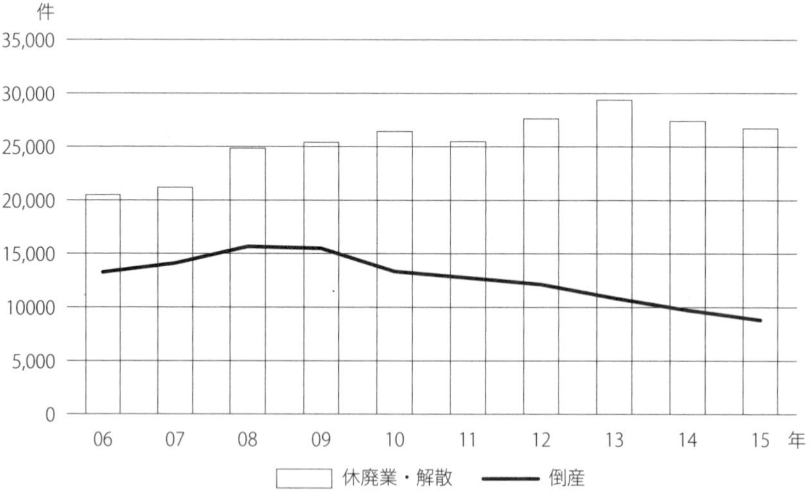

出所：『中小企業白書2016年版』31ページ。

経営者の高齢化や親族, 親族以外問わず後継者がいないといった理由での休廃業が多い。休廃業した企業のうち債務超過に陥っていた企業は23.0％であり, 資産超過の企業が41.1％とその数値を超え, また経常黒字の企業の割合が44.1％と業績が良好の企業が休廃業をしてしまっている[4]。以上のように, 中小企業で休廃業する企業は, 業績は良好であるが経営者の高齢化や健康問題が要因となっている。

また, 後継者問題以外で中小企業が抱えている経営課題は, 日本政策金融公庫総合研究所の調査では「人材の確保・育成」,「販売・受注先の開拓」,「既存商品・サービスの質の維持」などがあげられ[5], ほかの調査では「国内需要の減少・低迷」,「国内市場での国内企業同士の競争激化」,「人手不足」等があげられ, 特に「人手不足」を経営上の課題として認識している企業が増加している[6]。現代の中小企業が抱える課題としてのキーワードは「人」であり, それが後継者問題, 人手不足として顕在化している。

第2節 中小企業のM&Aの目的

1. 買収企業の目的

中小企業のM&Aの目的は一般的なM&Aの目的と同じなのであろうか。中小企業のM&Aには, 前述したように後継者問題の解決策として扱われるケースが多いため, 一般的なM&Aが行われる背景とは異なる。中小企業がM&Aを行う際の目的を考える場合, 買い手の立場として戦略的にM&Aを実施するケースもあるが, 売り手の立場に立った視点から関心が高まっている。そして, 中小企業の場合, 売り手の企業が抱えている問題, すなわち後継者不足の解消策として政府も支援をしている。

しかし, M&Aを積極的に活用し買い手として事業展開を進めようとしている中小企業も存在している。買い手の目的を見ると「市場シェアの拡大」が最も多い (図表13-3)。中小企業のM&Aでは同業種同士のものが多く, 市場シェアの拡大を図り売上高の向上を目指すために行われるケースがある。他業種の企業によるM&Aの場合は, 事業の多角化を目的とし新分野進出・新事

図表13-3 中小企業のM&Aの目的の変化

項目	これまでのM&A(n=352)	これからのM&A(n=525)
市場シェアの拡大	56.0	33.1
事業の多角化	38.1	25.3
製商品・サービスの拡充	28.7	19.6
取引先からの要請	26.1	3.2
事業の選択と集中	23.6	16.4
その他	7.7	2.3

引用：日本政策金融公庫総合研究所（2016a），25ページ。

業開拓を行い事業の拡大を目指すケースもある。取引先企業からの要請により救済を目的として行われる場合もあるが，今後は減少傾向にあろう。この他には，人材の確保や新顧客の獲得，工場や土地などの資産の取得，信用力の向上などを目的としてM&Aを行っている。

買収する中小企業のメリットとしては，まず時間の節約が可能となる。新分野に進出する場合，新たに事業を起こして，その事業が成長・発展するまでには時間が必要となる。買収する企業は，事業や企業といった経営資源を確保すると同時に，時間を購入したことになる。また経営資源に乏しい中小企業が新しい事業を行う場合，事業の成功の可否の不確実性といったリスクを負担することは，企業の存続に影響する。事業として成り立つかどうか不明確なリスクを冒すよりも，既に立ち上がっている事業を買収することで，軌道に乗っている事業を手に入れることが可能となり，新規事業を行う際のリスクを少しでも軽減することができる。

2．売却企業の目的

後継者対策を目的としたM&A以外には，選択と集中の実現を目的とすることがある。不採算事業を本業から切り離すことを目的とし，事業の健全化を図るためにM&Aを実施する。また，新規事業立ち上げるための資金を得る

ために事業を売却したり，もしくは業況が悪い部門への売却した資金を注入するなど資金調達を目的としたもの，そして，自社の株式を売却し，売却先のグループの傘下に入ることで，企業の生き残りを図ることを目的としたもの，売却で獲得した資金で借入金の返済を目的とするものもある。

　売却する側の中小企業のメリットとしては，まず経営者の引退が可能となる。前述したように中小企業では後継者不足で廃業を余儀なくされているケースが多い。そのような中小企業の経営者にとっては業績が良く黒字の状態の企業を廃業することは本意ではなく，また，経済全体から見ても雇用の場の喪失といった損失といえる。M&Aを利用すれば，こういった企業を廃業ではなく売却することで存続ができ，結果的に後継者問題も解消することが可能となる。

　また，M&Aを利用することにより，本業への特化を促進し不採算部門のリストラが可能となる。以前は本業以外に多角化を行って事業を拡大していた企業が，現在はその多角化した部門が芳しくないような状況となり，その事業を売却することで本業に集中・専念する，つまり選択と集中が可能となる。そして，企業を売却することにより創業者利得を獲得することもできる。創業当時よりも企業価値が高まっている場合には，その上昇した分との差額を手に入れることができ，経営者にとっては大きな収入となるケースもある。得られた資金で新たな事業をスタートすることも可能である。

第3節　中小企業のM&Aの手法と企業評価

1．中小企業のM&Aの手法

　上場会社などの大企業と異なり，中小企業がM&Aの際に用いる手法は限定されている。中小企業の株式は上場企業と違い市場等で売買されておらず流通もしていないので，市場で株式を買い占めたり敵対的買収を実施したりすることは不可能である。また，合併や会社分割なども許認可の申請など手続きが煩雑になるため用いられることが少ない。よって，中小企業のM&Aで多く用いられる方法は「株式譲渡」と「事業譲渡」に絞られる。

中小企業は事業規模が小さいため資本金の額が少なく，また株主が経営者やその親類に限定されているケースが多いため，買収側は株主（経営者）から株式を直接購入することになる。企業の株式を購入することにより，買収する企業はそのまま子会社化を実現できるし，売却する側は会社自身が存続するために，従業員の雇用を確保することも可能となる。この点が「株式譲渡」が多い理由と考えられる。「株式譲渡」であれば会社の資産はもちろん負債まで売却することになり，経営者が保証していた債務なども譲渡先に移転される。また，「事業譲渡」が相対的に少ないのは，中小企業の規模の面から考えた場合，そもそも譲渡可能な複数の事業を所有しているケースが少なく，また契約や許認可の申請などを再度行う必要があるなど手間がかかるからだと考えられる。中小企業の中でも複数事業を有していて，不採算事業のリストラを視野に入れる場合に事業譲渡を利用することが考えられる。

2．M&Aにおける企業評価

　M&Aを行う際には，買収対象先の企業をいくらで買うかを試算しなくてはならない。企業には販売価格など設定されておらず，また時期や地域によってもその価格は変動する。企業がどのくらいの価値を持っているか，"値段"を計算する作業のことを「企業評価（Valuation）」という。市場に上場されている企業の場合，その株価が企業の価値を算出する指標と考えて，株価に発行済みの株式数を掛ければ単純に時価が計算できる。しかし，株式が市場で流通していない中小企業を買収する場合，その企業にどのくらいの価値があるかを算出することは困難である。

　企業の価値を評価する方法は3つに分類できる（図表13-4）。1つ目は企業の純資産価値を基準に計算する方法（コストアプローチ），2つ目は企業が将来得ると予想される収益をもとに計算する方法（インカムアプローチ），3つ目は株式市場において取引されている企業の株価を参考にして計算する方法（マーケットアプローチ）である。コストアプローチには，簿価純資産価値方式や時価純資産価値方式などがある。インカムアプローチには，収益還元方式，配当還元方式，DCF方式（Discounted Cash-flow Method）などがある。マーケットアプローチには，類似業種比準方式や類似会社比準方式などがあ

図表13-4　企業価値の算出方法と中小企業の企業評価算出方法

- 企業の純資産価値をベースとする方法（コストアプローチ）
  - ＊時価純資産価値方式
  - ＊簿価純資産価値方式
- 企業の将来の収益をベースとする方法（インカムアプローチ）
  - ＊DCF方式
  - ＊収益還元方式
  - ＊配当還元方式
- 公開企業の取引価格から類推する方法（マーケットアプローチ）
  - ＊類似業種比準方式
  - ＊類似会社比準方式

出所：筆者作成。

る。一般的なM&Aの際に用いられる企業評価の手法はDCF方式が主流である。DCF方式は買収しようとする企業の価値を，その企業が将来獲得できると予想するフリーキャッシュフローを算出し，さらにそのキャッシュフローを加重平均資本コスト（WACC：Weighted Average Cost of Capital）で割引くことが一般的である。加重平均資本コストとは資金調達の際のコストであり，株式を発行して資金調達する時の必要なコスト，借り入れを行って資金調達をする時のコスト，この2つのコストの加重平均の値である。

3．中小企業の企業評価

　中小企業の企業価値を算出する場合はDCF方式が用いられることは少ない。なぜなら，DCF方式を利用しようとしても長期間にわたっての将来の事業計画や利益計画を立案している企業が少なく，そもそも将来のキャッシュフローの予測をすることが困難な場合が多いからである。また，株主と経営者が同じという所有と経営が未分離な状態が中小企業の場合には多いため，株主から期待される収益，いわゆる株主資本コストが算出できないことがある。この

ようにDCF方式を用いる際の妥当な割引率を求めることが困難であり、中小企業のM&Aの際にDCF方式を用いないことがある。

　中小企業のM&Aの際に用いられる企業評価の手法は、「時価純資産価値方式」である。時価純資産価値方式とは、貸借対照表上の数値を簿価として、それを現在はどのくらい増減しているか時価を算出して企業価値を計算する方法である。どの項目が増減する可能性があるかといえば、たとえば、土地など固定資産や有価証券等の含み益もしくは含み損、棚卸資産、回収ができないであろう売掛金などが考えられる。これらの費目の調整を行って修正貸借対照表を作成し、資産から負債を引いた残額をその企業の現在の価値とする。さらに、時価純資産価額だけでは不十分であるため、目に見えない資産、たとえば「のれん」や「技術・ノウハウ」といったもの、すなわち営業権をこれに加味して算出する。営業権の算出方法は「年買法」を主に用いて、評価企業の「税引き後利益」に3～5を乗じて算出する。税引き後利益のほかに営業利益や経常利益を用いる場合もある。乗じる数値も評価される企業が属する業界や業況によって変わってくる[7]。利益が継続的に得られると予想される安定業種の場合は5となり、競争や変化の激しい業種であれば3を掛ける。以上の計算式をまとめると、中小企業の企業評価の際に用いられる式は「企業価値＝時価純資産価額＋営業権」となる。しかし、この数値や評価そのものが主観的な要素を含んでおり、評価する企業、つまり買収する企業によってその値が大きく変化する可能性がある。また、M&Aにおいてはこの企業評価が、買い手と売り手の意見が大きく異なる場合があり、相対交渉の場で売り手と買い手との意見の相違がみられる。

第4節　中小企業のM&Aの推進策

1．仲介機関の活用

　中小企業がM&Aを行おうとしても、どのような企業がどこに存在しているかが不明であり、株式を公開している訳でもない。取引先からの依頼や知人を介してのM&Aの事案が舞い込んでくる場合もあるだろう。しかし、その

ようなケースでは売却や買収の対象が限定されてしまう可能性がある。では，中小企業はM&Aの相手先の企業をどのように探したらよいのであろうか。

　一般的には公的機関，M&Aコンサルタント会社，金融機関などを譲渡を希望する企業が相談の相手として利用する。たとえば，経済産業省が主体となって"事業引継ぎ支援事業"を2011年から実施し，親族内承継や役員・従業員承継を事業承継と呼び，社外の会社や個人への引継ぎを事業引継ぎと呼んで特に社外の会社への引継ぎをM&Aと位置づけ支援策を講じている。全国の各都道府県の認定支援機関に事業引継ぎ支援センターもしくは相談窓口を開設し，後継者不在の企業の事業引継ぎ，すなわちM&Aの相談を受け付けている。公的機関では商工会議所が主体となって中小企業のM&A支援を実施している。代表的なところでは，大阪商工会議所が中堅・中小企業のM&Aを支援するために1997年に「企業名匿名方式による非公開企業のM&A市場」を設立している[8]。同商工会議所は2011年には小規模企業や事業者向けの「スモールM&A市場」を開設した。商工会議所が主催するM&Aの市場においては，商工会議所はあくまでも窓口として相談を受け付ける機能を果たしており，実際のM&Aの実務的な業務やアドバイスはM&Aコンサルタント会社や金融機関，証券会社などが行うことになり，商工会議所はそのような機関を紹介する役割を担っているに過ぎない。金融機関でも利鞘だけでの収益が困難な低金利状況下で，M&Aでの手数料収入は経営上重要な収入源と認識し，取引先企業のM&Aの支援を積極化させている。たとえば西武信用金庫では西武事業承継支援センターを設立し，提携している様々な機関と連携しM&Aの支援を推進しており，広島信用金庫や大阪信用金庫などをはじめ全国の地域金融機関では取引先企業の情報を把握している強みを活用し，地域内での取引先企業同士のM&Aのサポートを行っている[9]。

　このような仲介機関を利用してM&Aの相手先を見つけることは，知名度が高くない中小企業にとっては有効な手法の1つである。しかし，このような仲介機関を利用する場合には高額の手数料が必要となる点を注意しなくてはならない。商工会議所のようなM&A市場においても，買収側，売却側双方とも着手金を支払う必要があり，M&Aが成約した場合には，売却側だけではなく，買収側も成約報酬として追加の手数料を支払わなくてはならない。例え

ば，譲渡を考えている企業が大阪商工会議所のM&A市場を利用した場合，相談は無料であるが実際に実務段階になると，着手金に50万円を仲介機関に支払い，M&Aが成約した場合は成約金額によって計算され，成功報酬として最低1,000万円を仲介機関に支払わなければならない。この手数料が高額になっているという点は経営を圧迫する可能性もあり，中小企業におけるM&Aの課題といえる。

　M&Aの流れは，譲渡を希望する中小企業が仲介アドバイザーもしくは事業引継ぎ支援センターに相談することから始まる。仲介アドバイザーを利用する場合は，契約締結や企業評価，譲渡先企業の選定，交渉，基本合意書締結，デューデリジェンス，最終契約締結，クロージングという順番となる。事業引継ぎ支援センターを利用する場合は，面談や企業情報のデータベースへの登録をしてから登録機関を介して仲介アドバイザーへと引き継がれる。こういった一連の流れを中小企業の経営者は進めていかなければならない。

2．中小企業のM&Aの今後

　中小企業のM&Aは事業承継問題の対策として注目を浴びているが，中小企業のM&Aに対するイメージは規模が小さい企業ほど身近なものではない（図表13-5）。「M&Aに対するイメージがない，わからない」とする回答が30.9％あり，中小企業の経営者すべてに定着している手法ではない。また，M&Aを大企業の経営手法と考えている経営者が22.1％おり，M&Aを中小企業の手法ではないと考えている傾向がうかがえる。前述した大阪商工会議所が運営しているM&A市場の実績は2016年3月現在36件であり，19年間の数字としては少ない。このようにみると中小企業のM&Aにはハードルが存在していると考えられる。

　たとえば，売却側の中小企業の場合，自社が売るに値する企業なのか，これまで企業価値を上昇させる経営を行ってきたかを確認しなくてはならない。M&Aを将来視野に入れるならば，常日頃からデューデリジェンスを意識し，いつでも経営をオープンにできるような準備を行っていなければならない。M&Aを進めていくうえで売却する側は財務，法務，事業，環境面など多方面にわたる詳細な調査，すなわちデューデリジェンスが必要である。売却を希望

第4節　中小企業のM&Aの推進策　199

図表13-5　中小企業のM&Aのイメージ（従業員別）

項目	合計 (n=3863)	5人以下 (n=1543)	6人〜10人 (n=919)	11人〜20人 (n=721)	21人以上 (n=650)
今後M&Aはますます増加すると思う	33.9%	28.6%	33.5%	38.0%	42.3%
イメージがない、わからない	30.9%	36.7%	32.4%	26.8%	19.2%
大企業の経営手法であり自社で活用は難しい	22.1%	21.8%	22.6%	24.0%	20.0%
M&Aは有効な経営手法である	20.5%	17.9%	18.0%	20.0%	30.3%
自社が売り手になる可能性がある	9.4%	7.6%	8.9%	10.5%	13.7%
M&Aにマイナスのイメージがある	7.6%	7.7%	7.2%	8.6%	6.8%
自社が買い手になる可能性がある	6.9%	3.6%	5.8%	7.4%	16.0%

出所：大同生命（2016），11ページ。

する企業は自社の企業価値を的確に行い，その結果を利用して条件交渉の場で買収先や仲介機関とM&Aの議論を行わなければ低く評価され，相手先や仲介機関の言い値になってしまう可能性もある。従業員からの理解を得るなど事前準備に労力が必要である。

　また，買い手の場合には，企業買収を行ったとしても，過度な買収資金の調達による財務内容の悪化を招くことも想定され得るし，購入した企業が期待するほどの事業内容ではなく収益を生まない可能性もある。自社にとっては何が必要なのか，明確な経営ビジョンを立てた上でのM&Aを行うことが必要とされる。企業評価の項目でも触れたが，技術等の評価は客観的な価格を設定することが困難であり，買い手と売り手との評価にギャップが生じやすい。すべての中小企業にとってM&Aが有効な経営手法というわけではないし，M&A

を行ったからメリットがあるとは必ずしもいえない。M&Aはあくまでも一手段と考え，まずは，いかに自社の企業価値を高めるかを検討し，積極的な経営を行うことを第一の目標とすべきである。

　2016年に中小企業の事業承継問題においてM&Aの活用を促進するため，「中小企業における経営の承継の円滑化に関する法律」が改正された。この改正により親族外の後継者へ贈与された株式を遺留分減殺請求の対象から除外されることになり，事業承継を円滑に進めようとする条件が整えられている。これは親族内承継とともに親族外承継をスムーズに行えるようにするという意図と，いかに親族外への承継が必要とされているかという実態である。

　今後M&Aが中小企業の間で活用されるためには，今まで以上に中小企業経営者の意識改革が必要である。企業は経営者のものであるという意識から，地域や従業員や取引先などを考慮に入れたソーシャルキャピタルとしての企業であるという意識へと変化させ，自社だけではなく複数の利害関係者にとって事業承継が重要な問題であると認識する必要があろう。M&Aにおいて，売り手の場合には「買いたい」という企業が現れるほどの技術や製品，サービス，人材などを有した中小企業でなければならい。また，買う側の企業も買収するための資金計画，買収資金の確保，買収後の事業計画を立てる必要がある。

　中小企業を廃業させるのは社会的損失でありそれを効果的に活用する手法としてM&Aが注目されている。事業承継を目的としてM&Aに焦点を当てるときは売却側の中小企業を中心とした議論になりがちであるが，買収側の企業のメリットとリスクを同時に周知しなければ中小企業のM&Aは広がりを見せないだろう。M&Aにマイナスイメージが存在しているうえに，M&Aが想像以上にリスクがあるという認識が定着してしまうことを危惧せざるを得ない。経営者の高齢化が進み中小企業の数が減少している日本経済において，中小企業のM&Aが有効に活用されるかどうかを考えるには，今後も成功事例，失敗事例の両面からのデータ収集と検証が必要である。

［注］
1）2016年1月中小企業庁発表「中小企業・小規模事業者の数等（2014年7月時点）」による。
2）中小企業庁（2014），272ページ。
3）帝国データバンク（2013），30ページ。

4）同上書，25 ページ．
5）日本政策金融公庫総合研究所（2016a），2 ページ．
6）商工組合中央金庫調査部（2015），4 ページ．
7）インタビュー調査によれば，A 銀行は営業利益に 3 を乗じた数値を営業権としている．また，日本 M&A センター（2013, 49 ページ）では，営業権の算出式を「年数（3 年程度）×｛標準経常利益－時価資産価額×（10 年国債利回り）＋リスクプレミアム｝」とし超過収益還元法を加味した方法を用いているが，客観性に欠ける恐れもあると指摘している．
8）大阪商工会議所 HP を参照（http://www.osaka.cci.or.jp/ma/plan/#ma，2016 年 9 月 26 日アクセス）．
9）筆者ヒアリング調査による．

[参考文献]

商工組合中央金庫調査部（2015）『中小企業の経営改善策に関する調査』．
大同生命（2016）『中小企業経営者アンケート「大同生命サーベイ」半期レポート』．
中小企業診断協会愛知県支部（2005）『中小企業 M&A に関する調査研究報告書』．
中小企業庁（2014）『中小企業白書 2014 年版』．
中小企業庁（2016）『中小企業白書 2016 年版』．
中小企業向け事業引継ぎ検討会（2015）『事業引継ぎガイドライン～ M&A 等を活用した事業承継の手続き～』．
帝国データバンク（2013）「平成 25 年度小規模事業者の経営実態及び事業承継・廃業に関する調査に係る委託事業報告書」．
日本 M&A センター編（2013）『事業承継を成功に導く中小企業 M&A』きんざい．
日本政策金融公庫総合研究所（2016a）「M&A に取り組む中小企業の実態と課題」『日本公庫総研レポート』No. 2016-4，日本政策金融公庫総合研究所．
日本政策金融公庫総合研究所（2016b）「「中小企業の事業承継に関するインターネット調査」の概要」（https://www.jfc.go.jp/n/findings/pdf/sme_findings160201.pdf，2016/09/23 アクセス）．

（林　幸治）

第14章

M&Aの成果検証

はじめに

　これまでの各章で述べられてきたように，M&Aは，企業の戦略を達成する重要な手段である同時に，多額の資本を投下して実施する投資である。そのため，M&Aが実施後にいかなる影響をもたらし，経営成果を達成したかどうかは重要な関心事となる。本章では，日本企業のM&Aがどのような経営成果を生み出したのか，あるいは生み出していないのかについて，これまでの実証研究の結果を整理し，今後の示唆を導き出すことを目的とする。

　M&Aの成果検証に関する実証研究は，アメリカでは1920年代からとかなり早い時期から行われてきており，その数も多数に上る。一方，日本では比較的最近の1980年代から試みられ始め，アメリカほどではないが，徐々に研究が蓄積されてきている。日本企業に関するM&Aの初期の実証研究は，M&Aの中でも合併のみを分析対象にしていたが，近年では合併だけでなく買収や完全子会社化などを分析対象とするものも登場してきている。さらに，分析手法においても，初期に比べて近年の研究になるほど高度化している。そこで本章では，統計手法において一定の条件を満たしている近年の研究の成果について，第1節では主な検証方法を解説し，第2節では本章で取り上げる先行研究を紹介する。さらに第3節以下でM&Aの成果に関する先行研究の分析結果に基づいて日本企業のM&Aの成果の特徴を考察する。

　なお，M&Aの成果を検証する主な方法として，財務業績等の指標の変化を分析する方法と，株価の変化を分析する方法がある。本章では，前者すなわち財務面を中心とした業績等の指標の変化について取り上げる。

第1節　M&Aの業績等効果の検証方法

近年行われているM&Aの財務業績等の指標の変化（業績等効果）を検証する研究では，主に3つの検証方法が採られている。すなわち，1. M&A前後の業績値の有意差検定，2. M&A前後における業績値の変化を被説明変数とした重回帰分析，3. M&Aダミーを説明変数に加えたパネルデータを用いた重回帰分析，である。以下ではこれらについて解説する。

1．M&A前後における有意差検定

これは，M&A実施企業（あるいはM&A対象企業）のM&A実施前後の期間における業績指標に統計的に有意な差が認められるかどうかを検証する方法である。期間の取り方は研究者によって様々である。業績指標は，資本利益率，売上高利益率，成長率などが主である。初期の研究ではM&Aを実施した企業の業績指標そのものの有意差を検証していたが，近年の研究ではM&A実施企業が属する業種の平均や中央値，あるいはM&A実施企業と類似する同業企業（コントロール企業）の業績指標を差し引いた調整値が用いられている。この方法を用いることにより，同じ時期において業界全体に及ぼした様々な要因の影響を取り除き，純粋なM&Aの影響を検出することができる。本章で取り上げる先行研究では，この分析手法には以下の2つのタイプがある。

A1：業績等指標の有意差検定
A2：M&A実施企業およびその業種中央値の業績等指標を被説明変数とし
　　M&Aダミー（M&A実施企業＝1，業種中央値＝0）を説明変数とした
　　回帰式の回帰係数の有意差検定

2．クロスセクションデータ重回帰分析

これは，M&A実施前後の期間における業績等指標の変化を被説明変数（目的変数）とし，それに関係すると予測される指標を説明変数とした，クロスセクション（横断面）データによる重回帰分析である。被説明変数である業績指

標は分析対象となる M&A 実施企業（あるいは M&A 対象企業）のものである。業績指標自体は1.と同様のものが採用される。時期及び業界全体の影響を調整するために，1.と同様に業種平均またはコントロール企業の業績を控除した調整値を被説明変数に用いる場合もあれば，被説明変数は M&A 実施企業の業績値そのままで説明変数に時期や業界全体の動向を代表する変数を導入する場合もある。この重回帰分析は，M&A のタイプや業種を区別するダミー変数を挿入して，それらと業績値の関係を探るために行われることが多い。加えて，1.の分析で有意差が明らかになった業績指標について，1.の分析の後に，その影響要因を明らかにする目的で行われることもある。さらに，被説明変数は M&A 実施企業の M&A 後における（業種調整）業績値とし，説明変数に M&A 前におけるその業績値を入れる方法もある。この場合，定数項が有意であれば，M&A 前後での業績向上が存在することになる。本章で取り上げる先行研究では，この分析手法には以下の2つのタイプがある。

B1：クロスセクションデータ回帰分析（被説明変数＝M&A 前後の業績等指標の変化）

B2：クロスセクションデータ回帰分析（被説明変数＝M&A 後の業績等指標，説明変数＝M&A 前の被説明変数と同じ業績等指標を含む）

3．パネルデータ重回帰分析

　パネルデータとは，クロスセクションデータと時系列データを組み合わせたデータである。この分析方法は，M&A 実施企業（あるいは M&A 対象企業）だけでなく，M&A 非実施企業も含んだ大量の企業サンプルを用いる。さらに，時系列データを組み合わせるため，M&A を実施した年だけでなく，対象期間のすべての年における各企業のデータを含める。その結果，観測数は企業数×対象期間となり，膨大になる。この分析方法では，被説明変数は業績値そのままで，説明変数に規模や前年の業績値などとともに，M&A ダミー変数が用いられる。ダミー変数は，0か1を入れる変数である。M&A ダミー変数を，たとえば M&A 実施企業（あるいは M&A 対象企業）の M&A 実施年以降は1，それ以前は0とする。この場合，M&A の実施が業績指標に何らか影響をもたらしているかを，M&A 非実施企業との対比および M&A 実施企業

（あるいは M&A 対象企業）の M&A 前後の対比の両面から明らかにすることができる。あるいは，M&A ダミー変数を M&A 実施企業（あるいは M&A 対象企業）の M&A 前3年目を1，それ以外を0とする。この場合，M&A を実施して3年目の業績指標が他の年と異なるかを調べることができる。3年目に限らず，他の年を M&A ダミー変数にすれば，M&A の実施によって何年後に業績指標に有意な影響が生まれているかを明らかにすることができる。本章で取り上げる先行研究では，この分析手法には以下の3つのタイプがある。

C1：パネルデータ回帰分析（被説明変数＝M&A 前後の業績等指標の変化）
C2：パネルデータ回帰分析（被説明変数＝業績等指標，説明変数＝M&A 実施後ダミーを含む）
C3：パネルデータ回帰分析（被説明変数＝業績等指標，説明変数＝M&A 実施期からのラグ期数ダミーを含む）

第2節　本章で取り上げる先行研究

　前述のように，本章では日本企業の M&A の成果に関する研究のうち，業績等効果を実証的に分析した先行研究の分析結果に基づいて，M&A の効果の特徴を考察する。本章で取り上げる先行研究は，M&A 実施当事企業の業績等指標について，M&A 非実施企業のそれを調整し，かつ第1節で述べた方法のいずれかを採用しているものに限定している。これは，分析結果を比較検討するには，その前提として分析方法が統計上の一定の条件を満たしている必要があるためである[1]）。

　本章で取り上げる先行研究は図表14-1のとおりである。17の先行研究は発表年順に並べてある。表から明らかなように，対象期間だけでなく，分析対象の M&A 形態，業績等指標，業績等指標の調整方法，業績等指標以外の主な変数，分析手法，対象企業，対象業種は様々である。

図表 14-1　M&A の業績

研究略称	研究者（発表年）	対象期間	対象 M&A 形態 b	業績等指標 c
Odagiri	Odagiri and Hase (1989)	1980～1987	合・買・資	ROA（営業利益），売上高成長率
Yeh	Yeh and Hoshino (2002)	1970～1994	合	ROA（営業利益），ROE，TFP，売上高成長率，雇用成長率
小本	小本 (2003)	1981～1995	合・合※3	ROA（事業利益）
淺羽	淺羽 (2005)	1988～2001	買	ROA（当期利益），売上高成長率
長岡	長岡 (2005)	1985～2003	合	ROA（営業利益），売上高成長率，雇用成長率
岩城	岩城 (2006)	1988～2003	合※4・買・事	ROA（経常利益），ROS（営業利益），売上高経費率，労働生産性
深尾 1	深尾ほか (2006)	1995～2002	買	ROA（税引前利益），TFP，労働生産性，賃金率，従業員数
深尾 2	深尾ほか (2007)	1995～2002	買	ROA（税引前利益），TFP，従業員数，一人当たり賃金
Kruse	Kruse et al. (2007)	1969～1999	合	営業 CF/時価総資産
矢部 1	矢部 (2007)	2001～2004	交	ROA（営業利益），ROS，総資産回転率
矢部 2	矢部 (2008)	1987～2005	事	ROA（営業利益），ROS，総資産回転率
滝澤	滝澤ほか (2008)	1994～2002	合	ROA（営業利益），TFP，負債/総資産，R&D/売上，CF 比率，営業費用/総資産
Hosono	Hosono et al. (2009)	1995～1999	合	ROA（営業利益），TFP，負債/総資産，R&D/売上
宮宇地	宮宇地 (2009)	1996～2001	合※1・合※2・買※1・買※2	ROA（営業利益）
山田	山田ほか (2009)	1999～2006	合※5・買※5・事※5	ROA（営業利益），ROE，ROS（営業利益），EV/EBITDA，Tobin's q
田口	田口ほか (2011)	1995～2008	合・買・資・出	従業員数
柳川	柳川 (2011)	1995～2008	合・買	ROA（営業利益），売上高成長率

注 a：本章で取り上げる先行研究は，M&A 実施当事企業の業績等指標について，M&A 非実施企ものに限定している。

b：対象 M&A 形態の略語と記号の意味は以下の通り。合：合併，買：買収，資：資本参加，出：および 1 度目の M&A 後 5 年以内に別の合併・買収または事業買収を実施した企業の案件を除く。除く。

c：業績等指標は，オリジナルの研究では表現が異なるものについても，内容がほぼ同一とみ利益率。ROE：Return on Equity 自己資本利益率。ROS：Return on Sales 売上高利益率。Interests, Taxes, Depreciation and Amortization 企業価値／金利前・税引前・償却前利益。用いている利益区分が明示されている場合は（　）で付記した。増加率は前年度比。オリジナ

d：調整方法とは，サンプルとなる M&A 実施当事企業の業績等指標について M&A 非実施企業非実施類似企業 1 社の値を控除。類 2：存続会社と消滅会社それぞれの M&A 非実施類似企業類似企業の値に対する比率を利用。パ：パネルデータによる調整。

e：業績等指標以外の主な変数とは，M&A の特性に関わるものとして有意差検定の分析対象項もの。In-In とは，日本企業による日本企業の M&A，Out-In は外国企業による日本企業の

f：分析手法とは，サンプルとなる M&A 実施当時企業の業績等指標およびそれ以外の主な変有意差検定。A2：M&A 実施企業およびその業種中央値の業績等指標を被説明変数としB1：M&A ロスセクションデータ回帰分析（被説明変数＝ M&A 前後の業績等指標の変化）。前の被説明変数と同じ業績等指標を含む）。C1：パネルデータ回帰分析（被説明変数＝ M&A 実施後ダミーを含む）。C3：パネルデータ回帰分析（被説明変数＝業績等指標，説明変数＝

g：対象企業の略語の意味は以下の通り。買い手：合併では存続企業，買収・事業買収では買収却側企業，資本参加・出資拡大では出資側企業。両社統合：合併では存続企業と消滅企業の合計，

h：対象業種の略語および記号の意味は以下の通り。※1：金融業を除く。※2：事業会社同士のみ。

効果に関する先行研究[a]

調整方法[d]	業績等指標以外の主な変数[e]	分析手法[f]	対象企業[g]	対象業種[h]
類比	同業種，買い手製造業，製品拡張型，販売力強化型	A1, B1	買い手	全
業	独立企業間，系列内	A2	買い手	全※1
類複	関係会社間，同業種，系列内，救済型，素材型製造業，加工型製造業	A1, B1, B2	両社統合	全※1
業	In-In, Out-In	A1, B1	売り手	全※1
パ	合併，対等合併	C2	両社統合	全
パ	グループ内，グループ外	C2	買い手，売り手	全・全※2
パ	In-In, Out-In, In-In（グループ内），In-In（グループ外）	C1	売り手	製，流，化，機，卸
パ	In-In, Out-In, In-In（グループ内），In-In（グループ外）	C1	売り手	製，流
類2	関係会社間，同一系列内，異業種，売り手財務困窮	A1, B2	両社統合	製
業		A1	両社統合	全※1
業	負債返済，負債非返済	A1	売り手	全※1
類1	グループ内，グループ外，同業種，異業種	A1	買い手	製，非
類1	グループ内，グループ外，同業種，異業種	A1, B1	買い手	全，製
業		A1	買い手	全※1
業		A1, B1	買い手（多角化企業）	全
パ	In-In, Out-In	C3	買い手（合併）・売り手（合併以外）	製，非
パ		C3	買い手・売り手	製，非

業のそれを調整し，かつ調整後業績等指標のM&A前後の差について統計上の有意検定を行っている

出資拡大．事：事業買収，交：株式交換．※1：完全子会社対象案件を除く．※2：完全子会社対象案
※3：小規模企業対象案件を除く．※4：対等合併を除く．※5：資本参加・出資拡大・グループ内再編を

せるものは同一の表現に統一した．英字の略語の意味は以下の通り．ROA：Return on Asset 総資産
TFP：Total Factor Productivity 全要素生産性．EV/EBITDA：Enterprise Value/Earnings before
R&D：Research and Development 研究開発費．CF：キャッシュフロー．ROAおよびROSは分子に
ルの研究では対数を取っている指標は対数表記を省略した．

のそれを調整する方法．略語の意味は以下の通り．業：業種の平均または中央値を控除．類1：M&A
の値の加重平均を控除．類複：M&A非実施類似企業複数社の値の平均を控除．類比：M&A非実施

目，クロスセクション重回帰分析またはパネルデータ重回帰分析のダミー変数として用いられている
M&A．

数について統計上有意な差異の有無を検出する手法．記号の意味は以下の通り．A1：業績等指標の
M&Aダミー（M&A実施企業=1，業種中央値=0）を説明変数とした回帰式の回帰係数の有意差検定．
B2：クロスセクションデータ回帰分析（被説明変数＝M&A後の業績等指標，説明変数＝M&A
前後の業績等指標の変化）．C2：パネルデータ回帰分析（被説明変数＝業績等指標，説明変数＝M&A
M&A実施期からのラグ期数ダミーを含む）．

側企業，資本参加・出資拡大では出資側企業．売り手：買収では買収側企業，事業買収では事業の売
株式交換では株式交換当事企業の合計．

出所：筆者作成．

208　第14章　M&Aの成果検証

図表14-2　先行研究によるM&Aの業績等効果（属性不特定）

対象企業	業績等指標	分析結果			対象期	研究略称	M&A形態	対象業種	分析手法
		有意プラス	有意マイナス	非有意					
買い手	ROA（営業利益）	[合*1,合*2,買*1,買*2][⑧～⑩] [合*1,買*1][⑤]		[合*1,合*2,買*1,買*2][①～④⑥] [⑦] [合*2,買*2][⑤]	①平(-5,-1)～+1　⑥平(-5,-3)～+1 ②平(-5,-1)～+2　⑦平(-5,-3)～+2 ③平(-5,-1)～+3　⑧平(-5,-3)～+3 ④平(-5,-1)～+4　⑨平(-5,-3)～+4 ⑤平(-5,-1)～+5　⑩平(-5,-3)～+5	宮宇地	合*1, 合*2,買*1, 買*2	全*1	A1
				①②	①平-2～+2　②-3～+3	Odagiri	合・買・資	全	A1
			[製]①②	[製,非](③)～⑩ [非](①②)	①-1　④-4　⑦-7　⑩-10 ②-2　⑤-5　⑧-8 ③-3　⑥-6　⑨-9	柳川	合	製,非	C3
	TFP		[製]①④⑤	[製,非]②③ [非]①④⑤	①-1～+2 ②-1～+3 ③-1～+4 ④-1～+5	滝澤	合	製,非	A1
	キャッシュフロー比率		[製]①～④	[製,非]⑤ [非]①～④	①-1～+2 ②-1～+3 ③-1～+4 ④-1～+5				
	売上高成長率		[製]①～⑩ [非]①～⑦	[非]⑧～⑩	①-1　④-4　⑦-7　⑩-10 ②-2　⑤-5　⑧-8 ③-3　⑥-6　⑨-9	柳川	合	製,非	C3
	営業費用／総資産		[製]①～⑤ [非]①	①②	①平-2～+2　②-3～+3	Odagiri	合・買・資	全	A1
	負債／総資産	[製,非]①～④		[製,非]②～⑤ [非]⑤	①-1～+2 ②-1～+3 ③-1～+4 ④-1～+5	滝澤	合	製,非	A1
	R&D／売上			[製]①～⑤					
	従業員数	[製]⑥	[非]①～⑦⑨⑩	[製]①～⑤⑦～ [非]⑧	①-1　④-4　⑦-7　⑩-10 ②-2　⑤-5　⑧-8 ③-3　⑥-6　⑨-9	田口	合	製,非	C3

第 2 節　本章で取り上げる先行研究　209

売り手	ROA(営業利益)	[非]①〜⑥		[製]①〜⑥⑧〜⑩ [非]⑦〜⑩	①-1　④-4　⑦-7　⑩-10 ②-2　⑤-5　⑧-8 ③-3　⑥-6　⑨-9	柳川	買	製,非	C3
	売上高成長率	[製]①〜④⑨⑩	[製]⑦	[製]⑤〜⑧ [非]①〜⑩	①-1　④-4　⑦-7　⑩-10 ②-2　⑤-5　⑧-8 ③-3　⑥-6　⑨-9	田口	買	製,非	C3
	従業員数	[製]②〜⑦		[製]①⑧〜⑩ [非]①〜⑩	①-1　④-4　⑦-7　⑩-10 ②-2　⑤-5　⑧-8 ③-3　⑥-6　⑨-9				
両社統合	ROA (事業利益)			[A1]①〜⑫ [B2]①〜⑤⑫	①-1　^　+1 ②-1　^　+2 ③-1　^　+3 ④-1　^　+4 ⑤-1　^　+5 ⑫中(-5:-1) ^ 中 (+1:+5) ※⑥〜⑪はA1のみ	⑥-1 ^ 中 (+1:+5) ⑦中(-5:-1) ^ +1 ⑧中(-5:-1) ^ +2 ⑨中(-5:-1) ^ +3 ⑩中(-5:-1) ^ +4 ⑪中(-5:-1) ^ +5	小本	合	全*1	A1, B2
	営業CF/ 時価総資産	[A1]①〜③ [B2]①			①平(-5:-1) ^ 平均(+1:+5) ②平(-3:-1) ^ 平均(+1:+3) ③平(-2:-1) ^ 平均(+1:+2) ※②③はA1のみ		Kruse	合	製	A1, B2

注：対象期については，−x ^ +y あるいは +x ^ +z ある いは前 ^ 後と表している。^ の前は比較対象期のう ち遅い期を意味する。−x は M&A 実施期より前の期を，+x は M&A 実施期から x 期後の期を，^ の前は比較対象期のう ち早い期を，−x は M&A 実施期から z 期後の期を，+z (>x) は M&A 実施期から z 期後の期を示す。平 (−x:+y) は，以下の通り分析手法により異なる。(A1, A2)：^ の前は比較対象期 (実施前または実施後)，^ の後は M&A 実施期より後のすべての分析対象期の数字等 (x, y, z, 前, 後)，(B1, B2)：被説明変数の 2 時点間変化により異なる。(A1, A2)：^ の前：比較対象期 (実施前または実施後)，(C1) ^ の前：被説明変数 (実施後)，(B1, B2)：^ の前：被説明変数の 2 時点間変化 の前の期，^ の後：被説明変数の期，(C2) ^ の前：M&A 実施期より前のすべての分析対象期，(C3) M&A 実施期からラグ期。
略語 (図表 14-1 の注にないもの) の意味は以下の通り。加工：加工型製造業。素材：素材型製造業。買製：買い手が製造業。販：販売力強化型。上：売り手企業が上場企業。not 上：売り手企業が非上場企業。並：製品並拡張型。異：異業種。グ内：グループ内。同：同業種。
分析手法が B2 の場合は定数項の結果を記載した。
その他は図表 14-1 と同様。
出所：筆者作成。

210　第14章　M&Aの成果検証

第3節　M&A属性を特定しない場合の業績等効果

　図表14-2は，先行研究における分析結果のうち，M&A形態以外のM&A属性を特定しない場合のものをまとめた表である。まず買い手企業についてみると，営業利益ベースのROAがもっとも多くの先行研究において検証されている。それらを見ると，有意な結果と非有意な結果が混在している。有意な結果については，合併のみを対象にした研究では製造業の場合合併後5年以内のいくつかの期においてマイナス効果が報告されている一方で，合併と買収を含めた研究ではM&A前の対象期を長期の平均を取った場合にM&Aから3年後から5年後と比較においてプラス効果が報告されている。ROA以外の指標で業績等が向上したといえるものは，合併のみを対象とした研究における営業費用／総資産について，製造業ではすべての対象期においてマイナスが報告されている。これは，製造業の合併では買い手企業に長期にわたり費用逓減効果がみられることを示唆する。このほか，やはり合併のみを対象にした研究におけるキャッシュフロー比率での非製造業の一部の対象期と従業員数での製造業の一部の対象期で業績等の向上とみられる結果が報告されている。これら以外は改善効果がみられないか，むしろ業績低下効果が報告されている。とくに製造業ではマイナス効果が目立つが，その中で合併における長期的な営業費用／総資産のマイナス（すなわち費用逓減）効果も見いだせる。

　一方，売り手企業については，いずれも買収のみを対象とした研究においてROAで非製造業の場合に買収後6年間，売上高成長率で製造業の場合に買収後4年間および9年後と10年後，従業員数で製造業の場合に買収後2年目から7年目までの長期にわたりプラス効果が報告されている。

　買い手と売り手の業績等数値を統合した場合については，合併のみを対象とした研究しかないが，ROAでは有意な結果はない一方で，営業キャッシュフロー（営業CF）／時価総資産では製造業の場合に合併後の短期でも比較的長期でもプラスの効果が報告されている。

第4節　M&A 属性を特定した場合の業績等効果

1．グループ内 M&A とグループ外 M&A

　図表14-3は，先行研究における分析結果のうち，M&A の売り手と買い手の関係がグループ内または関係会社間の場合と，グループ外すなわち独立した会社同士である場合について区分しているものを記載している。まず買い手企業についてみると，営業利益ベースの ROA は合併のみを対象とした2つの研究が扱っている。そのうち全産業を対象とした研究ではグループ外の合併前後においてマイナスの効果が報告されており，それ以外は合併前後および合併後におけるプラス効果もマイナス効果もみられない。ただし，同じ分析手法で対象期間も大きくは異ならないが，対象業種を製造業と非製造業で分けた研究ではどちらの業種でもグループ内およびグループ外のプラス効果がいくつかの合併後の期間で報告されている。ただし同じ研究が分析している営業費用／総資産をみると，とくにグループ内については非製造業でプラス（すなわち費用逓増）効果とともに製造業ではマイナス（すなわち費用逓減）効果がみられる。したがって，営業利益ベースの ROA は必ずしも営業費用の逓増・逓減効果をそのまま反映しているわけではなく，総資産に対する売上高の変化（すなわち総資産回転率の変化）に大きく影響されていることが推測される。経常利益ベースの ROA は売り手企業が上場会社かどうかを区分した研究において，グループ内合併の場合にプラス効果があることが報告されているが，それ以外では効果はみられない。

　一方，ROS（売上高利益率）ではグループ内で売り手が上場企業の場合，グループ外ではどの場合でも向上効果がみられる。さらに売上高経費率でもグループ内外ともに売り手が上場企業の場合は改善効果が報告されている。すなわち，売り手が上場企業であれば，グループ内外ともに損益計算書の範囲内では業績向上効果は見出されるということである。その一方で，キャッシュフロー比率については，グループ内でのみ製造業，非製造業ともに合併後の比較的早い時期にプラス効果がみられる。

212　第14章　M&Aの成果検証

図表14-3　先行研究によるM&Aの業績等効果（グループ内・グループ外）

対象企業	業績等指標	M&A属性	分析結果 有意プラス	有意マイナス	非有意	対象期	研究略称	M&A形態	対象業種	分析手法
買い手	ROA（営業利益）	グループ内			①①	①-1〜+3	Hosono	合	全	A1
		グループ外	[製]❸	①	[製,非]❷	❶+1〜+3				
			[非]❶		[製]❸❹					
					[非]❸❹					
					[製,非]❷❸	❶+1〜+2	滝澤	合	製,非	A1
					[製]❶	❷+1〜+3				
					[非]❶	❸+1〜+4				
						❹+1〜+5				
	営業費用/総資産	グループ内	[非]❶❷❸	[製]❷❸❹	[製]❶					
			[製]❷		[非]❶					
	グループ外	[製]❷❸		[製]❶					
					[非]❶					
	ROA（経常利益）	グループ内	[上]①		[not上]①	①前〜後	岩城	合*4,買	全*2	C2
		グループ外	[上,not上]①		[上,not上]①					
	ROS（営業利益）	グループ内	[上]①		[not上]①					
		グループ外			[not上]①					
	売上高経費率	グループ内		[上]①						
		グループ外		[上]①						
	キャッシュフロー比率	グループ内	[製]❷❸		[製]❹	❶+1〜+2	滝澤	合	製,非	A1
			[非]❶		[非]❶❷❸❹	❷+1〜+3				
		グループ外				❸+1〜+4				
						❹+1〜+5				
	TFP	グループ内	[A1,全]❶	[A1,全]①	[B1,製]①	①-1〜+3	Hosono	合	全,製	A1,B1
			[B1,製,同]①	[A1,全]①	[A1,全]①	❶+1〜+3				
			[B1,製,同]①							
		グループ外	[製]❸		[製]❹	❶+1〜+2	滝澤	合	製,非	A1
			[非]❶		[非]❶❷❸❹	❷+1〜+3				
						❸+1〜+4				
						❹+1〜+5				

第4節　M&A 属性を特定した場合の業績等効果　213

				[not上]①	①前^後		合※4,買	全*2	C2
労働生産性	グループ内	[上, not上]①							A1, B1
	グループ外	[上]①					岩城		
R&D/売上	グループ内		[B1, 製]①	[A1, 全]① [B1, 製]① [A1, 全]① [B1, 製]①	①-1^+3 ①+1^+3		Hosono	全, 製	A1
	グループ外			[製]①②③④ [製]①②③④	①+1^+2 ②+1^+3	①+1^+4 ①+1^+5	滝澤	製	A1
負債/総資産	グループ内			①	①-1^+3 ①+1^+3		Hosono	全	A1
	グループ外			[製, 非]①②③④ [製, 非]①②③④	①+1^+2 ②+1^+3	①+1^+4 ①+1^+5	滝澤	製, 非	A1
ROA(税引前利益)	グループ内			[In-In, 製, 流]① [In-In, 製, 流]①			深尾1,2		
TFP	グループ内			[In-In, 製, 流]① [In-In, 製, 流]①					
	グループ外								
労働生産率	グループ内	[In-In, 製]①		[In-In, 製, 流]① [In-In, 製, 流]①	①-1^+2		深尾1	製, 流	C1
賃金率	グループ内	[In-In, 製]①		[In-In, 製, 流]① [In-In, 製, 流]①			深尾2		
一人当たり賃金	グループ内	[In-In, 製]①		[In-In, 製, 流]① [In-In, 製, 流]①			深尾1,2		
従業員数	グループ外	[In-In, 流]①							
ROA (事業利益)	関係会社間		[合]③	[合 合※3]①②	①-1^+5 ②平(-2-1)^+5 ③中(-5-1)^中(+1+5)		小本	合・合※3	B1
両社統合								全*1	
営業CF/時価総資産	関係会社間			①	①平(-5-1)^平(+1+5)		Kruse	合	製	B2

注：図表14-1および図表14-2と同様。
出所：筆者作成。

生産性については，まず全要素生産性（TFP）をみると，合併前後の変化については全産業ではグループ内外ともにマイナス効果がみられる一方で，製造業では同業種間合併の場合グループ内外ともにプラスの効果がみられる。しかし，合併後の変化については全産業でグループ内ではプラス効果がある一方でグループ外では効果がなく，製造業と非製造業を区分した研究でもこの結果に大きな差はない。労働生産性については，グループ内ではプラス効果，グループ外でも売り手が上場企業の場合はプラス効果が報告されている。

研究開発費比率（R&D／売上）についてはグループ内で異業種合併を含む製造業の合併前後の変化の場合のみマイナス（研究開発費比率削減）があるが，それ以外では合併後期間での変化を含めて変化はないことが報告されている。負債比率についてもグループ内で全産業を対象にした合併前後の変化の場合のみプラス（負債比率増加）があるが，それ以外では合併後期間での変化を含めて変化なしが報告されている。

売り手に関する先行研究では，買収を対象にした研究がある。まず税引前利益ベースのROAについてはグループ内外ともに変化は報告されていない。生産性については，TFPではグループ内外ともに変化なしだが，労働生産性ではグループ内において国内企業同士で製造業での買収の場合に生産性向上効果があることが報告されている。賃金については，賃金率ではグループ外においてのみ変化が報告されているが，製造業の場合はプラスの一方で流通業の場合マイナスになっている。一人当たり賃金ではグループ内外ともに製造業についてプラスの効果が報告されている。従業員数については，製造業では変化がなく，流通業ではグループ内で変化なしだがグループ外ではプラスになっている。したがって，国内企業に買収された売り手企業の従業員は，とくに製造業の場合目立った不利益を被っておらず，むしろ一人当たり賃金の増加を享受したといえる。

両社統合ベースの先行研究では合併を対象とし関係会社間の場合を報告している。そのうち全産業が対象の研究では，事業利益ベースのROAの合併前5年間の中央値と合併後の5年間のそれにおいてのみマイナスがあるが，それ以外では変化はなかったことが報告されている。しかし，製造業を対象にした営業キャッシュフロー比率を分析した研究では有意な結果は検出されていない。

2. 同業種間 M&A と異業種間 M&A

　図表14-4は，先行研究における分析結果のうち，M&Aの売り手と買い手の関係が同業種間（すなわち水平的M&A）の場合と，異業種間（すなわち垂直的M&Aあるいは多角化M&A）の場合について区分しているものを記載している。まず買い手企業を見てみる。営業利益ベースのROAについては，M&A前後の変化に関して，合併のみを対象にした研究と合併・買収・資本参加を対象とした研究の両方で同業種にマイナスの結果が報告されている。異業種については合併のみだが，変化なしが報告されている。M&A（合併）後の変化に関しては，全産業では異業種でプラスがみられるが，製造業と非製造業で区分した場合，製造業では異業種において合併後1年目から2年目および3年目までの変化がみられ，非製造業では同業種において同じく4年目までの変化がみられる。一方，営業費用／総資産については合併後の変化のみ研究されているが，同業種においてのみ非製造業でプラス（費用逓増），製造業でマイナス（費用逓減）の対象期間がみられる。この結果は，営業利益ベースのROAの効果は必ずしも営業費用の効果を直接的に反映したものではないことを示唆する。なおROAに影響がありうる売上高成長率について報告されている結果は変化なしとなっている。

　キャッシュフロー比率については合併後の変化についてのみ研究されているが，製造業では同業種・異業種ともに比較的早い期にプラスの効果がみられる一方，非製造業では同業種においてマイナスの効果が報告されている。

　TFPについては，合併前後の変化では，全産業ではマイナス効果がみられる一方で，グループ内で製造業の場合に同業種と異業種のどちらにおいてもプラス効果が報告されている。合併後の変化では，製造業の異業種の場合のみプラス効果が報告されている。

　負債比率については，合併前後の変化では同業種の場合にプラス（負債比率増大）である一方，合併後の変化では，4年目までの長期的な変化において，製造業と非製造業で正反対の結果が報告されている。R&D比率については2つの研究とも変化なしを報告している。

　両社統合では，ROAでは変化が見られないが，営業キャッシュフロー比率では異業種の場合にプラス効果が報告されている。

図表14-4 先行研究によるM&Aの業績等効果（同業種・異業種）

対象企業	業績等指標	M&A属性	分析結果 有意プラス	分析結果 有意マイナス	分析結果 非有意	対象期	研究略称	M&A形態	対象業種	分析手法
買い手	ROA（営業利益）	同業種		①	❶	①-1〜+3 ❶+1〜+3	Hosono	合	全	A1
		異業種		①		①-1〜+2	Odagiri	合・買・資	全	B1
		同業種	[非]❹		[製,非]①❷❸ [製,非]①❷❸	❶+1〜+2 ❷+1〜+3 ❸+1〜+4 ❶+1〜+5	滝澤	合	製,非	A1
		異業種	[製]❷❸	[製]❹	[製,非]❶ [非]❹ [製,非]❶❷❸❹					
	営業費用/総資産	同業種			①	①-1〜+2	Odagiri	合・買・資	全	B1
		異業種			[製,非]❸❹ [製,非]❶❶ [非]❷❸ [製,非]❶❷❸❹	❶+1〜+2 ❷+1〜+3 ❸+1〜+4 ❶+1〜+5	滝澤	合	製,非	A1
	売上高成長率	同業種	[製]❶	[非]①❷						
		異業種	[製]❷❸		[製,非]❶❷❸ [非]❶❷❸❹					
	キャッシュフロー比率	同業種	[製]❷❸❹		[製,非]❶❶❷❸❹					
		異業種								
	TFP	同業種	[B1,製,ダ内]① [B1,製,ダ内]① [A1,全]①	[A1,全]①	[B1,製,全]① [A1,全]①	①-1〜+3 ❶+1〜+3	Hosono	合	全,製	A1,B1
		異業種	①	[製]❹	❶	①-1〜+3 ❶+1〜+3	Hosono	合	全	A1
	負債/総資産	同業種			[製,非]①❷❸ [製,非]①❷❸	❶+1〜+2 ❷+1〜+3 ❸+1〜+4 ❶+1〜+5	滝澤	合	製,非	A1
		異業種		[製]❹						
	R&D/売上	同業種			[B1,製]❶ [B1,製,ダ内]① [A1,全]① [B1,製,ダ内]① [A1,全]①	①-1〜+3 ❶+1〜+3	Hosono	合	全,製	A1,B1
		異業種								

3. 系列内合併と独立企業間合併

図表 14-5 は，先行研究における分析結果のうち，系列内合併と独立企業間合併について区分しているものを記載している。まず買い手企業（存続企業）を見てみる。営業利益ベースの ROA については，系列内ではすべての対象期間でマイナスである一方，独立企業間ではすべての対象期間で変化なしであり，明らかに異なっている。ROE についてもほぼ同様の結果がみられる。TFP についてはどちらも変化はみられない。売上高成長率と雇用成長率については系列内でマイナスであることは共通している一方，独立企業間では異なっており，売上高成長率ではすべての期間で変化がないが，雇用成長率ではプラスとマイナスが混在している。これらから，系列内合併の場合はマイナスの業績等効果があることがわかる。一方，両社統合では ROA でも営業キャッシュフロー比率でも変化はみられない。

4. In-In 型と Out-In 型

図表 14-6 は，先行研究における分析結果のうち，In-In 型（日本企業同士の M&A）と Out-In 型（外国企業による日本企業の M&A）について区分しているものを記載している。M&A 形態は主に買収であり，一部の研究では買収だけでなく資本参加と出資拡大を含んでいる。営業利益ベースの ROA では，Out-In 型がプラスである一方，In-In 型は変化なしであるが，当期利益ベースの ROA では，どちらにもマイナスの期間が見られる。売上高成長率ではどちらも変化はない。

生産性については，TFP では Out-In 型でプラスの効果がみられるが，労働生産性では化学産業のみにおいてどちらにもプラスの効果がみられる。

218　第14章　M&Aの成果検証

図表 14-5　先行研究による M&A の業績等効果（系列内合併・独立企業間合併）

対象企業	業績等指標	M&A属性	分析結果			対象期	研究略称	M&A形態	対象業種	分析手法
			有意プラス	有意マイナス	非有意					
買い手	ROA（営業利益）	系列内			①②③④	①-1^+1 ②平(-3:-1)^平(+1:+2) ③平(-3:-1)^平(+1:+3) ④平(-4:-1)^平(+1:+4)	Yeh	合	全*1	A2
		独立企業間			①②③④					
	ROE	系列内		②③④	①					
		独立企業間			③④					
	TFP	系列内			①②③④					
		独立企業間			①②③④					
	売上高成長率	系列内		①②③		①t-1^t+2 ②平(t-2:t-1)^平(t+2:t+3) ③平(t-3:t-1)^平(t+2:t+4)				
		独立企業間		①②③						
	雇用成長率	系列内		①②③						
		独立企業間	②	③	①					
両社統合	ROA（事業利益）	系列内			①①※3 ②②※3 ③③※3	①-1^+5 ②平(-2:-1)^+5 ③中(-5:-1)^中(+1:+5)	小本	合	全*1	B1
	営業CF／時価総資産	系列内			①	①平(-5:-1)^平(+1:+5)	Kruse	合	製	B2

注：図表14-1および図表14-2と同様。
出所：筆者作成。

図表 14-6　先行研究による M&A の業績等効果（In-In・Out-In）

対象企業	業績等指標	M&A属性	分析結果			対象期	研究略称	M&A形態	対象業種	分析手法
			有意プラス	有意マイナス	非有意					
売り手	ROA（営業利益）	In-In			[製,流]①	①-2^+2	深尾1,2	買	製,流	C1
		Out-In	[製,流]①							
	ROA（当期利益）	In-In		③	①②④	①-1^+1 ②-1^+2 ③-1^+3 ④-1^平(+1:+3)	淺羽	買	全*1	A1
		Out-In		①④	②③					
	売上高成長率	In-In			①②③④					
		Out-In			①②③④					
	TFP	In-In			[製,流]①	①-2^+2	深尾1,2	買	製,流	C1
		Out-In			[流]①					
	労働生産性	In-In	[化]①		[製,流,機,卸]①		深尾1		製,流,化,機,卸	
		Out-In	[化]①		[製,流,機,卸]①					
	賃金率	In-In			[流]①				製,流	
	一人当たり賃金	In-In	[製]①		[流]①		深尾2			
		Out-In	[製]①		[流]①					
		In-In	[流]①		[製]①		深尾1,2			
		Out-In			[製,流]①					
	従業員数	In-In	[製]⑥ [非]⑤	[製]①	[製,非]②〜④⑦〜⑩ [非]①⑥	①-1　⑥-6 ②-2　⑦-7 ③-3　⑧-8 ④-4　⑨-9 ⑤-5　⑩-10	田口	買・資・出	製,非	C3
		Out-In	[製]⑤⑦⑨		[製,非]①〜④⑥⑧⑩ [非]⑤⑦⑨					

注：図表14-1および図表14-2と同様。
出所：筆者作成。

第4節 M&A属性を特定した場合の業績等効果　219

雇用関係については，賃金率でIn-In型のみ製造業でプラスがみられる一方，一人当たり賃金ではどちらでも製造業でプラスがでている。従業員数については，買収のみだと製造業では変化はみられないが，資本参加および出資拡大を含めるとOut-In型では複数の期間で，In-In型でも一部の期間でプラスがみられる。その一方，流通業では買収のみでも資本参加・出資拡大を含む場合でもIn-In型でプラスがみられる。したがって，国内企業間買収でも外国企業による買収でも売り手企業には雇用関係において，完全ではなくても一定の効果があったとみなしうる。

5．その他の M&A 属性

図表14-7は，図表14-6までのM&A属性以外の属性に関する先行研究の結果をまとめた表である。救済型については2つの研究が両社統合について分

図表 14-7　先行研究による M&A の業績等効果（その他の M&A 属性）

対象企業	M&A属性	業績等指標	分析結果			対象期	研究略称	M&A形態	対象業種	分析手法
			有意プラス	有意マイナス	非有意					
両社統合	救済型	営業CF／時価総資産			①	①平(-5:-1)ˆ平(+1:+5)	Kruse	合	製	B2
		ROA（事業利益）	①①※3 ②※3③※3		②③					
	製造業タイプ	ROA（事業利益）	[加工]①①※3②※3 ③※3		[素材]①①※3②②※3 ③③※3 [加工]①②③	①-1ˆ+5 ②平(-2:-1)ˆ+5 ③中(-5:-1)ˆ中(+1:+5)	小本	合	全※1	B1
	対等合併	ROA（営業利益）			[合,対合]①	①前ˆ後	長岡	合	全	C2
		売上高成長率	[合]①	[対合]①						
		雇用成長率		[対合]①	[合]①					
買い手	買い手属性・多角化タイプ	ROA（営業利益）	[拡]①	[買製]①	[販]①	①-2ˆ+2	Odagiri	合・買・資	全	B1
		売上高成長率	[販]①		[買製,拡]①					
	多角化企業サンプル	ROA（営業利益）		①	②③	①-1ˆ+1 ②-1ˆ+2 ③-1ˆ+3	山田	合※5・買※5・事※5	全	A1
		ROE	②	①	③					
		ROS（営業利益）	③	①	②						
		EV/EBITDA			①②③					
		Tobin's q		①②③						

注：救済型には，売り手の財務困窮を含む。対合は対等合併の略語。その他は図表14-1および図表14-2と同様。
出所：筆者作成。

析しており，事業利益ベースの ROA では小規模企業案件を除く合併ではいずれの期間でもプラスが報告されているが，製造業対象の営業キャッシュフロー比率については変化は報告されていない。

　製造業のタイプ区分では，加工型の小規模案件を除く合併ではいずれの期間でも ROA の変化はプラスだが，加工型の小規模案件を含んだ合併および素材型の場合は変化はみられない。

　対等合併を含んだ合併全体と対等合併のみの区分では，ROA ではどちらも変化はないが，売上高成長率では合併全体でプラス，対等合併のみでマイナスである。雇用成長率では対等合併のみではマイナスである一方，合併全体では変化なしである。これらから，対等合併は合併全体と同様に ROA では効果はない一方で，売上高および雇用において負の影響をもっていることがわかる。

　買い手企業および多角化の属性区分については，買い手が製造業の M&A，製品拡張型 M&A，販売力強化型の M&A のそれぞれで結果がほぼすべて異なる。

　多角化企業のみを分析した研究では，対象期間によって結果は多様であるが，M&A 前1期と後1期の変化については ROA, ROE, ROS, Tobin's q においてマイナスであり，短期的には負の効果があることがわかる。

第5節　事業買収および株式交換の業績等効果

　図表 14-8 は，事業買収と株式交換の場合における先行研究の結果をまとめた表である。まず事業買収を見てみると，買い手と売り手で対照的な部分が目立つ。すなわち，営業利益ベースの ROS では，売り手の場合グループ内外を問わずプラスだが，買い手企業ではグループ内ではマイナスである。労働生産性でも同様である。その一方で，ROA と売上高経費率ではどちらも変化はみられない。

　売り手に関する研究で特徴的なことは，事業売却で得た資金を負債返済に充てた企業とそうではない企業との比較である。負債返済に充てた企業では，ROA，ROS，総資産回転率のいずれでもプラスである一方，返済に充ててい

ない企業ではROSの一部期間を除きすべて変化はない。したがって，事業売却企業はその資金の使途が業績効果に影響を与えていることがわかる。

株式交換については，実施前後および実施後の変化について両社統合の結果が報告されている。ROAおよびROSでは実施前後および実施後の変化についてプラスがほとんどである一方，総資産回転率では変化はない。したがって，株式交換ではROSの効果がほぼ直接的にROAの改善をもたらしていることがわかる。

図表14-8　先行研究によるM&Aの業績等効果（事業買収・株式交換）

M&A形態	対象企業	業績等指標	M&A属性	分析結果 有意プラス	分析結果 有意マイナス	分析結果 非有意	対象期	研究略称	対象業種	分析手法
事業買収	買い手	ROA（営業利益）				①〜③	①-1〜+1 ②-1〜+2 ③-1〜+3	矢部2	全*1	A1
		ROA（経常利益）	グループ内			[上]①	①前〜後	岩城	全	C2
			グループ外			[上]①				
		ROS（営業利益）	グループ内			[上]①				
			グループ外	[上]①						
		ROS				①〜③	①-1〜+1 ②-1〜+2 ③-1〜+3	矢部2	全*1	A1
		総資産回転率				①〜③				
		売上高経費率	グループ内			[上]①	①前〜後	岩城	全	C2
			グループ外			[上]①				
		労働生産性	グループ内			[上]①				
			グループ外	[上]①						
	売り手	ROA（経常利益）	グループ内			[上]①	①前〜後	岩城	全	C2
			グループ外			[上]①				
		ROS（営業利益）	グループ内			[上]①				
			グループ外	[上]①						
		売上高経費率	グループ内			[上]①				
			グループ外			[上]①				
		労働生産性	グループ内	[上]①						
			グループ外	[上]①						
		ROA（営業利益）	負債返済	①〜③			①-1〜+1 ②-1〜+2 ③-1〜+3	矢部2	全*1	A1
			負債非返済			①〜③				
		ROS	負債返済	②③		①				
			負債非返済	①		②③				
		総資産回転率	負債返済	②③		①				
			負債非返済			①〜③				
株式交換	両社統合	ROA（営業利益）		①❶❷	②		①-1〜+2 ②-1〜+3 ❶+1〜+2	矢部1	全*1	A1
		ROS		①②❶❷						
		総資産回転率				①②❶❷				

注：負債返済は事業売却によって得た資金を負債返済に充てた売り手，負債非返済はそうではない売り手を意味する。その他は図表14-1および図表14-2と同様。
出所：筆者作成。

おわりに

　本章では，日本企業の M&A の業績等効果に関する実証分析が蓄積されてきたことを踏まえて，統計手法において一定の条件を満たした先行研究の分析結果を，M&A 属性や M&A 形態別に厳密に紹介した。このような試みは，筆者の知る限り初めてである。

　これまでの記述から明らかなように，その結果は多様である。さらに表に示された各業績等指標の変化は，複数ではなく 1 つの研究のみが報告した結果にとどまっている場合も少なくない。このことは，前節までの M&A の業績等効果について必ずしも統一的あるいは首尾一貫した結論を導き出せるものではないことを示唆する。

　この原因は，まず M&A 自体の多様性にある。すなわち，M&A と言っても属性および形態が多岐にわたるため，当然ながらその背景にある動機や目的が異なりうる。さらに，研究の多様性も原因の 1 つである。すなわち，対象企業（買い手，売り手，両社統合），業績等指標，変化をみる期間，サンプル期間，対象業種，分析手法の組み合わせが研究者によって異なるために，そこで報告されている結果から一貫した結論を導き出すことを躊躇させる。

　これらを踏まえると，日本の M&A の業績等効果の研究はいまだ不足している状況であるといえる。すなわち，M&A の実証分析には対象等において多様性の度合いが大きいからこそ，より多くの研究が蓄積されることによって，対象企業，業績等指標，対象期間，対象業種などのそれぞれにおいて複数の分析手法に基づく豊富な分析結果が参照可能となる。それによって，各業績指標等における妥当な結果が浮かび上がり，それらを首尾一貫した結論を導き出すことが可能となると考えられる。

[注]
1）そのため，Hoshino（1982）や村松（1986）などの初期の研究や，Inoue et al.（2013）などのいくつかの近年の研究は本章の考察対象外となっている。

[参考文献]

淺羽茂（2005）「外資は日本企業を建て直せるか？」『一橋ビジネスレビュー』第53巻第2号，46-59ページ。

岩城裕子（2006）「日本のM&A動向と企業財務の改善効果」『調査』第93号，1-39ページ。

小本恵照（2003）「合併によって企業業績は改善したか？」『年報 経営分析研究』第19号，88-95ページ。

滝澤美帆・鶴光太郎・細野薫（2008）「企業のパフォーマンスは合併によって向上するか：非上場企業を含む企業活動基本調査を使った分析」『REITI Discussion Paper Series』09-J-005。

田口博之・柳川太一・針田雅史（2011）「M&Aによる日本企業の雇用への影響」『フィナンシャル・レビュー』第107号，18-29および32-36ページ。

長岡貞男（2005）「合併・買収は企業成長を促すか？ 管理権の移転対その共有」『一橋ビジネスレビュー』第53巻第2号，32-44ページ。

深尾京司・権赫旭・滝澤美帆（2006）「M&Aと被買収企業のパフォーマンス：対日M&Aと国内企業間M&Aの比較」『REITI Discussion Paper Series』06-J-024。

深尾京司・権赫旭・滝澤美帆（2007）「外資によるM&Aはより高いパフォーマンスをもたらすのか」『日本のM&A』（宮島英昭編著）東洋経済新報社，81-108ページ。

宮宇地俊岳（2009）「M&A実施企業の収益性推移の分析」『企業会計』第61巻第8号，133-139ページ。

村松司叙（1986）「財務データによる合併効果の分析」『企業会計』第38巻第5号，60-69ページ。

柳川太一（2011）「〈補論〉企業M&Aの日本企業のパフォーマンスへの影響」『フィナンシャル・レビュー』第107号，29-40ページ。

矢部謙介（2007）「日本における完全子会社化の財務業績向上効果」『一橋商学論叢』第2巻第2号，75-87ページ。

矢部謙介（2008）「グループ企業再編の役割と財務業績への影響」『一橋ビジネスレビュー』第56巻第3号，44-61ページ。

山田方敏・蜂谷豊彦（2009）「内部資本市場の効率性から見たM&Aのパフォーマンス」『日本管理会計学会誌』第18巻第1号，33-48ページ。

山本達司（2002）『企業戦略評価の理論と会計情報』中央経済社。

Yeh, T. and Hoshino, Y. (2002), "Productivity and operating performance of Japanese merging firms: Keiretsu-related and independent mergers," *Japan and World Economy*, vol. 14, no. 3, pp. 347-366.

Odagiri, H. and Hase, T. (1989), "Are Mergers and Acquisitions Going To Be Popular in Japan Too: An Empirical Study," *International Journal of Industrial Organization*, vol. 7, no. 1, pp. 49-72.

Kruse, T. A., Park, H. Y., Park, K. and Suzuki, K. (2007), "Long-term performance following mergers of Japanese companies: The effect of diversification and affiliation," *Pacific-Basin Finance Journal*, vol. 15, pp. 154-177.

Hoshino, Y. (1982), "The Performance of Corporate Mergers in Japan," *Journal of Business Finance and Accounting*, vol. 9, no. 1, pp. 153-165.

Hosono, K., Takizawa M. and Tsuru K. (2009), "Mergers, Innovation, and Productivity: Evidence from Japanese manufacturing firms," *RIETI Discussion Paper Series*, 09-E-017.

（文堂弘之）

M&A と業界再編

第 15 章

はじめに

　政府の規制緩和や規制強化，グローバル競争の激化，石油危機やリーマンショックのような急激な景気後退など，激しい経営環境の変化は企業経営に大きな危機をもたらすものである。同一業界全体が危機に陥るような場合，企業は再編によって危機を乗り越えようとする。

　たとえば，激化するグローバル競争の中で再編を繰り返してきた世界の自動車産業においては，2017年現在，年間生産台数が約1,000万台規模の4つのグループに再編されている。すなわち，ドイツのフォルクスワーゲン（VW），アメリカのゼネラルモーターズ（GM），日本のトヨタ自動車および日本・フランスの日産・ルノーグループである。フォルクスワーゲンは大衆車ではフォルクスワーゲンの他，スペインのセアトやチェコのシュコダを，高級車ではアウディの他ポルシェやベントレー，そしてトラックではMANやスカニアを傘下にもつ一大自動車グループであるが，その子会社の多くはM&Aによって取得したものである。

　これに対して，トヨタ自動車は，富士重工，ダイハツ，日野自動車，などで年間生産台数1,000万台の巨大グループを形成している。また，日産自動車は経営危機に陥った際フランスのルノーから43.4％の出資を受け経営危機を乗り越えるとともにルノーに対しても15％出資することによって，ルノー・日産連合が形成された。その後，ドイツのダイムラーやロシアのアフトワズなどの自動車メーカーに少額出資し，グループを次第に拡大していった。さらに2016年には，不祥事をきっかけに経営危機に陥った三菱自動車に対して，日産自動車が34％を出資して救済することが決まった。その結果，約1,000万台

の生産規模を持つルノー・日産・三菱自動車連合が誕生することになった。

　自動車業界においてはグローバルな競争が激しくなると同時に，環境規制の強化により電気自動車や燃料電池車の開発に多額の研究開発投資を必要とすること，研究が進む自動運転車の開発にAIやIoTなどの巨額な投資を必要とすること，それに経営危機や不祥事などの個別企業の事情が関連することによってグローバルな業界再編が進んでいる。

　このように業界再編は法律や規制の変更，経済変動，個別企業の特殊事情などが契機となって進むものであるが，本章では，日本において再編が進む3つの業界について，業界に共通する諸課題や再編の背景と今後の予想される展開について見ていくことにする。

第1節　地方銀行の再編

　かつて日本には全国的に業務を展開する都市銀行が13行存在した。しかし，これらの銀行のほとんどが再編され，2017年現在4つのメガバンクに集約された。まず，1996年に三菱銀行と東京銀行が合併して東京三菱銀行ができ，2005年に東京三菱銀行とUFJ銀行が合併して三菱東京UFJ銀行が設立された。UFJ銀行は2002年に三和銀行と東海銀行が合併して設立された銀行である。また2001年には住友銀行とさくら銀行が合併して三井住友銀行が設立された。さらに2002年には第一勧業銀行と富士銀行，日本興業銀行が経営統合してみずほ銀行が設立された。また，同じく2002年には大和銀行とあさひ銀行が経営統合してりそな銀行が設立され，4大メガバンク体制となった。

　2017年1月にはみずほフィナンシャルグループ（以下，FG）と三井住友トラスト・ホールディングス（以下，HD）が，4大メガバンクの系列を超えて，事業統合を進めていることが報道された。両グループはみずほFGが54%出資する資産管理サービス信託銀行（TCSB）と三井住友トラストHDが67%出資する日本トラスティ・サービス信託銀行（JTSB）を持株会社方式で統合する交渉をしている[1]。この系列を超えた事業統合構想の目的は，多額の投資が必要なシステム構築を共同出資で負担軽減を図ること，および，信託財産の

規模を拡大し国際競争力を強化することである。しかし，この事業統合が成功したとしても信託財産の規模は約 400 兆円で，海外の資産管理銀行の信託財産額は，たとえば最大のバンク・オブ・ニューヨーク・メロンは 2,800 兆円と，その規模にはなお大きな開きがある。

このように，メガバンクにおいては，今後，銀行系列を超えた事業再編や海外金融機関の事業買収はさらに進む可能性がある。

他方，人口の流出，地域企業の廃業，地域経済の衰退などの影響に苦しむ地方銀行（以下，地銀）は M&A によって危機を乗り越えようとしており，地銀再編の機運が高まっている。

茨城県を地盤とする常陽銀行と栃木県を地盤とする足利ホールディングスは 2015 年 11 月に経営統合することに合意し，2016 年 10 月 1 日めぶきフィナンシャルグループ（以下，めぶき FG）として発足した。常陽銀行の預金残高は 7 兆 7,287 億円，足利ホールディングスの預金残高は 5 兆 853 億円で，統合後は総資産約 15 兆円の国内第 3 位の地方銀行となる。足利銀行は 2003 年に経営破綻した後，産業再生機構の下で経営再建が進められ，証券会社の野村ホールディングスに買収（2008 年）され，野村ホールディングスの下で経営改革が進められていた。

この経営統合は茨城県と栃木県のトップ銀行同士の経営統合であり，支店の重複が少なく，統合後の主取引先の合計は 3 万社（取引先の重複は約 2,000 社）にのぼる。両行は情報システムを統合し，書類やデータを共通化することによって経営効率の向上をはかるが，それぞれの地域内の情報交換を最重要視している。めぶき FG 副社長の松下正直（前足利銀行頭取）は「一番大事なことは地域内の情報交換であり，ビジネスマッチングだ。受発注情報，不動産情報，事業承継，M&A（合併・買収）の 4 つがあり，情報の管理が要だ。情報を項目ごとに分類してマッチングする仕組みを今年度中をめどに作る[2]」と述べ，両行の持つ地域情報をマッチングすることによってビジネス・チャンスの拡大を目指している。めぶき FG は銀行のほか証券やリース業務を拡大し総合金融化も進めると同時に，千葉県，埼玉県，東京都などの近隣の地域にも店舗の開設を計画している。本店を東京都中央区に置いたことにもこうした意図が伺える。

この経営統合のもう1つの目的は，人口の減少，地場産業の衰退などによって縮小を続ける地方経済への依存度を低下させ，首都圏中心部への進出を目ざすための規模の拡大にある。地方銀行は地方経済の衰退と人口流出により預貸金業務が縮小し，収益の低下が続いているが，日本銀行のマイナス金利政策がこれに追いうちをかけている。地銀は経済活動が盛んな地域に事業活動を移していこうとしているが，こうした例は過去の事例にも見ることができる。

2010年に四国の香川銀行と徳島銀行が経営統合してトモニホールディングス（以下，トモニHD）が発足した。四国においても人口の流出と地域経済の衰退が深刻な状況になっている。トモニHDは2016年には大阪が地盤で，住宅・不動産融資に強みを持つ大正銀行を経営統合した。この経営統合もまた産業が衰退する四国から経済活動が活発な大阪に業務を拡大しようとする香川銀行と徳島銀行の意図の下に行われた。大正銀行を傘下に置けば，四国の中小企業が大阪に進出する際にも大正銀行の取引先を足がかりにすることができる。

大正銀行は三菱UFJ銀行の系列であるが，近年，メガバンクは地銀との関係の解消を進めており，利益率の低い国内の融資業務から投資銀行業務や海外銀行業務へと比重を移しつつある。三菱UFJフィナンシャル・グループもまた，これまでの地銀への出資を引き上げ，タイのアユタヤ銀行（2013年）やフィリピンのセキュリティ・バンク（2016年）などの買収やモルガンスタンレー証券への出資などを進めてきた。また三井住友FGはインドネシアの年金貯蓄銀行や香港の東亜銀行に出資するなど，海外展開を進めている。

このほか2016年には横浜銀行と東日本銀行が経営統合し，コンコルディアFG（総資産17.4兆円で地銀第1位）が誕生したほか，2007年に福岡銀行と熊本ファミリー銀行，親和銀行が経営統合し，ふくおかFG（総資産15.6兆円で地銀第2位）が誕生した。常陽銀行と足利ホールディングスの経営統合によって生まれためぶきFGは総資産14.9兆円で地銀第3位となる。このほか2012年には山形県のきらやか銀行と仙台銀行が経営統合してじもとHDが，2009年には山形県の荘内銀行と秋田県の北都銀行が経営統合してフィディアHDが，2014年には東京都民銀行，八千代銀行，新東京銀行が経営統合して東京TYFGが，2015年には肥後銀行と鹿児島銀行が経営統合して九州FGが誕生した[3]。

以上のように地銀再編を促す金融庁の方針もあり，かつての一県一行の方針を捨てて，各県のトップ銀行同士が県境を超えて統合する事例が増えている。2016年現在，総資産額で地銀第4位の千葉銀行と第6位の静岡銀行は単独主義を貫いているが，他の地銀と提携する戦略を採用している。たとえば，千葉銀行は，これまで京葉銀行や千葉興業銀行と提携関係にあったが，2016年3月12日に武蔵野銀行とも業務提携契約を結び，商品の共同開発や事務部門の集約によって業務の効率化を図ることを目ざそうとしている。

バブル崩壊以前，日本には都市銀行13行，信託銀行等10行，地方銀行64行，第二地方銀行68行，信用金庫451庫，信用組合408組合が存在した（1990年）が，バブル崩壊による不良債権処理や日本版金融ビッグバンに対応するため，経営統合などによってこれらの金融機関は半数に減少した（図表15-1）[4]。

多くの金融機関が再編によって数を減少させていく中で，地銀は政府の一県一行政策や，地銀が都道府県の指定金融機関として位置づけられ地方金融の秩序維持の役割を担わされてきたこともあり，64行のまま存続してきた。しかし，近年は地方における人口減少や地方経済の衰退，低金利の長期化などによって地銀の体力低下が止まらない。金融庁も地銀の資産規模を拡大することによって経営の安定性を確保するため地銀再編を後押ししており，県境を超えた地銀の経営統合が相次いでいる。多くの金融機関が再編を進めてきた中で，地銀は第2地銀を含めると105行に上り過剰状態が顕著であるため，地銀再編は今後一層進むと考えられる。さらに将来的には日本を北海道，東北，関東，

図表15-1　業態別金融機関数の変化

	平成2年3月	平成25年3月	対比（増減）
都市銀行	13	6	▲7
信託銀行	10	4	▲6
地方銀行	64	64	0
第二地方銀行	68	41	▲27
信用金庫	451	270	▲181
信用組合	408	157	▲251

原資料：預金保険機構より作成。
出所：宇野（2015），158ページ。

図表15-2　九州地区の経営統合と分割

〈九州・沖縄地区の地銀・第二地銀貸借対照表〉（平成25年3月）
（単位：百億円）

	福岡	佐賀・長崎・熊本	大分・宮崎・鹿児島	沖縄	九州・沖縄合計
預金・預け金	85	63	26	15	189
有価証券	382	428	312	125	1,247
うち国債	168	245	126	72	611
貸出金	1,377	782	671	285	3,114
コールローン	26	8	25	17	76
その他	31	12	5	7	55
固定資産計	17	21	17	5	60
資産合計	1,918	1,314	1,056	448	4,736
預金	1,617	1,153	919	409	4,098
譲渡性預金	68	48	32	0	148
借用金	43	10	14	2	69
社債	17	1	2	1	21
その他負債	72	29	27	12	140
負債合計	1,817	1,241	994	424	4,476
資本金	19	13	9	8	49
株主資本	83	61	51	22	217
純資産合計	101	73	62	24	260
負債・純資産合計	1,918	1,314	1,056	448	4,736

〈九州・沖縄スーパーリージョナルバンクの期首貸借対照表〉
（単位：百億円）

科目	九州・沖縄10%	科目	九州・沖縄10%
預金・預け金	1.0	預貯金	18.0
有価証券	17.5	債券	0.8
うち国債	14.0	社債	0.05
地方債	0.6	借用金	1.1
社債	1.2	その他負債	1.3
その他	1.7	引当金等	0.03
貸出金	2.7	負債の部	21.4
その他資産	1.2	資本金	0.5
有形固定資産	0.04	剰余金等	0.8
無形固定資産	0.04	純資産の部	1.2
資産合計	22.8	負債・純資産合計	22.8

原注：表4-6を転記。

原資料：地銀各行の決算書より作成。
出所：宇野（2015），177ページ。

中部，近畿，中国，四国，九州，沖縄の7つの地区に分け，それぞれの地区に1つの地銀統合体が配置されるようなスーパーリージョナルバンク構想を打ち出す研究もある[5]。

　一方，同一県内での地銀統合に対しては，独占形成の観点から懸念の声が上がっている。ふくおかFGと十八銀行は2016年2月に経営統合することで基本合意したが，公正取引委員会の承認が得られず，2017年4月の統合時期を半年延期すると発表した[6]。十八銀行は長崎県第1位の銀行で，ふくおかFG傘下の親和銀行は同2位であるため，長崎県内の競争が維持できなくなる恐れがある。公正取引委員会の判断は，同一県内の上位銀行の今後の経営統合の行方を左右することになるため，関係者の注目が集まっている。

　なお，アメリカにおける銀行再編は日本よりはるかに厳しいものであり，

230　第15章　M&Aと業界再編

1987年のグラス・スティーガル法の改正と2008年のリーマンショックを経る中で合併・統合が繰り返され，2015年現在，JPモルガン・チェース，シティバンク，バンク・オブ・アメリカ，ウェルズ・ファーゴの4大銀行に集約されている（図表15-3）[7]。

図表15-3　アメリカの銀行業界の再編動向

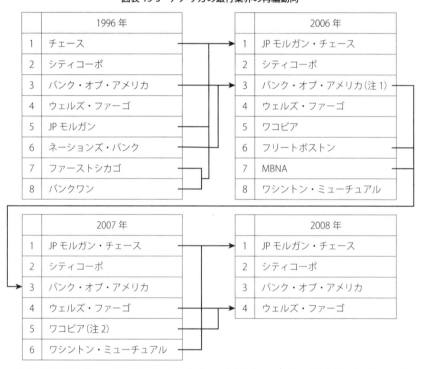

注1：1998年カリフォルニアのバンク・オブ・アメリカとノースカロライナ州のネーションズ・バンクが合併。存続会社はネーションズ・バンク（名称はバンク・オブ・アメリカ）。
　　2004年バンク・オブ・アメリカはマサチューセッツ州のフリートボストンを買収。
　　2005年バンク・オブ・アメリカが独立系カード最大手でアフィリエイトカードに強みのあるMBNAを買収。
注2：2001年ノースカロライナ州の最大手行ファーストユニオンは，ジョージア州の地銀ワコビアを傘下に収めた。名をワコビアとした。
　　2004年ワコビアはフロリダ州の地銀サウストラストを買収。
　　2008年リーマンショック時，ワコビアはウェルズ・ファーゴに買収された。
原資料：富樫直記『金融大統合時代のリテール戦略』より作成。
出所：宇野（2015），164ページ。

第2節　コンビニエンス・ストア業界の再編

　2015年9月，コンビニエンス・ストア（以下，コンビニ）業界第3位のファミリーマート（以下，ファミマ）は，中堅コンビニのココストアを買収した。さらにファミマは2015年10月にユニーグループ・ホールディングスの買収を発表した（経営統合後の持株会社の社名はユニー・ファミリーマートホールディングス）。ユニーグループ・ホールディングスはコンビニのサークルKとスーパーマーケットのユニーを傘下にもつ持株会社であり，この買収はコンビニ事業の拡大を進めるファミマにとって大きな意味を持っている。2015年9月末時点におけるファミマの売上高は3,744億円，店舗数1万1,455店，一店舗一日当たりの売上高は50万円であったが，サークルKサンクス（売上高1,481億円，店舗数6,310店，一店舗一日当たり売上高43万円）とココストア（売上高462億円，628店舗）を買収することにより，売上高と店舗数でローソンを逆転し，国内第2位のコンビニが誕生する。その結果，コンビニ業界は1位のセブンイレブン・ジャパン（売上高7,363億円，国内店舗数1万8,099店，一店舗一日当たり売上高65万円）と2位のファミマグループ，3位のローソン（売上高4,979億円，店舗数1万2,170店，一店舗一日当たり売上高53万円）の3陣営に集約されることになった[8]。

　ファミマが相次いで同業他社を買収してきたのにはいくつかの理由がある。まず第1に，店舗網を拡大することである。ココストアは東海地方に多くの店舗網を持つため，ココストアの買収によってファミマにとっての店舗の空白域を一気に埋めることができる。さらにサークルKサンクスを買収することによりセブンイレブンをしのぐ店舗網を構築することになれば，ブランド力の強化にもつながる。

　国内最大の店舗網の構築と売上高の増加はコンビニ業界において2つの重要な意味を持つ。1つは，メーカーとの交渉力が強まることである。コンビニ業界はメーカーとの協力によりPB（プライベート・ブランド）商品など独自商品開発によって高い利益を出しているが，メーカーとの交渉力が高まることに

図表 15-4　主要コンビニの資本相関図

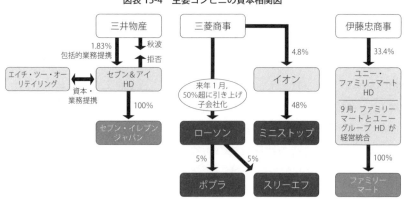

注：数字は出資比率。HD はホールディングスの略。
出所：『週刊ダイヤモンド』2016 年 10 月 29 日号，65 頁。一部修正。

より独自商品の開発力が飛躍的に高まることになる。

　2つ目は，他業種との提携において優位性を確保することができることである。日本国内のコンビニは合計で5万5,000店舗を突破し（2015年10月現在），さらに増加しつつあり，生活インフラとして認識されつつある。セブンイレブンは宅配会社のヤマト運輸と提携し，宅配荷物の受け入れ窓口の業務を展開してきたが，公共料金の収納代行，ATMの設置や銀行業務，各種チケットの販売など異業種との提携によって事業拡大を進めてきた。さらに近年はアマゾンジャパンや楽天などのネット通販会社との提携やJR各社および東京メトロなどと提携し鉄道駅舎へのコンビニ出店も進めている。異業種と提携し，幅広いサービスを提供するためには全国的な店舗網が整備されていなければならない。コンビニの店舗数は全国で2万4,000ある郵便局の2倍以上に達しており，コンビニが他の業種と提携することにより，郵便局をはるかにしのぐ多様なサービスを提供することが可能になった。

　ファミマが同業他社を買収してきた理由の第2は，両社の背後に食品事業の強化を進める総合商社の戦略がある。ファミマとユニーホールディングスは，ともに総合商社の伊藤忠商事が出資しており，ファミマの会長と社長も伊藤忠商事出身者が就任している。伊藤忠商事は食品事業の拡大・強化を進めており，ファミマとユニーホールディングスの経営統合は伊藤忠商事の主導の下

で行われたものである。従来資源や原料の調達（川上）を主力業務の1つとしてきた総合商社は，近年川下を押さえる戦略に力を注いでおり，スーパーやコンビニへの関与を強めている（図表15-4）。伊藤忠商事は特に食品部門の強化を続けており，海外ではタイのチャロン・ポカパン（CP）グループへの出資（2014年）やアメリカのドール・フード・カンパニーからの缶詰・飲料事業の買収（2012年）などを行ってきた。

　コンビニ3社の事業拡大の方法にはそれぞれ特徴が見られる。セブンイレブン・ジャパンはビジネスモデルのイノベーションによって常に世界の業界をリードしてきた存在であるため，百貨店業界の買収などの例はあるものの，コンビニ業界ではM&Aを行わず独自路線を進んでいる。これに対してローソンは，同業他社に対しては買収ではなく，スリーエフやポプラなど，提携によって事業を拡大している。これに対してローソンの親会社である三菱商事は，当初ローソンへの出資や社長の派遣などを行っていたが，近年その関係を強化している。ローソンは三菱商事が筆頭株主であったが，2016年に三菱商事が完全子会社化することを決定した他，三菱東京UFJ銀行の支援を得て銀行業務に参入することを決めた。また，高級スーパーで知られる成城石井は，三菱商事系の投資ファンド丸の内キャピタルの子会社となっていたが，ローソンに売却された（2014年）。

第3節　日本の石油業界の再編

　1980年代まで20社近くあった日本の石油元売り会社は，将来3社に集約される可能性が強くなった[9]。これまで日本の石油業界は合併と再編を繰り返してきた。1973年の第1次オイルショックと1979年の第2次オイルショックにより石油価格が急騰し，日本国内における石油製品の需要が急減した。それに加え為替相場が円安になったため，石油元売り各社は大幅な赤字決算となった。このような中で，イギリス・オランダ系石油会社シェルと昭和石油が合併し，1985年に昭和シェル石油が誕生した。1986年にはコスモ石油，丸善石油，大協石油の3社が合併し，コスモ石油（現コスモエネルギーホールディン

グス) が設立され，規模の拡大により難局の乗り切りを図った。この3社の合併は政府の政策を反映するものでもあった。当時の石油業界は石油業法の下で，通商産業省に強力に管理されており，販売シェア10％未満の元売り会社は再編を要請されていたのである。

　バブル経済崩壊以降，日本経済は長期低迷に陥るが，1992年には日本鉱業と共同石油が合併し日鉱共石が設立され，同社は1993年に社名をジャパンエナジー（新日鉱ホールディングスの子会社）に変更した。1996年に特定石油製品輸入暫定措置法が，2001年に石油業法が廃止され規制緩和が進められると業界の競争は激しくなり，石油元売り各社の経営は厳しいものとなっていった。1999年にはそれまで伸びていた石油製品の需要は減少に転じ，各社間の価格競争が激しくなっていった。1999年には日本石油と三菱石油が合併し日石三菱となったが，2008年には新日本石油に社名を変更した。さらに2010年には新日本石油と新日鉱ホールディングスが統合し，ガソリン販売で35％のシェアを持つJXホールディングスとなった。一方，東亜燃料工業（東燃）とゼネラル石油は2000年に合併し，東燃ゼネラル石油となったが，東燃ゼネラル石油は2014年に三井石油を（吸収）合併した。

　このように2016年には日本の石油元売り会社はJXホールディングス，東燃ゼネラル石油，昭和シェル石油，出光興産，コスモエネルギーホールディングスの大手5社に再編された。石油業界再編の大きな流れの中で，2015年7月30日に出光興産と昭和シェル石油は経営統合での合意を発表し，JXホールディングスと東燃ゼネラルも2016年8月31日に経営統合契約を締結し，2017年4月に経営統合することが決まった。これらの経営統合が完了すれば日本の石油元売り会社は大手3社に集約されることになる。このうち，出光興産と昭和シェル石油の経営統合は出光興産の創業家が反対しているため，統合に向けた交渉は難航している。出光興産は大家族主義経営など独特の社風を持つことで知られ，巨大企業でありながら2006年まで株式上場もせず，独自路線を歩んできた。出光興産の経営者は経営統合に向けて創業家の説得を続けているが，2017年1月現在，話し合いは膠着状態が続いている。

　近年の石油業界を取り巻く環境は非常に厳しいものがある。国内の人口減少やエコカーの普及により，ガソリン需要は毎年2～3％の割合で減少を続けて

第3節　日本の石油業界の再編　235

図表15-5　石油元売り大手再編の歴史

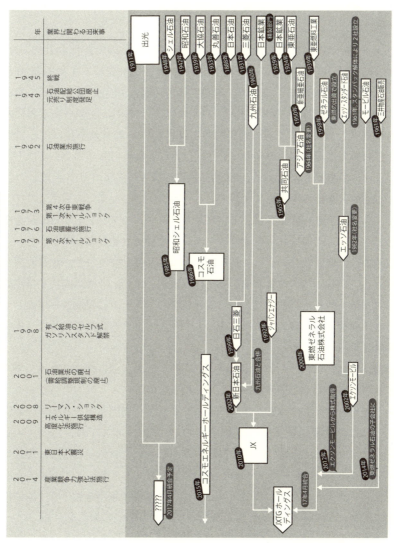

出所:『エコノミスト』2016年10月18日号、20-21ページ。一部修正。

おり，かつて6万カ所以上あった全国の給油所の数はこの20年間で約半数の3万4,000カ所に減少した。給油所の経営者は単一の給油所を所有する経営者が多く，価格競争に負けて廃業する経営者も続出しており，1日に4カ所の給油所が閉店していると言われる[10]。

JXホールディングスと東燃ゼネラル石油の統合後の持株会社の社名はJXTGHGとなり，売上高10兆円，ガソリンの国内販売シェアは約50％となる。JXTGHGは経営統合により，原油のより安価な調達や人員削減によって3年間で1,000億円以上の経費削減を目指すほか，全国に11カ所ある両社の製油所の統廃合によって一層の経費削減を目指す[11]。経営効率化によって生まれた余剰資金は海外事業の投資に振り向けることにしており，たとえばJXHDはベトナムに製油所の建設を，東燃ゼネラルはオーストラリア企業との合弁で，石油輸入基地の建設を計画している。JXHDはこれまでエネオスのブランドで，東燃ゼネラルはエッソ，モービル，ゼネラルのブランドで石油製品を販売してきたが，当面これらの全てのブランドは存続させることになった。

石油各社は経営統合によって日本国内の収益基盤を安定させ，海外展開を図ろうとしている。特に需要が縮小を続ける日本と比べ，今後急成長が見込めるアジア市場への進出を進めている。出光興産もベトナムに製油所を建設しているほか小売事業にも参入すると発表しており，ベトナムに精製・販売一体体制の構築を目指している。

JXHDの経営統合，および出光興産と昭和シェル石油の統合計画は，グローバルな視点から見ると国際石油メジャーの戦略転換によってもたらされたものであるということもできる。シェール革命を主要な要因とし，新興国の経済減速，OPECの減産見送りなどの要因が重なり，2014年までは1バレル100ドルを超える価格で取引されていた原油価格は，2015年から急落し，2016年1月には1バレル20ドル台（ウェスト・テキサス・インターミディエイト原油先物価格）まで下落した。海外メジャーは石油価格の急落を受けて，原油以外の成長分野への事業転換と利益率の低い日本市場からの撤退を目指した[12]。すなわち，ロイヤル・ダッチ・シェルは昭和シェル石油の株式の売却を計画し，LNG（液化天然ガス）事業に強みを持つイギリスのBGグループを4兆7,500億円で買収（2016年2月）した。他方，アメリカのエクソン・モービル

も既に2012年に東燃ゼネラルの株式の大部分を東燃ゼネラルに売却し，日本の石油小売市場からの撤退を進めていたのである。

このように，2015年以降の日本の石油元売り業界の再編は，日本の元売り企業の経営環境の変化と海外メジャーの戦略転換によってもたらされたものということができる。

おわりに

M&Aコンサルタントの渡部恒郎は「どの業界でも上位企業のシェアが約10％になると『成長期』に入り，業界再編が始まり」，「さらに『成熟期』では，上位10社のシェアが50％に達すると，地域No.1クラスの企業の再編が起こ」ると述べている[13]。この主張に従えば，業界再編は業界の成長，成熟プロセスが主要な要因となっていると考えられるが，業界の構造不況やイノベーションによる競合の出現，競争の激化や，消費動向の変化，そして個別企業の特殊事情等々のさまざまな要因も複雑に関連しているということができる。

たとえば，かつて日本に9社あった大手百貨店は2017年現在，ミレニアムリテイリング（2003年経営統合），Jフロントリテイリング（2007年経営統合），三越伊勢丹ホールディングス（2008年経営統合），エイチツーオー・リテイリング（2007年経営統合），高島屋の5グループに再編された。百貨店はスーパーマーケットの登場とともに売上を落とし，さらにユニクロやH&Mなどの専門店の出現やコンビニの台頭によって客を奪われ，昨今はネット通販という競合に売上を奪われつつある。最盛期には10兆円を超えていた百貨店業界の売上は2016年には6兆円を割るようになり，日本各地の三越やそごうなどの店舗が次々と閉店に追い込まれている。このように流通業界に新しいビジネスモデルの競合が参入するたびに百貨店は苦境に追い込まれ，地方の老舗百貨店が相次いで大手百貨店に吸収されていったが，近年は大手百貨店さえもが再編の対象となっている。

一方，企業同士の統合や合併だけでなく，複数の企業が特定の事業を切り離

し，同種事業を統合する形での業界再編も近年は盛んに行われるようになってきた。ソニー，日立，東芝3社の液晶ディスプレイ事業を切り離して統合し，新たに設立されたジャパンディスプレイなどをこのような事例としてあげることができる。日立製作所と三菱電機に加え，NECの半導体事業部門を分社・統合させたルネサスエレクトロニクスも同様の事例である。

　また，2016年には韓国の韓進海運が倒産したことが示すように，新興国の成長鈍化や資源価格の低下により，世界の海運業界は経営不振に悩まされている。このような中で，日本の日本郵船，商船三井，川崎汽船の海運業3社は，2016年にコンテナ船事業を統合することを決めた。日本の海運会社は，原油タンカー，自動車運搬船，ばら積み船，コンテナ船などの部門を同時に持つ総合海運会社であるが，この事業統合はこのうち3社のコンテナ船事業に限って統合するものである。

　このように，競争の激化と経営環境の変化に対応するために，企業本体の再編とともに事業部門レベルでの統合も進められている。

[注]
1)『日本経済新聞』2017年1月18日。
2)『日本経済新聞』2016年12月5日。
3)『朝日新聞』2015年10月27日。
4) 宇野 (2015), 158-159ページ。
5) 同上書，164ページ。
6)『日本経済新聞』2017年1月23日。
7) 宇野，前掲書，164-165ページ。
8)『朝日新聞』2015年10月16日。
9) 以下，『日本経済新聞』2016年5月22日。
10)『日本経済新聞』2016年7月12日。
11)『朝日新聞』2016年12月22日。
12)『エコノミスト』2016年10月18日号，20-21ページ。
13) 渡部 (2015), 4ページ。

[参考文献]
宇野輝 (2015)『官製金融改革と地銀再編』金融財政事情研究会。
『エコノミスト』2016年10月18日号，20-41ページ。
『週刊ダイヤモンド』2016年10月29日号，64-67ページ。
渡部恒郎 (2015)『業界再編時代のM&A戦略』幻冬舎，4ページ。

　　　　　　　　　　　　　　　　　　　　　　　　　　　　（佐久間信夫）

索　引

[数字・アルファベット]

4大メガバンク体制　225
100日統合プラン　75
100％子会社　57
DCF　146-150
　──法　145
EV／EBITDA倍率　147
FCF　46-47, 146
GEキャピタル　73
IFRS　158
IN-OUT型M&A（の買収）　4, 15
IRR　154
ITバブル　25
In-In型　217
KDDI　90
LBO（leveraged buy-outs）　22, 31, 46-47, 151-154, 178
LCC（ロー・コスト・キャリア）　107
M&A（mergers & acquisitions）　17, 169
　──経験　129
　──コンピタンス　125, 128
　──コンピタンスのシステム化　131
　──推進体制　129
　──専門組織　129, 134
　──投資　141-145
　──の手法　53
　──の波　17, 19-20, 25, 27, 31
　──プロセスのシステム化　132
MBI（management buy-ins）　178
MBO　30
NPV（Net Present Value）　143-144, 152-154, 159
NTTドコモ　90
OEM企業　81
OPEC　236

Out-In型　217
PB（プライベート・ブランド）　231
PER　20-21, 31, 36, 147, 150, 152, 154
PMI（post-merger integration）　110, 174
R&D比率　215
RBV　126
ROA　210-211, 214-215, 217, 220-221
ROE　217, 220
ROS　211, 220-221
SEC　158
TFP　214-215, 217
TOB　44, 54
Tobin's q　220

[ア行]

アーム生態系　8
アーン・アウト　150
安定株主　31
暗黙知　81
異業種間M&A　215
異業種との提携　232
意見表明報告書　61
意思決定　140
　──プロセス　69-70
イノベーション　99
ウォール街　24
内的成長誘因　81
売上高　87
　──経費率　220
　──成長率　210
営業キャッシュフロー（営業CF）／時価総資産　210
営業キャッシュフロー比率　214-215, 217, 220
営業権　196
営業費用／総資産　211, 215
エグジット（exit）　174

240 索引

エコカー 234
エコフィット 102
エージェンシー理論 45
オイルショック 233
オペレーティング・リスク 101
思い上がり理論 46
親会社 63

[カ行]

海外メジャー 237
外国人機関投資家 30
解散 190
会社の支配権 60
会社分割 54, 57-58, 64-66
　——制度 29
　——・抜殻合併方式 58
買付価格 62
買付け等の価格 61
　——期間 61
買付予定株式数 62
買付け予定の株券 61
外的成長誘因 81
過小評価 43
課税負担 42
過大評価 43
価値活動の共同化 116
合併 54, 56, 58, 64-66, 237
　——契約 55
　——契約書 55
　——登記 55
　——比 55
　——比率 55
ガバナンス力 107
株式移転 56-57
　——計画 58
　——制度 29
株式会社設立法 17
株式公開 103
株式交換 57-58, 63, 65, 220
　——M&A 149
　——契約 58, 63
　——制度 29
株式取得 54, 58, 62
株主 54-55, 57-63, 65

　——価値 145
　——間の公平性 62
　——間の取扱いの平等 59
　——間の平等 61
株主総会 55, 58-60, 63-66
　——の特別決議 55, 63-64
貨幣価値 106
カルチャー・ワークアウト・セッション 77
川上 233
川下 233
簡易合併 55
環境問題 106
完全親会社 29
完全子会社 57, 63
　——化 29, 54, 58, 63
企業会計 156
企業価値 145
　——評価 145
企業結合ガイドライン 29
企業再生 108
企業評価 103
議決権 63
技術革新 9
技術ニーズ 105
期待収益 87
期待利潤 98
規模の経済 15
　——性 4, 25-26
キャッシュフロー 88, 107, 146
　——比率 210, 215
吸収型統合 (Absorption) 83
吸収合併 54, 234
吸収分割 65
休廃業 190
業界再編 225, 237-238
共生型統合 (Symbiosis) 83
業績等効果 203, 210, 222
　——指標 203-205, 222
競争戦略 96
兄弟会社 61
共同特化 (Co-specialization) 98
共同持株会社 58
　——の設立による経営統合 54
　——方式 56-57

業務上のシナジー　39-40
業務提携　228
キリンビール　91
金融商品取引法（金商法）　59, 61
偶発債務　64
グラス・スティーガル法　230
グリーン・コンシューマー　86
グリーンメーラー　23
グリーンメール　23
グループ外M&A　211
グループ内M&A　211
クレイトン法　19-20
クロスセクションデータ　203-204
クロスボーダー　104
　──M&A　1-2, 4-5
グローバル競争　224
グローバル・マルチブランド戦略　134
経営資源　80
経営者の交代　38
経営統合　56-57, 226-229, 231-232, 234, 236
経営能力シナジー　38
経営者主義理論　45
経済安全保障会議　24
経済力集中　18
継続的改善　97
系列内合併　217
研究開発　104
　──投資　140
　──費比率　214
減損回避行動　163
減損テスト　160
減損リスク　165
コア・コンピタンス　126
コア事業　63
公開買付（TOB）　54, 58-63
　──期間　62
　──制度　59
　──代理人　62
　──の条件の変更　61
　──の目的　61
　──報告書　61
公共財的な特性　86
後継者問題　102
公正取引委員会　26, 28, 229

子会社　56-58, 63
　──化　63
国際競争力　1, 15
国際石油メジャー　236
固定費　88
コーポレートマネージャー　86
コモディティ化　3
ゴールデン・パラシュート　22
コングロマリット（企業）　21-22
　──的M&A　21
コンピタンス　125

[サ行]

債権・債務　64
債権者の保護　55
債権者保護手続き　66
在庫投資　140
再分配　47
再編　224, 228, 234
財務業績　202
財務シナジー　41
財務上の利益を追求するM&A　31
財務上の利益を目的としたM&A　21
サプライチェーン　105
三角合併　30-31
サントリー　92
シェール革命　236
時価純資産価値方式　196
時価純資産法　148
時価総額　84
事業　64
　──価値　145
　──再生　32, 169
　──承継　226
　──譲受会社　64
　──譲渡　54, 63-64, 66
　──譲渡会社　64
　──統合　225, 238
　──の全部の譲渡　64
　──買収　220
　──引継ぎ支援事業　197
　──ポートフォリオ　12
シグナリング　44
時系列データ　204

資源配分（Resource Allocation） 86
資源ベース 82
　──・アプローチ 96
自己資本比率 101
資産 87
市場株価法 148
市場経済 93
市場支配力 48
資生堂 133
シナジー 3-4, 10, 37, 50-52
　──（相乗）効果 21, 89, 157
　──純効果 143-145, 152, 154
支配的企業 18
資本交流 99
資本調達 149
社会的価値 106
社会的信用価値 41
ジャパン・バッシング（日本叩き） 27
シャーマン法（Sherman Act） 19
ジャンク・ボンド 23
収益 88
重回帰分析 203-204
重要な一部の事業の譲渡 64-65
重要な財産の処分 64
純粋持株会社 28, 56
証券取引所 54, 59, 62
上場会社 54, 59
少数株主 63
情報の適切な開示 59
情報の非対称性 82
消滅会社 54-56
初期投資額 142
人材投資 140
新自由主義 23
新設合併 54
新設分割 65
　──計画 58
衰退産業 15
水平的合併 18
水平的多角化 91
スカイマーク 107
スキルの移転 115
ステークホルダー 31-32, 36-37, 45, 47-48
スプリント・ネクストル 90

スモール M&A 市場 197
スラック（Slack） 99
成熟産業 7, 15
製造ライフサイクル 105
成長産業 15
成長戦略 2, 80
世界の M&A 1-2, 15
石油業界再編 234
設備投資 43, 140
セラー・キーフォーバー法 21
「選択と集中」 12, 22
　──戦略 1
全部取得条項付種類株式 67
全要素生産性 214
戦略的 M&A 21
戦略的ケイパビリティ 116
戦略的売却 174
戦略的波及効果（Strategic Spillover） 85
総資産回転率 220
相対取引 62
組織間学習 117
組織再編手続き 53-54
組織統合 111, 115
組織能力 125
組織のソフト面の統合 113
組織のハード面の統合 112
組織文化 56
ソフトバンク 90
存続会社 54-56, 58

[夕行]
対外 M&A 7
大家族主義経営 234
対価の柔軟化 66
対質問回答報告書 61
対等合併 80
ダイムラー・クライスラー 118
多角化 40
武田薬品工業 12-14
地銀（地方銀行） 226-228
　──再編 228
中間コスト 92
中小企業 189
　──基本法 189

賃金率　219
提携　233
ディール（案件）　100
敵対的買収　22, 30, 47
デファクト・スタンダード　8
デュー・ディリジェンス（Due Diligence）　69, 89, 128, 141, 145
動機　35
同業種間M&A　215
統合担当者　130
統合プロセス　69
動産　64
倒産　108
投資　140
　──収益構造　143
東芝　11
投資ファンド　95
独占禁止法　26, 28, 56
特定売買　60
特別決議　55, 58, 60, 63-64, 66
独立企業間合併　217
都市銀行　29
トービンのq理論　43
トラスト　18
取締役会　55, 89
　──の決議　64
取締役の選任・解任　59
取引コスト　82
取引先の関係　64

[ナ行]

内部化（Internalization）　98
ナレッジマネジメント　131
日本M&Aセンター　103
日本におけるM&A　15
日本のM&A　1
日本版金融ビッグバン　228
ノウハウ　64
ノーザン・セキュリティーズ事件　19
暖簾　91
ノンリコースローン　151, 152

[ハ行]

バイアウト（buy-outs）　169

　──・ファンド　169
買収監査　69, 128
買収による成長　128
買収ファンド　153-154
買収プレミアム　144-145, 152-153, 157, 159
買収防衛策　30
パスファインダー・モデル　74
パネルデータ　203-205
ハーフィンダール指数　48-49
バブル景気　27
バリューチェーン　51
反トラスト法　18-19, 21, 31
非事業資産価値　145-146
非上場会社　59
一人当たり賃金　219
付加価値　97
富士フイルム　9-12
不動産　64
ブーム　17
ブランド　102
フリーキャッシュフロー　47, 143-145, 149
　──仮説　46
プレM&A　70
　──段階　69
プレミアム　46-47, 84
ブレーン・コーポレーション　102
ブロックバスター　12
プロフェッショナルCFO　169
プロフェッショナル経営者　169
分割型（人的分割）　65
　──吸収分割　65
　──新設分割　65
分社型（物的分割）　65
　──吸収分割　65
　──新設分割　65
ポイズン・ビル　23
法人格　54
ポジショニング・アプローチ　96
ポストM&A　111
　──段階　69
保存型統合（Preservation）　83
ボーダフォン　90
ポートフォリオ　85
ホールドアップ（Hold up）問題　98

[マ行]

マイナス金利　6
マーケットシェア　92
松下電器産業　95
マルチプルM&A　127
メガバンク　1, 225, 227
メガファーマ　13
持ち合いの解消　30
持株会社　56-58, 231
モチベーション　105
モラール　104

[ヤ行]

有意差検定　203
有価証券報告書　59
友好的な買収　31
有利子負債　145

抑制的多角化　89
余剰生産能力　84

[ラ行]

利益相反問題　63
リストラクチャリング　22, 28, 31
リーマンショック　2, 27, 230
留保価格　101
類似会社比較法　146-147
レイダー　23
レバレッジド・バイアウト　22
連鎖的多角化　89
連邦取引委員会　20
　──法　19
労働契約関係　64
労働契約承継法　66
労働者に対する保護規定　66

著者紹介 (執筆順)

佐久間 信夫（さくま・のぶお）
創価大学経営学部教授　担当：第1, 15章

村田 大学（むらた・だいがく）
創価大学経営学部助教　担当：第2章

文堂 弘之（ぶんどう・ひろゆき）
常磐大学総合政策学部教授　担当：第3, 10, 14章

小本 恵照（こもと・けいしょう）
駒澤大学経営学部教授　担当：第4章

中村 公一（なかむら・こういち）
駒澤大学経営学部教授　担当：第5, 8, 9章

井上 善博（いのうえ・よしひろ）
神戸学院大学経済学部教授　担当：第6, 7章

上野 雄史（うえの・たけふみ）
静岡県立大学経営情報学部准教授　担当：第11章

杉浦 慶一（すぎうら・けいいち）
株式会社日本バイアウト研究所代表取締役　担当：第12章

林　幸治（はやし・こうじ）
大阪商業大学総合経営学部准教授　担当：第13章

編著者紹介

佐久間 信夫（さくま・のぶお）

現職　創価大学経営学部教授　博士（経済学）
専攻　経営学，企業論

主要著書

『企業集団研究の方法』文眞堂，1996年（共編著）；『現代経営用語の基礎知識』学文社，2001年（編集代表）；『企業支配と企業統治』白桃書房，2003年；『企業統治構造の国際比較』ミネルヴァ書房，2003年（編者）；『経営戦略論』創成社，2004年（編者）；『アジアのコーポレート・ガバナンス』学文社，2005年（編者）；『コーポレート・ガバナンスの国際比較』税務経理協会，2007年（編者）；『多国籍企業の戦略経営』白桃書房，2013年（共編著）；『現代中小企業経営要論』創成社，2015年（共編著）；『多国籍企業の理論と戦略』学文社，2016年（編者）など。

中村 公一（なかむら・こういち）

現職　駒澤大学経営学部教授　博士（学術）
専攻　経営戦略論

主要著書

『M&Aマネジメントと競争優位』白桃書房，2003年；「M&A戦略のパラドックス―シナジー創造のマネジメント―」（松本芳男監修『マネジメントの現代的課題』学文社，2016年）；「多国籍企業のM&A戦略―海外進出の手段としてのM&A―」「多国籍企業のM&Aマネジメント―M&Aによる企業グループの形成と管理―」（佐久間信夫編『多国籍企業の理論と戦略』学文社，2016年）。

文堂 弘之（ぶんどう・ひろゆき）

現職　常磐大学総合政策学部教授　博士（経営学）
専攻　財務管理論

主要著書

「M&Aとコーポレート・ガバナンス」（坂本恒夫・佐久間信夫編『企業集団支配とコーポレート・ガバナンス』文眞堂，1998年）；「株式公開買付（TOB）の仕組みと機能」（村松司叙編『企業評価の理論と技法』中央経済社，2001年）；「M&A戦略」（佐久間信夫編『現代企業論の基礎』学文社，2006年）；『図解M&Aのすべて』税務経理協会，2006年（共編著）；『成長戦略のための新ビジネス・ファイナンス』中央経済社，2007年（共編著）；『ディール・プロセス別M&A戦略のケース・スタディ』中央経済社，2008年（共編著）；『M&Aと制度再編』同文舘出版，2010年（共編著）；「アメリカの資本市場とM&A」（溝端佐登史・小西豊・出見世信之編著『現代社会を読む経営学⑮市場経済の多様化と経営学―変わりゆく企業社会の行方』ミネルヴァ書房，2010年）など。

M&Aの理論と実際

2017年10月10日　第1版第1刷発行　　　　　　検印省略

編著者	佐　久　間　信　夫
	中　村　公　一
	文　堂　弘　之
発行者	前　野　　　隆
発行所	株式会社　文　眞　堂

東京都新宿区早稲田鶴巻町533
電　話　03（3202）8480
ＦＡＸ　03（3203）2638
http://www.bunshin-do.co.jp/
〒162-0041　振替00120-2-96437

印刷・モリモト印刷／製本・イマヰ製本所
©2017
定価はカバー裏に表示してあります
ISBN978-4-8309-4952-4　C3034